体育大国的崛起

新中国具有重大影响的体育大事

池建 等 编著

学习出版社

编委会

主 编
  池 建　北京体育大学　博士　教授　博士生导师

编 委（按姓氏笔画排序）
  王会寨　北京体育大学　博士　副研究馆员
  王英峰　人民体育出版社　博士　编辑
  米 靖　北京体育大学　博士　副教授
  杨 华　首都经济贸易大学　博士　讲师
  武文强　北京体育大学　博士　副教授
  苗向军　北京体育大学　博士后　副教授
  胡 斌　北京体育大学　博士　副教授
  贾志强　北京体育大学　博士　教授
  蔡有志　北京体育大学　博士　研究员

目 录

绪 言 …………………………………………………… （1）

❶ 体育事业的基本纲领：发展体育运动，增强人民体质 ………………………………… （1）

　　一、光辉的题词 ………………………………… （2）
　　二、第一套广播体操的颁布 …………………… （5）
　　三、加强领导　开展群众体育活动 …………… （8）
　　四、中国"劳卫制" …………………………… （13）
　　五、竞技体育的"举国体制" ………………… （17）
　　六、第一届全国运动会的成功举办 …………… （19）

❷ 人生能有几回搏：中华民族精神的诠释 ……… （22）

　　一、中国人夺得第一个世界冠军 ……………… （22）
　　二、中国竞技体育初露峥嵘 …………………… （29）
　　三、飞舞银球　为国争光 ……………………… （32）

❸ 中国登山健儿首度登顶珠峰：中国人有能力攀登世界顶峰 ………………………………… （35）

　　一、山的呼唤 …………………………………… （35）
　　二、成功登顶 …………………………………… （38）
　　三、强者的荣誉 ………………………………… （50）

❹ **"乒乓外交"：打破西方封锁的破冰之举** ……………（56）

    一、踏上征途 ……………………………………………（56）

    二、谱写传奇 ……………………………………………（59）

    三、中美融冰 ……………………………………………（64）

    四、续写友谊 ……………………………………………（66）

    五、丰功伟绩 ……………………………………………（69）

❺ **学习女排，振兴中华：改革开放初期的时代强音** ………（76）

    一、拨乱反正　百废待兴 ………………………………（76）

    二、团结起来　振兴中华 ………………………………（78）

    三、顽强拼搏　首夺冠军 ………………………………（85）

    四、势如破竹　续写辉煌 ………………………………（93）

    五、女排精神　时代旗帜 ………………………………（102）

❻ **零的突破：彻底甩掉"东亚病夫"帽子** ………………（107）

    一、屈辱的奥运历史 ……………………………………（107）

    二、许海峰的第一枪 ……………………………………（110）

    三、中国体育全面走向世界 ……………………………（116）

❼ **体育彩票：社会力量助推体育的重大举措** ……………（126）

    一、体育彩票历史溯源 …………………………………（126）

    二、新中国体育彩票发行历程 …………………………（127）

    三、中国体育彩票发行法律规范 ………………………（128）

    四、中国体育彩票对社会的贡献 ………………………（130）

❽ **《中华人民共和国体育法》：中国体育走向**
   法制化道路 ………………………………………………（135）

    一、《体育法》引领中国体育事业步入
       依法治理新轨道 ……………………………………（136）

二、《全民健身计划纲要》加速群众体育事业发展……… (141)
三、辉煌体育大国背后有"法"助推 …………………… (146)

⑨ 姚明走进 NBA：世界更加关注中国 ………………… (161)

一、姚明现象 …………………………………………… (161)
二、成长历程 …………………………………………… (162)
三、姚明效应 …………………………………………… (164)

⑩ 北京奥运会：中国进一步走向世界的新起点 ………………………………………………………… (170)

一、体育大国的新征程 ………………………………… (171)
二、奥林匹克史上的光辉一页 ………………………… (179)
三、"三大理念"的创新与超越 ………………………… (186)
四、民族复兴的新起点 ………………………………… (191)

尾声：迈向体育强国 …………………………………… (213)

一、走向辉煌的中国竞技体育 ………………………… (214)
二、蓬勃发展的中国群众体育 ………………………… (258)
三、其他各项体育事业百花齐放 ……………………… (261)
四、向体育强国迈进 …………………………………… (262)

后 记 ……………………………………………………… (266)

绪　言

新中国成立后，特别是改革开放30多年来，我国综合国力大幅度提升，国际地位和影响显著提高。在波澜壮阔的社会主义现代化建设潮流推动中，我国体育事业也取得了前所未有的辉煌成就。全民健身理念日益深入人心；竞技体育成功迈入世界先进国家行列，在举世瞩目的北京奥运会上，中国体育代表团以51枚金牌、100枚奖牌的优异成绩，一举荣登金牌榜榜首，取得了中国竞技体育新的历史性跨越，极大地增强和激发了中国人民夺取全面建设小康社会新胜利、开创中国特色社会主义事业新局面的坚定信心与满腔热情；体育产业粗具规模，体育外交、宣传等领域不断取得新的成就……

作为社会发展和人类文明的重要标志，综合国力和社会文明程度的重要体现，体育在中国社会主义现代化建设中发挥着不可替代的重要作用。在不同的发展时期，体育总能成为推动中国社会发展进步的重要力量，成为引领时代精神的先进文化代表，成为凝聚民族力量和人民意志的重要手段。回顾改革开放30多年来的风雨历程和辉煌成就，广大体育工作者为改革开放初期的排头兵，作为"冲出亚洲，走向世界"的时代先锋，作为"团结起来，振兴中华"的时代楷模，作为"提高全民族素质"的推动者，作为"展示国家形象"的重要窗口，体育为我国改革开放和社会主义现代化建设作出了突出贡献。

2008年9月29日，胡锦涛总书记在北京奥运会、残奥会总结表彰大会上的讲话中强调指出："随着改革开放和社会主义现代化建设不断推进，我国大踏步迈入世界体育大国行列"，"我们要坚持以增强人民体质、提高全民族身体素质和生活质量为目标，高度重视并充分发挥体育在促进人的全面发展、促进经济社会发展中的重要作用，实现竞技体育和群众体育协调发展，继续发展群众性体育事业，继续提高体育运动技术水平，继续推进体育改革创新，进一步推动我国由体育大国向体育强国迈进。"

新中国体育事业的发展与整个国家的荣辱兴衰休戚相关，国家的繁荣富强提供了体育事业腾飞的翅膀，体育事业的发展促进了国家的文明和社会进步。在一个国家和民族的发展道路上，总有一些影响深远的重大事件会成为这个民族的集体记忆。这些事件的过程和结果、国民的态度和倾向，将决定着国家和民族未来发展的走向。在建设体育强国的新的征程中，回顾我国体育事业发展过程中的重大历史事件，梳理我国成长为体育大国的历程与标志并展望未来发展，具有特殊意义。

一、体育事业的基本纲领：发展体育运动，增强人民体质

人民群众的健康水平是综合国力和国家竞争力的重要组成部分。提高全体国民身体素质，是任何一个负责任的政府要承担的义不容辞的责任和义务。对于一个人而言，拥有健康的身体、强健的体魄是实现人生价值的重要基础；对于一个国家和民族而言，一个身体孱弱的民族难以攀登世界民族之林的高峰。被世界列强辱称为"东亚病夫"的历史尽管早已被我们彻底打碎，但曾经的耻辱留给国人的刻骨铭心的记忆依然难以泯灭。提高全民族身体素质，既是一个政府的永恒追求，同时也应成为每一位普通公民的自觉行为。

1. 新中国体育事业发展方向的奠基

新中国成立后，百废待兴。新中国体育事业的发展如同其他各项事业的发展一样，基础薄弱，困难重重。1949年9月，中国人民政治协商会议制定的《共同纲领》中规定：国家"提倡国民体育"。这是新中国成立后，第一次对体育事业的正式定位。1950年7月，毛泽东主席为我国第一个体育杂志《新体育》创刊题写了刊名，体现了新中国国家领导人对体育事业的关注。1952年6月10日，毛泽东主席为中华全国体育总会成立大会题写了"发展体育运动，增强人民体质"的著名题词。毛泽东这一题词，引起了社会各界的强烈反响。当年唯一的体育刊物《新体育》杂志以整页的篇幅刊登了毛主席的这一题词。这一题词体现了共产党人为人民服务，为人民群众谋利益的最高宗旨，明确了新中国体育事业的根本目的和发展方向，推动了我国体育运动的发展。

"发展体育运动，增强人民体质"是新中国成立初期毛泽东同志体育思想的集中体现，是第一代中央领导集体对体育工作的基本定位，是指导我国体育运动开展的基本纲领。这个著名题词，在我国家喻户晓、妇孺皆知，激励着各行各业的建设者自觉参加体育锻炼，激励着广大学生自觉锻炼身体，激励着一代又一代体育工作者为之奋斗。

2. 全民健身高潮的首度兴起

"发展体育运动，增强人民体质"题词发表后，在这一精神指引下，掀起了全国人民锻炼身体和广泛开展群众性体育运动的热潮。当时，学校有早操、课间操；机关、厂矿企业有工前操、工间操等。从1951年开始推行"体育锻炼标准"，到1953年，已有80余万人参加；1954年颁布、1955年推行《劳卫制》，到1957年全国达标人数达140多万人；成立了基层体育协会近8万个；1956年，颁布了我国第一部《中小学体育教学大纲草案》，使学校体育工作有了统一的要求和内容。广大青少年参加体育锻炼的热情空前高涨。在工厂、企业、机关，除开展广播操、工间操外，打球、赛跑、游泳、武术等各种体育运动也十分活跃，经常参加体育锻炼的人数逐年增多。1955年在北京举行了声势浩大的第一届全国工人运动会。会前全国12个产业系统分别召开了运动大会，参加选拔比赛的职工多达125万人，促进了职工体育的广泛开展。

体育事业在新中国成立初期的发展成就，正如毛泽东同志1956年所说的："过去说中国是'老大帝国'，'东亚病夫'，经济落后，文化也落后，又不讲卫生，打球也不行，游水也不行……但是，经过这六年的改革，我们把中国的面貌改变了。我们的成绩是谁也否认不了的。"

毛泽东同志"发展体育运动，增强人民体质"的题词不仅在当时极大地推动了全国各行各业体育活动的开展，激发了群众参加体育锻炼的积极性，有效地增强了人民体质。时至今日，这一题词依然熠熠生辉，焕发出勃勃生机，对推动全民健身运动的广泛开展和提高国民体质发挥着重要的指导作用。

统计数据表明，截至2004年年底，在我国7—70岁的人群中，经常参加体育锻炼的人数占该年龄段总人口数的37.1%，达到了发展中国家靠前的水平，人均预期寿命已增至71.8岁，达到了中等发达国家的水平。另据国家体育总局公布的数字显示，2007年全国"经常锻炼"的人数比例为28.2%（含在校学生）。第五次全国体育场地普查数据显示，到2003年年底，我国各类体育场地共85万多个，平均每万人拥有体育场地6.58个，人均体育场地面积1.03平方米。从1995年起，每年中国都有3亿人次参加"全民健身周"活动，中国各地挖掘、整理了140多个少数民族传统体育项目，残疾人体育活动也进一步活跃。截至2010年年底，中国已有65万社会体育指导员。

人民群众的健康水平是综合国力和国家竞争力的重要组成部分。2002年，党的十六大提出了全面建设小康社会的奋斗目标，要求"到2020年建成全民健身体系。"2007年，党的十七大明确提出了"广泛开展全民健身运动"的要求。2009年，国务院颁布《全民健身条例》，每年8月8日被确定为"全民健身日"。2011年2月，国务院下发了新一期《全民健身条例（2011—2015年）》。广泛开展全民健身运动，加快体育建国建设进程，已成为我国体育事业发展的核心任务。

二、人生能有几回搏：中华民族精神的诠释

民族精神和时代精神是一个民族、一个时代先进文化"最美丽的花朵"。一个民族，没有振奋的精神，不可能自立于世界民族之林。毛泽东"人总是要有一点精神的"的名言，充分揭示了精神价值对于社会实践能动作用的深刻意蕴。中华民族能历经磨难而绵延至今，并以和平发展姿态在经济全球化、科技快速发展的今天屹立于世界民族之林，一个十分重要的原因，就是有以爱国主义为核心的民族精神和改革创新为核心的时代精神的支撑。民族精神凝聚了中华民族的智慧和创造，而不同历史时期形成的丰富多彩的时代精神，如井冈山精神、长征精神、延安精神、红岩精神、西柏坡精神以及雷锋精神、大庆精神、"两弹一星"精神、抗洪精神、抗击非典精神、载人航天精神、抗震救灾精神等，都是凝聚民族力量、进行国家建设的取之不尽的宝贵财富和源头活水。

1. 中华民族精神的体育元素

1959年，我国优秀乒乓球运动员容国团在比赛中身处逆境的不利局面下，响亮地喊出了"人生能有几回搏"的豪言壮语，并在这种精神鼓舞下，力挫强手，获得了新中国第一个体育世界冠军。容国团的爱

国主义热情和"人生能有几回搏"的拼搏精神，为我国体育健儿勇攀高峰、为国争光树起了一面光辉的旗帜。"人生能有几回搏"的名言在全国人民中引起强烈反响，振奋了海内外炎黄子孙的民族自信心，推动了全国体育运动的向前发展，对当时饱受三年自然灾害之苦的全国人民是一个巨大的鼓舞，并迅速成为各行各业学习的标语式口号，内化为激励全国人民顽强拼搏、奋发有为的精神力量，激励着一代又一代热血青年为祖国荣誉而拼搏。

2. 中华体育精神的时代升华

中华体育精神源远流长，我国体育健儿提出的"人生能有几回搏"、"胸怀祖国，放眼世界"、"振兴中华，从我做起"、"从零开始"等一系列鼓舞人心、积极向上的警句、格言，成为不同时代激励各行各业建设国家的强大思想动力。作为中华民族精神的组成元素，在新的时代，被赋予了新的内涵和活力，并已经逐步内化为中华体育健儿奋发有为的自觉行为。"为国争光、无私奉献、科学求实、遵纪守法、团结协作、顽强拼搏"的中华体育精神成为社会共有的精神财富，成为中华民族精神的重要组成部分。

2000年，江泽民同志在接见凯旋的悉尼奥运会中国体育代表团时指出，中国体育代表团在奥运会上的表现，再一次向世人展示了中国人民自强不息、奋发进取的精神风貌，体现了中华民族自立于世界民族之林的坚强信心和力量。他强调，中华体育精神是我国社会主义精神文明的重要组成部分，是中华民族的宝贵精神财富。全国各个行业、各条战线的同志们都要大力发扬振兴中华、为国争光的爱国主义精神，大力发扬顽强拼搏、争创一流的革命英雄主义精神，勇于创新，力攀高峰，同心同德地把建设有中国特色社会主义的伟大事业不断推向前进。

2004年，胡锦涛总书记在会见载誉归来的雅典奥运会中国体育代表团全体成员时指出，中国体育健儿在奥运赛场上表现出来的顽强拼搏精神和良好体育道德，极大地激发了全国各族人民的爱国热情、增强了全体中华儿女的自信心和自豪感，成为推动我们事业前进的强大精神力量。

2008年9月29日，胡锦涛总书记在北京奥运会、残奥会总结表彰大会上的讲话中指出，中国体育代表团名列北京奥运会、残奥会金牌榜第一位，取得了运动成绩和精神文明双丰收，实现了"为人生添彩、为奥运增辉、为民族争气、为祖国争光"的誓言，向祖国和人民交上了优异答卷！

当前我国已经进入全面建设小康社会和构建社会主义和谐社会的新的发展阶段，一个新的阶段需要与时俱进的新的精神的鼓舞和感召。体育作为精神文明建设的重要组成部分，必将在推进社会主义先进文化建设、建设社会主义核心价值体系中发挥更加积极的作用。

三、中国登山健儿首度登顶珠峰：中国人有能力攀登世界顶峰

大自然是人类的家园。在一定意义上说，人类攀登珠峰的历史，就是不断探索自然、挑战自我、超越极限的奋斗历史。献身珠峰的20世纪最负盛名的英国探险家乔治·马洛里曾说："我们从切身的经历中知道，攀登一座高山时能得到极大的乐趣。我们喜欢体验在山上克服身体不适的感觉，体验通过最极端严酷考验后的欢乐，并且和大自然建立牢固的关系。"

1. 中国人首次将足迹留在世界最高峰

早在19世纪初叶，勇敢的科学家和探险者就开始向地球上的南、北极进军，探测那里的秘密，而被称为地球"第三极"的珠穆朗玛峰，直到20世纪20年代，才有一些探险队到这里活动。1953年5月29日，新西兰登山家埃德蒙·希拉里作为英国登山队队员与尼泊尔向导丹增·诺尔盖一起，沿东南山脊路线登上珠穆朗玛峰，这是人类首次成功登顶珠峰。1960年5月25日，中国登山运动员王富洲、贡布、屈银华三人首次从难度更大的北坡登上珠穆朗玛峰，创造了人类历史未曾有过的奇迹。在这次登山战斗中，中国登山队共有29人登上了珠峰8100米以上的高度，除登顶队员外尚有13名队员登上海拔8500米的高度，这在世界登山史上也是第一次。他们的英雄壮举极大地鼓舞了当时正与自然灾害作斗争的全国人民，激励着人们去战胜一切艰难困苦，在社会主义建设道路上勇往直前。在中国人登顶珠穆朗玛峰前，有些国家曾一度叫喊，中国人从来没有登顶过珠穆朗玛峰，珠穆朗玛峰根本不能算是中国的领土范围。因此，中国登山队成功登顶珠峰，在当时还极具政治意义。

2. 永恒的登山精神

攀登珠峰的困难与危险是不言而喻的，严寒、缺氧、雪崩、飓风等各

种艰难困苦数不胜数，对人的体能、意志、毅力提出了严峻考验。登山运动可谓是最接近大自然、最为艰苦、伤亡最多、最具挑战性的一项运动。登山运动员用生命创造的奇迹，为自己的祖国、为人类赢得了荣誉。

2003年5月21日、22日，正当全国各族人民在党中央、国务院的坚强领导下，万众一心、众志成城，决心夺取抗击非典和促进发展双胜利的时候，19名藏、汉族登山英雄分别以"中国西藏登山探险队"、"中国珠峰登山队"、"中韩联合登山队"的名义，站在珠峰之巅，再次让鲜艳的五星红旗在离太阳最近的地方高高飘扬，充分展现了中华民族的信心、勇气和力量。

2008年5月8日9时17分，举世瞩目的北京奥运火炬接力珠峰传递中国登山队顺利登顶珠峰，奥运火炬在珠峰熊熊燃烧。这是奥林匹克运动历史上的一次壮举，是中国人民献给奥林匹克运动、献给全人类的一份厚礼。

中国几代登山健儿用生命凝结成"祖国至上、奋发进取、团结协作、无私奉献、求实探索"的登山精神，已成为新时期中华民族精神的重要组成部分。珠穆朗玛在忠实记录人类登山探险精神的岁月里，无声地实现了她的不朽。只要珠穆朗玛峰存在，人类就将永不停止攀登。这种伟大的登山精神，必将伴随人类历史的发展进程而成为永恒！

四、"乒乓外交"：打破西方封锁的破冰之举

体育无国界，体育超越政治制度、意识形态、文化传统、种族肤色的差异，具有极强的兼容性和广泛性。体育在增进各国人民友谊，促进各国人民交流等方面具有不可替代的独特作用。古希腊的古代奥运会就有在奥运会期间"休战"的自觉行为，这一精神和传统一直延续至今。《奥林匹克宪章》明确指出："奥林匹克主义的宗旨是使体育运动为人的和谐发展服务，以促进建立一个维护人的尊严的、和平的社会。"反对将体育运动，包括将奥运会政治化已成为当今国际社会的普遍共识。

1. 体育是传播和平友谊的桥梁

在世界体育史上，从来没有哪个单项体育运动，能像"乒乓外交"那样，引起世界外交格局的重大改变。1971年春天的"乒乓外交"使中美关系获得突破性进展，从此打开了中美20多年冰冻的政治僵局。

"乒乓外交"是世界外交史上的一个创举。

中美关系的缓和和中日建交,打破了由于美国长期以来孤立遏制中国造成的某种外交僵局,出现了我国外交的新局面。1969年以前,除苏联、东欧以外的欧洲各国,只有6个国家同中国建交,英国和荷兰同中国互设有半建交性质的代办处,中美关系改善后,出现了中国同西欧各国建交高潮。1971年7月到1973年年初,我国先后同比利时、冰岛、马耳他、希腊、德意志联邦共和国、卢森堡、西班牙等欧洲国家建立了外交关系。1972年,中英、中荷之间也先后将原来建立的代办级外交关系升格为大使级外交关系。1975年,中国同欧洲经济共同体也建立了正式关系。20世纪70年代初期,中国同北美的加拿大、大洋洲的澳大利亚和新西兰也先后建立了外交关系。①

2. 体育无国界

正是体育,把世界上不同国度、不同种族、不同语言、不同宗教信仰的人凝聚在一起,使大家相互交往,增进了解和友谊。"乒乓外交",就是一个充分表明体育无国界,体育是和平与友谊的媒介的鲜活例证。重温"乒乓外交",可以发现,尽管中国与美国等国的社会制度和价值观不同,但只要有关国家互相尊重、平等交往、求同存异,国与国之间的关系就一定能不断改善和发展。重温"乒乓外交",人们认识到,人民之间的友谊能够改变世界、创造历史。

五、学习女排,振兴中华:改革开放初期的时代强音

1978年,我们党召开具有重大历史意义的十一届三中全会,开辟了改革开放历史新时期。从那时以来,中国共产党人和中国人民以一往无前的进取精神和波澜壮阔的创新实践,谱写了中华民族自强不息、顽强奋进新的壮丽史诗,中国人民的面貌、社会主义中国的面貌、中国共产党的面貌发生了历史性变化,而体育作为改革开放初期的排头兵,其发挥的作用和产生的社会影响也是深刻而久远的。

1. 体育成为展示时代心声的舞台

一个改革的时代需要改革精神,一个开放的时代需要开放精神。任

---

① 何沁主编:《中华人民共和国国史》,高等教育出版社2006年版,第232页。

何一个大发展的时代都离不开强有力的时代精神的指引。

十年"文化大革命"是我党在探寻现代化道路中经受的一次严重挫折，给中国人民带来了巨大的灾难。1978年党的十一届三中全会的召开成为了中国新时期的一个转折点。20世纪70年代末，正是许多发达国家再次进行产业结构调整的时期。随着中国对外交往迅速扩大和增加，党和国家领导人先后走出国门，在了解国际形势的同时，无不强烈感受到中国同发达国家在经济、科技、管理等方面正在拉大的差距，不能不痛心疾首于这样的现实：中国目前的状况太落后了，这些年耽误的时间太长了！①

在这样一个落后的事实面前，中国人民迫切需要振奋精神、迎接挑战。1981年3月30日，在香港进行的一场世界杯男排亚洲区预选赛中国队对韩国队的比赛，中国男排在先失两局的不利局面下连扳三局反败为胜，获得代表亚洲参加世界杯的决赛资格。得知喜讯的北大学子带头喊出了"团结起来，振兴中华"这个响亮的口号，并迅即从北京传向全国。两句口号，形成一个时代撼天动地、席卷神州的力量。后经新华社、《人民日报》等专稿刊发，"团结起来，振兴中华"，遂成为20世纪80年代初期的时代最强音。

"团结起来，振兴中华"的诞生是时代的呼唤，它是"文化大革命"后几年来大学生爱国情感酝酿的必然产物。深受理想主义培育的一代大学生目睹了国家的多年动荡和劫后余生，不得不正视祖国落后、贫穷的现实情况，这时亟需一个激荡人心、负载希望的响亮口号来凝聚人心。而中国男排奋起直追、反败为胜的比赛历程，恰好吻合了大学生设定未来并对自我充满期许的心情。"团结起来，振兴中华"的出现则成为时代呼唤的必然结果，其实质是反映中国近现代史发展的历史主题和新时期青年学子的报国夙愿。

"团结起来，振兴中华"的口号不仅是那个时代的心声，也是所有中华儿女永恒的追求；它不仅影响了那个时代的社会民众，它还将继续成为中华民族发展壮大的永远的号角。

---

① 中共中央党史研究室：《中国共产党简史》，中共党史出版社2001年版，第166页。

2. 女排精神与改革开放初期首创精神的契合

从体育战线看，20世纪80年代初期，中国女排无疑是我国体育界的一面旗帜，中国女排"五连冠"的辉煌，成为展示我国竞技体育发展成果的标志，同时也成为鼓舞全国人民建设有中国特色社会主义国家的强大精神动力。

1981年11月，在日本举行的世界杯赛中，中国女排以七战全胜的战绩为中国首次夺得"三大球"比赛的世界冠军。经历了"文化大革命"苦难的人们，所有的激情和自豪感在这一刻喷薄而出。女排的胜利，不但在体育界引起了轰动，而且在全国各界也引起了强烈的反响。女排夺冠之后，《人民日报》在社论中发出了"学习女排，振兴中华"的号召，可以说1981年女排世界杯赛的夺冠，让中国女排成为国家骄傲的同时也成为国人的榜样，女排姑娘们克服重重困难，秉承"顽强拼搏、为国争光"的信念和决心，给予当时的国人以无限自豪和动力。邓小平同志曾高度评价女排精神和中国乒乓球队的经验，他说："这是不可低估的精神力量，是对社会主义精神文明的贡献。"

早在1964年，周恩来总理就邀请日本教练大松博文来我国训练女排。贺龙副总理曾说过："三大球不翻身，死不瞑目。"中国女排的胜利，使老一辈无产阶级革命家的遗愿开始变为现实，极大地鼓舞了亿万中国人民爱国主义的热情和为中华而献身的精神。其后，中国女排的"五连冠"，打出了一股中国人民坚忍不拔、奋斗不止、自强不息，一定要自立于世界民族之林的恢弘志气，开创了我国体育工作的新局面，极大地激发了我国人民的爱国主义热忱，促进了中华体育的腾飞。社会主义精神文明是推动社会主义物质文明建设的动力，在那个社会主义经济建设激情燃烧的岁月，女排精神被各行各业的劳动者和建设者们所津津乐道并一脉相承，也被赋予了鲜明的时代特色，女排精神成为了推动改革开放的"精神力量"。

六、零的突破：彻底甩掉"东亚病夫"帽子

改革开放初期，我国各行各业取得的腾飞为体育事业全面、快速发展打下了良好的基础，提供了可借鉴的思路。在体育战线，"奥运战略"的制定和实施更成为我国体育事业勇攀高峰的制度基础和体系保障。1984年洛杉矶奥运会，为蓄势待发的中国体育人铺设了向世界证明自己的最好舞台。

1. 中国竞技体育国际地位的首度确立

回首1984年以前我国的奥运参赛史，留给国人的是无尽的遗憾和感叹。而这一切，随着中国射击选手许海峰的"枪声"而被彻底打破。在1984年第二十三届奥运会上，中国体育代表团不仅实现了我国奥运金牌"零"的突破，而且以15金8银9铜的成绩列金牌榜第四位，从而初步确立了中国竞技体育在国际竞争中的地位。

中国体育代表团在洛杉矶第二十三届奥运会上取得的辉煌胜利，已远远超越了一般体育金牌的意义，极大地振奋了民族精神，在海内外引起了强烈的反响。这些成就证明了20世纪80年代前后体育决策层所制定的以奥运战略为中心的竞技体育发展战略思想与决策的成功。同时，它也成为改革开放以来中华民族奋起的象征和激动人心的事件。

2. 中国竞技体育勇攀高峰的新起点

1984年奥运会后，我国竞技体育加快了攀登世界竞技体育高峰的步伐。党中央、国务院先后下发了一系列加快体育事业发展的文件和指示，为我国体育事业实现跨越式发展提供了强有力的保证。在随后的几届奥运会上，特别是在2000年悉尼奥运会和2004年雅典奥运会上，中国体育代表团连续取得历史性跨越，成功迈入世界竞技体育奥运强国第一集团行列。我国在1980年首次参加冬奥会后，于2002年的盐湖城冬奥会上实现了冬奥会金牌"零"的突破。据统计，1984年以来，我国共获得163枚奥运会金牌，获奖牌总数达到386枚；1980年以来，我国共获得9枚冬奥会金牌，获奖牌总数为44枚；截至2010年年底，我国运动员共获得世界冠军2533个，创超世界纪录达1228次。

七、体育彩票发行：社会力量助推体育的重大举措

体育彩票是国家对社会进行宏观调控的重要手段，是工资、税收后的"第三次分配"，在市场经济发达国家被称为"软税收"、"微笑纳税"。改革开放30多年，中国体育彩票的发展从无序到有序，从分散到整合，从粗放到严谨，从小规模到大范围，我们走过的是一条前进之路、发展之路，体育彩票已经在我们社会生活中产生了一定的影响，对

体育事业起到了很大的推动和促进作用。回顾历史，中国体育彩票伴随着国家的改革开放不断深化而一步步成长，它既是改革开放的产物，又是解放思想的结果。尽管我国体育彩票的发展历程不长，但在促进社会和谐发展方面发挥了重要作用，也让我们领略到改革开放带来翻天覆地的变化，科学探索发展结出的硕果。

1. 体育彩票已成为"全民健身计划"的重要资金保障

1994年4月5日，经中国人民银行批准，体育彩票正式发行以来，截至2010年年底，中国体育彩票累计销量3645亿多元，筹集公益金1134亿多元，为国家公益事业和体育事业作出了重要贡献。以1997年到2004年为例，国家体育总局和地方各级体育行政部门用于全民健身计划的投入超过100亿元，利用体育彩票公益金共在城市和农村乡镇新建全民健身工程5627个、匹配全民健身路径23319条。小到公园路旁的一个个健身路径，大到31个省、自治区、直辖市同时举行的元旦新年登高活动，包括各省不断举办的各种类型的体育活动，体育彩票充分体现了"取之于民，用之于民"的宗旨，为全民健身运动的开展作出巨大的贡献。

2. 体育彩票已经成为"奥运争光计划"的重要资金来源

从青少年运动员的培养，到运动员、运动队的器材、训练、比赛、科研经费的保障，从各省综合性体育场馆的建设到各种大型体育赛事的举办，体育彩票公益金为"奥运争光计划"立下汗马功劳。在体育彩票已经筹集的公益金中，40%用于奥运争光计划。举世瞩目的2008年北京奥运会圆满成功，中国体育彩票发挥了巨大作用。为了办好奥运会，体育彩票公益金投入27.5亿元，代表全国体彩彩民向北京奥运会献上了一颗赤诚的爱国之心。

3. 体育彩票为其他各项社会事业发展作出了重要贡献

体育彩票自发行之日就确立了"取之于民、用之于民"的宗旨和"公平、公正、公开"的原则。多年来，体育彩票始终坚持"严格管理、以人为本、科学规范"，不断扩大发行量，提高筹资效益，为社会保障、教育、卫生等公益事业作出了卓越贡献。体育彩票已经成为我国筹集公益事业发展资金的重要渠道，为国家经济社会和谐发展贡献了巨大力量。中国体育彩票不仅仅支持中国体育事业，体育彩票公益金绝大部分用在了社保基金、青少年学生校外活动场所建设和维护、红十字会人道主义救助事业、残疾人事业、教育事业、地方农村医疗救助、城镇医疗救助等民生方面。随着体彩公益金越来越多的支持国家公益事业，中国体育彩票已成为真正意义上的"国家彩票"。

2007年体育彩票有38.1亿元用于补充社会保障基金。从2005年开始，中国体育彩票与中国扶贫基金会合作，设立"中国体育彩票新长城助学基金"，每年出资超过40万元，资助贫困大学生的学习生活。同时，经国务院批准，以体育彩票为重要组成部分的彩票公益金在2007年年底前安排3亿元，资助中西部22个省、市普通高中家庭经济贫困学生，资助名额为30万人，每人每年受助1000元；从2000年至"十五"末期，以体育彩票为重要组成部分的彩票公益金，每年安排20亿元专项资金用于青少年学生校外活动场所建设和维护工作。截至2006年3月，中央扶持项目已实施5批，共计912个，完成建设项目总体规划的82.6%。目前，已建成的校外活动场所共计接待2000万人次开展活动，成为促进未成年人全面发展的实践课堂和加强思想道德建设的重要平台。彩票公益金还设立了"红十字人道主义医疗救助基金"、"农村和城镇医疗救助基金"，大力支持我国的医疗卫生事业。以体育彩票公益金为重要组成部分的彩票公益金3.37亿元，支持中国红十字会人道主义救助工作，其中备灾救灾1.219亿元、卫生救护师资培训3700万元、中华骨髓库建设1.779亿元。"十一五"期间，彩票公益金将有6.97亿元用于救灾、备灾、造血干细胞库捐献者检测以及红十字救护培训项目；通过建设文化广场等手段，促进社会主义新农村建设。到2010年年底。全国已建成农民体育健身工程231306个。体育彩票已成为真正意义上的"国家彩票"。

八、《中华人民共和国体育法》颁布：中国体育走向法制化道路

体育法制建设是"依法治国"方略在体育领域的具体实践，是体育事业发展的重要保证。《中华人民共和国体育法》的诞生，在新中国体育发展史上具有里程碑式的重要意义，它标志着我国体育事业的发展开始纳入法制化轨道，进入依法治体的新阶段。

1. 新中国的第一部体育法律

制定体育法是体育战线酝酿已久和普遍关注的一件大事。党的十一届三中全会以来，我国体育事业进入了一个较快的发展时期。随着我国政治稳定、经济繁荣、社会进步和人民生活水平逐步提高，体育事业在我国社会主义物质文明和精神文明建设中已经和正在发挥着越来越重要的作用。但是，在体育事业的发展中也存在着一些困难和问题，主要是：群众参加体育活动的权利没有得到充分的保障，公民体质状况不容乐观；体育基础设施落后的状况没有得到根本改变，场地不足，且大量被挤占；市场经济体制下体育行政部门对体育事业的领导、协调、监督职能尚未充分发挥。造成这些困难和问题的原因是多方面的，其中重要的一条是缺少一部体育法。这既对我国体育的改革和发展带来不利影响，同时与我国在国际体育事务中的地位也是不相称的。制定体育法是落实宪法有关规定的需要，是巩固体育改革成果的需要，是扩大体育对外开放的需要，是实现依法治体的需要，是保证体育事业持续、快速、健康发展的需要。

1988年国家体委开始着手草拟体育法，1994年3月向国务院报送了《中华人民共和国体育法（送审稿）》。1995年8月29日，第八届全国人民代表大会常务委员会第十五次会议全票通过了《中华人民共和国体育法》。《中华人民共和国体育法》的诞生，在新中国体育发展史上具有里程碑式的重要意义，它标志着我国体育事业的发展开始纳入法制化轨道，进入了依法治体的新阶段。

作为新中国的第一部体育法律，《中华人民共和国体育法》以宪法为依据，以发展体育事业、增强人民体质、提高体育运动水平、促进社会主义物质文明和精神文明建设为立法目的，坚持党的基本路线，适应建立社会主义市场经济体制的基本要求，在全面总结我国体育事业发展成功经验和存在问题的基础上，阐述了国家发展体育事业的基本态度；提出了体育工作的方针、任务、基本原则和重大措施；明确了各级人民政府、体育行政部门、各行业系统、企业事业组织、体育社会团体和公民个人在参与体育活动和发展体育事业中的责任、权利和义务，对我国体育事业发展有着重大的现实影响和深远的历史意义。

2. 依法治体更加深入人心

《中华人民共和国体育法》颁布实施 10 多年来，随着"依法治国"基本方略的实施，体育法制工作得到更加重视，取得了重要进展。体育法制工作机构和队伍陆续建立，体育立法步伐明显加快，体育执法逐步推进，体育法治研究日益深入，全社会和体育界的体育法律意识不断增强。

加强体育法制建设，是全面建设小康社会、构建社会主义和谐社会的需要，是深入贯彻落实科学发展观的实践行动。在新的历史时期，体育发展面临着千载难逢的历史机遇，也面临着艰巨的任务和严峻的挑战。我们要切实加强体育法制建设，使中国体育事业的发展纳入科学化、规范化、法制化的轨道，为中国体育的全面、协调、可持续发展保驾护航，为全面建设小康社会、构建社会主义和谐社会贡献力量。①

九、姚明走进 NBA：世界更加关注中国

姚明不仅是一种体育现象、商业现象，他更是一种社会文化现象。姚明在代表我国参加世界比赛中以及在 CBA、NBA 联赛中均取得了较好的战绩，他的表现在国内、国际上产生了重大的影响，成为世界各大传媒争相报道的对象，并且在 2005 年被评为全国劳动模范。毫无疑问，姚明已经成为世界体坛最具明星气质的运动员之一，是世界体育、文化、经济紧密互动的催化剂。体育明星的社会文化影响越来越显著，我们要进一步认识体育明星对社会发展和人民生活的重要价值，从而更有效、更自觉地发挥体育明星的功能。

1. 姚明提升了中国的知名度

毫无疑问，姚明是十几亿中国人和千余万上海人的骄傲，是中国面向美国、面向世界的一个活广告，姚明展现的精神和涵养是一张新时代中国人的"脸"。对于许多普通美国人来说，姚明代表了自中国加入世贸组织之后一个更开放的中国形象。姚明用令人信服的球技、随和幽默的个性拓宽了美国人的视野。《休斯敦纪事报》评论道："姚明的背后，是一个迈着大步走向政治、经济改革的中国，是一个加入世贸组织、开放的中国。"

---

① 刘鹏：《依法行政　依法治体——纪念〈体育法〉颁布实施十周年》，2005 年 8 月 29 日《中国体育报》。

2. 姚明效应促进了中西体育文化的融合

由于地理位置、环境和社会背景的差异，东西方体育文化存在着相当大的差异，这种差异直接影响着各自的体育文化的发展。两种不同的体育文化如何才能很好地融合在一起，彼此汲取对方的优点，表现出中西体育文化的各自特色而又不失其本性，这需要中间有很好的媒介作为桥梁。体育明星作为各自民族文化的代表，在大众传媒和视觉文化的影响之下，以其鲜明的形象性和巨大的感召力，影响着文化的交流与渗透，姚明加入 NBA，架起了中西体育文化交流的一座桥梁。

姚明去美国打球极具文化交流的意义，为美国人打开了一扇了解中国的窗户。从美国乒乓球队首次访华到姚明加盟 NBA，30 多年过去了，中美两国的交往在不断加深。英国《卫报》刊登题为：《姚明带来了文化革命》的文章称，这是自 30 年前"乒乓外交"以来中美关系中没有见到过的一种新的交往形式。《今日美国》称，姚明造成的轰动效应，可以与当年尼克松访华相比。时任国家主席江泽民访美时，百忙之中在休斯敦接见了姚明，希望他为中美两国人民的友谊作出贡献。姚明，正以他公众人物的身份发挥着独特的作用。姚明的出现打破了美国人的惯有思维，使他们彻底改变了对亚洲人的看法，看到真正强壮而灵活的中国篮球运动员。姚明的这些影响使他顺理成章地成为在美华人和亚洲人心目中的偶像。在某种意义上说，姚明已成为对美国球迷和美国朋友很有吸引力的一位来自中国民间的亲善大使。

十、北京奥运会：中国进一步走向世界的新起点

2008 年北京奥运会是我国有史以来举办的最大规模的重大世界性活动。北京奥运会的成功举办，实现了中华民族的百年期盼，向世界展示了改革开放 30 年的丰硕成果和中国人民的崭新精神风貌；北京奥运会的成功举办，谱写了奥林匹克历史上的辉煌篇章，广泛弘扬了团结、友谊、和平的奥林匹克精神；北京奥运会的成功举办，增强了中华民族凝聚力，成为中华民族伟大复兴历程中的新的起点；北京奥运会的成功举办，提高了中国国际地位，向世界展现了和平崛起的大国形象。北京奥运会在中国社会发展进程中必将留下浓墨重彩的光辉一页。

1. 申奥成功：改革开放成果的展现与国际认同

举办奥运会是中华民族的百年期盼，是全国人民的共同心愿。早在1990年，我国改革开放的总设计师邓小平就提出要举办奥运会。虽然1993年9月23日在国际奥委会全会蒙特卡罗的表决中，北京以微弱的两票劣势未获通过，但这并没有影响我们参与奥林匹克事务的决心。奥运申办的过程就是一个参与的过程，是推动我国社会主义物质文明和精神文明建设，振奋民族精神，增强民族凝聚力的过程。从这个意义上看，无论申办成功与否，都具有重大的意义。北京能够提出申办奥运会，本身就证明了中国改革开放以来，经济繁荣，政治稳定，社会祥和，人民安居乐业，综合国力大大增强。

申奥成功是我国改革开放成果的生动展示。2001年7月13日，北京以56票的绝对优势获得第二十九届夏季奥运会的举办权。这一直是中国人民和中国体育界殷切期待的梦想，是自1993年以来历经9年、两次申办艰辛努力的成果！北京成功赢得2008年奥运会举办权，这充分反映了我国改革开放的丰硕成果，对推动新世纪我国经济和社会发展，形成全方位、多层次、宽领域对外开放格局，提高我国的国际地位，都将产生深远的影响。

改革开放30年，我国经济从一度濒于崩溃的边缘发展到总量跃至世界第四、进出口总额位居世界第三，人民生活从温饱不足发展到总体小康，农村贫困人口从2.5亿减少到2000多万，政治建设、文化建设、社会建设取得举世瞩目的成就。中国的发展，不仅使中国人民稳定地走上了富裕安康的广阔道路，而且为世界经济发展和人类文明进步作出了重大贡献。2001年，北京申奥成功是我国改革开放成果的生动展示，也是对我国改革开放事业的巨大推动。

申奥成功实现了中国人民的共同心愿。奥林匹克运动是一个规模宏大的社会文化现象，奥运会是当今世界范围内规模最大的体育盛会，举办奥运会是全国各族人民的共同心愿。早在1908年，《天津青年》杂志提出了3个问题：中国何时能派出一名运动员参加奥运会？中国何时能取得一枚奥运会金牌？中国何时能举办一届奥运会？这3个问题的提出折射出当时国人的一种奢望和期盼。如今，这3个问题都已得到了圆满地解答。

从1993年首次申办到2004年的申办成功，中国人民对奥林匹克运动的执著追求和满腔热情没有减弱。"申奥"一直是举国上下普遍关心的话题，为"申奥"贡献力量是全国人民共同的行动。2008年北京奥运会"将给中国和世界体育留下独一无二的宝贵遗产"。在占世界人口1/5的中国举办奥运会，是有史以来的第一次，奥林匹克运动将更大规模地普及，奥林匹克精神会更广泛地弘扬。举办2008年奥运会是我国在新世纪的一次重要机遇，将极大地激发全国各族人民的爱国热情，促进我国改革开放和社会主义现代化建设事业快速发展。奥林匹克理想超越政治制度、意识形态、文化传统、种族肤色的差异，具有极强的兼容性和宽泛性，为全世界所接受和推崇。申办奥运会的竞争，实际上是一场综合国力、经济潜力、科技实力、文化魅力的竞争，是一场国家形象和民族地位的竞争。赢得了奥运会主办权，就意味着进一步赢得了国际社会的普遍尊重、信任和青睐。北京获得2008年奥运会主办权，是中国在提高国际地位方面所矗立起的又一座里程碑。

2002年，《中共中央　国务院关于进一步加强和改进新时期体育工作的意见》明确指出：筹备和举办2008年奥运会及残疾人奥运会，既是北京市和体育界的大事，也是全国人民的盛事；既是难得的历史机遇，也面临新的挑战。抓住机遇，迎接挑战，努力把2008年奥运会和残疾人奥运会办成历史上最出色的一届奥运会，加快我国体育事业的全面发展，满足广大人民群众日益增长的体育文化需求，并借此推动我国社会主义物质文明建设和精神文明建设的发展，是全党、各级政府和全国各族人民的一项共同任务。

2007年10月15日，胡锦涛总书记在党的十七大报告中明确提出"要办好2008年奥运会和残奥会"。

国务院总理温家宝在十一届全国人大一次会议上作政府工作报告时指出："要扎实做好各项筹办和组织工作，加强国际合作，创造良好环境，确保成功举办一届有特色、高水平的体育盛会。"

努力把2008年奥运会和残疾人奥运会办成一届"有特色、高水平"的奥运会，给中国和世界体育留下独一无二的宝贵遗产，是北京对世界作出的庄严承诺。2008年奥运会的成功申办和积极筹办，为我国体育事业的发展带来了重大的发展契机和历史性机遇。历史必将证明，北京奥运会的成功举办将永载国际奥林匹克运动的光辉史册，必将为我国全面建设小康社会和构建和谐社会发挥积极作用。

2. 办奥成功：中国更加自信地走向世界

2008年8月8日到9月17日，在中国人民和世界各国人民的共同努力下，北京奥运会、残奥会成为一次令人难忘的高水平体育盛会。在北京奥运会、残奥会期间，奥林匹克精神与中华五千年文明亲密接触，来自五大洲的不同文化交相辉映，整个世界共同度过了一段激动人心的美好时光。本着"绿色奥运、科技奥运和人文奥运"的理念，北京奥运会成功地做到了让国际社会满意，让各国运动员满意，让人民群众满意。北京奥运会，不仅为我们留下了丰富的物质遗产，更留下了宝贵的精神遗产；不仅促进了中国竞技体育的新跨越和不同文明之间的交流，更促进了世界对中国的认识。

办奥成功实现了中国对世界的庄严承诺。7年的筹办过程中，我们直面非典疫情等一个个严峻挑战，在党中央坚强领导下，在全国人民大力支持下，北京奥运会筹办工作始终有条不紊地向前推进。2008年，奥运筹办的决战决胜之年，接二连三的磨难，一次次考验中国人民的意志。短短5个月里，先有南方罕见的低温雨雪冰冻灾害，后有拉萨打砸抢烧暴力事件，继而出现奥运火炬境外传递屡受干扰，然后又发生了震惊中外的四川汶川特大地震。纵观现代奥林匹克运动的百余年历史，还很少有奥运会的东道主像中国这样，在盛会开幕前的短短几个月中，面临如此众多、如此复杂、如此严峻的困难和挑战。在一次次考验、挑战面前，以胡锦涛同志为总书记的党中央从容坚定，高瞻远瞩，团结带领全国人民迎难而上，奥运会各项筹备工作紧张而有序地顺利进行。在北京奥运会开幕前，国际社会最为关注、中国百姓甚为关心、与赛事和运动员密不可分的交通、环保、场馆、市场开发、奥运村、火炬登珠峰等项指标都已达标。北京奥运会正是通过良好的组织、周到的服务、一流的设施，赢得了世界各地运动员和国际社会的高度评价。

8月2日，离北京奥运会开幕还有6天。国际奥委会主席罗格在国际奥委会执委会会议结束后的新闻发布会上,对东道主"完美无瑕"的组织工作给予了高度评价和赞扬。他说:"国际奥委会绝不后悔将奥运会主办权交给北京。当8月8日那天到来时,奥运会的巨大魔力和完美无瑕的组织工作将取代一切争论。"

谈到北京奥运会,国际奥委会奥运会执行主任吉尔伯特·费利连续用了5个"满意",开幕式、奥运村、场馆、交通、志愿者的表现都让他赞不绝口,他说:"北京奥组委提供了高水准、高质量的条件,工作也非常出色,而且我们也得到了单项体联非常好的反馈。"

对于北京奥运会的成功举办,胡锦涛总书记在北京奥运会、残奥会总结表彰大会上的讲话中深刻地指出,举办一届有特色、高水平的奥运会、残奥会,实现两个奥运同样精彩,这是中国人民对国际社会的郑重承诺。经过7年多不懈努力,我们终于取得北京奥运会、残奥会的巨大成功,广泛弘扬了团结、友谊、和平的奥林匹克精神,大力促进了世界各国人民的相互了解和友谊,让"同一个世界、同一个梦想"的口号响彻寰球。中国人民以坚忍不拔的执著和努力,实现了中华民族的百年期盼,完成了海内外中华儿女的共同心愿,履行了对国际社会的郑重承诺,赢得了国际社会高度评价,在现代奥林匹克运动史册上深深钤上了红彤彤的中国印。

北京奥运会的成功举办谱写了奥林匹克运动史上的光辉篇章。北京奥运会是一届创造奇迹、超越梦想的奥运会。恢宏壮观的开、闭幕式,跌宕起伏的赛事进程,盛况空前的广泛参与,群雄并起的激烈争夺,成就了无与伦比的北京奥运会,它创造了多项奥运之最:参赛成员之最——204个国家和地区,北京奥运会成为有史以来参赛国家和地区最多的一届奥运会;参赛运动员人数之最——1万多名运动员;电视转播规模之最——45亿观众,北京奥运会成为奥运会历史上转播规模最大的一次;刷新纪录之最——北京奥运会诞生了38项世界纪录,85项奥运会纪录;金牌数之最——302块金牌。28个大项302个小项;获奖牌国家和地区数之最——蒙古、多哥、阿富汗、塔吉克斯坦等代表团实现了各自国家金牌、奖牌的历史性突破,获奖国家和地区数达到87个;中国夺金之最——共获51枚金牌……对于体育而言,北京奥运会,这个带有诸多鲜明标记的盛典，无疑将铭刻在奥林匹克运动史上。

北京奥运会的成功举办将成为中国进一步走向世界的新起点。2001年，加入世界贸易组织，标志着中国全面融入世界经济主流。2008年中国举办奥运会，适逢中国改革开放30年。这不只是一个时间上的巧合，其内在逻辑是中国从贫弱逐渐走向富强的历程。30年来积累的经济实力、全球视野以及与世界接轨的意愿和决心，这是中国能够成功举办奥运会的重要条件。中国是第三个举办奥运会的亚洲国家，抓住举办奥运会的契机，加快现代化进程的例子就在近邻。在这个过程中，需要的是平和、健康、理性地面对世界，面对自身的成就与问题。

"有特色、高水平"是北京奥运会的目标，也是中国在历史发展新阶段中对一次重要机遇的解读。有特色与高水平互相促进，在向世界奉献一届不同凡响的奥运会之时，更将举办一届奥运会所带来的影响深深融入国家发展的脉络之中。

通过举办奥运会，我们留下了"鸟巢"、"水立方"等一大批中外建筑大师精诚合作创造的标志性建筑和城市基础设施，为提升城市实力、改善民众生活打下了良好的基础。通过举办奥运会，"绿色奥运、科技奥运、人文奥运"的理念深入人心，极大地提升了全社会的环保意识、科技意识、文明意识、人文意识和公民意识……有评论指出，北京奥运会是一次"三赢"的盛会：奥运受益——13亿人的奥林匹克教育，4亿多青少年的观念启蒙；中国受益——奥运会拉近了中国与世界的距离，这是世界了解中国的机会，也促进了中国的多方面发展；世界受益——100多位外国政要、1万多名运动员、几十万世界各地的游客来到北京，全球40多亿电视观众收看奥运会。北京奥运前所未有地让多种文化交流沟通，中国为世界和平与发展开启了"北京机会"。

对于北京奥运会最为重要的精神遗产，胡锦涛总书记深刻精练地概括为，一是弘扬团结、友谊、和平的奥林匹克精神。二是实践绿色奥运、科技奥运、人文奥运理念。三是促进世界各国文化的相互交流、相互借鉴。

体育运动为人的全面发展服务，促进维护人的尊严，推动社会和平发展，这是自奥林匹克运动诞生起，就始终坚持的核心理念。正如已故美国著名黑人运动员杰西·欧文斯所说："在体育运动中，人们学到的不仅仅是比赛，还有尊重他人、生活伦理、如何度过自己的一生以及如何对待自己的同类。"

改革开放30年，中国已不再是世界舞台上踉跄学步的迟到者。在全球化的语境中，中国的形象不仅体现在"中国制造"，也不仅体现在体育健儿曾经取得的163块奥运金牌。在融入经济全球化的浪潮之后，今天的中国人比以往任何时候都更关注国家的形象和社会的进步，具备更加开阔的视野和胸怀。30多年改革开放的进程带来了综合国力的迅速增长和国民素质的全面提高，赢得了全球关注的目光和快速发展的外部环境，获得了世界的厚望和信任。

北京奥运会推动了中国的进步。通过举办奥运会，中国人民更加增强了民族自豪感和凝聚力，增强了对社会主义中国和平发展的信心，也使全世界进一步了解、正视、尊重中国的社会制度和发展模式。通过举办奥运会，加快了中国的开放步伐，使全世界清晰地看到一个发展进步、友好和谐、重诺守信、尊重国际规则的中国，有助于中国进一步走向世界。

体育的普及性和广泛的社会辐射力使其早已超越了单纯的体育范畴，对中国社会的发展，对国民综合素质的提高，所起的作用是广泛而深刻的。新中国成立以来中国体育发展进程中具有重大社会影响力的体育大事，是对我国成长为体育大国历程的最好诠释。体育在凝聚民族力量，引领时代精神，弘扬先进文化，提高国民素质，提升国家形象，促进我国社会进步，加强国际交流等方面发挥了不可替代的重要作用。面向未来，我们要全力推进由体育大国迈进体育强国，深入贯彻落实科学发展观，充分发挥体育在全面建设小康社会和构建社会主义和谐社会伟大历史进程中的功能和作用，使体育成为实现中华民族伟大复兴的一支重要力量。

1

体育事业的基本纲领：
发展体育运动，增强人民体质

体育是国家发展进步的缩影，见证了中华民族的兴盛。50多年前，毛泽东主席挥笔写下"发展体育运动，增强人民体质"的题词，为新中国体育事业的发展指明了方向。50多年来，在普及与提高相结合，群众体育和竞技体育两方面协调发展的体育工作基本方针的指导下，我国体育事业得到迅速发展，尤其表现在竞技体育方面。

2008年8月24日和9月17日，举国关注、举世瞩目的2008年北京奥运会、残奥会分别在国际奥委会"无与伦比"的赞美声中闭幕，履行了中国人民对国际社会的郑重承诺：举办一届有特色、高水平的奥运会，实现两个奥运同样精彩。北京奥运会的成功使得中国人以无比自信的姿态面向世界，广泛弘扬了团结、友谊、和平的奥林匹克精神，大力促进了世界人民的相互了解和友谊，让"同一个世界、同一个梦想"的口号响彻寰球；中国借着北京奥运会这一平台，与世界一起共同经历了激动人心的历史时光，共同分享了激情澎湃的奥运欢乐，共同书写了奥林匹克运动新的辉煌篇章，向世人展示新中国成立以来，特别是中国改革开放30年取得的成就。从1952年，我国派出40人的代表团参加赫尔辛基第十五届奥运会，五星红旗在奥运赛场高高升起，到2008年北京奥运会上获得51枚金牌、21枚银牌、28枚铜牌，奖牌总数100枚，创4项世界纪录，金牌数超越美国、俄罗斯，位居奥运金牌榜第一、奖牌榜第二，创造了中国竞技体育的新辉煌。

新中国50多年来的中国体育在题词精神的指引下，发生了历史性的巨变，取得了举世瞩目的成就。为了实现举办奥运会这个中华民族的百年期盼，中国人民整整奋斗了100年，付出了几代人锲而不舍的顽强努力。

今天我们重温毛泽东主席"发展体育运动，增强人民体质"的题词，就要深入领会和努力实践中国特色社会主义理论体系，这对于我们坚持正确的体育发展方向，承前启后，继往开来，做好新时期的体育工作，具有重大的指导意义。在新的历史条件下继承、弘扬和发展毛泽东主席光辉题词的精神，是保持体育事业持续发展的重要思想保证，是保证我国体育事业在新世纪健康发展的关键。

一、光 辉 的 题 词

1949年10月1日中华人民共和国的成立，是中国有史以来最伟大的事件，也是20世纪世界最伟大的事件之一。

这一天下午，北京30万军民在天安门广场隆重举行开国大典。毛泽东主席在天安门城楼上庄严宣告："中华人民共和国中央人民政府今天成立了。"他按动电钮，五星红旗冉冉升起。人民解放军三军受阅部队迈着威武雄壮的步伐通过天安门前。群众游行的队伍高举红旗，纵情欢呼人民当家作主的共和国的诞生。

新中国体育事业的发展如同新中国其他各项事业的发展一样，基础薄弱，百废待兴。我国在这一时期的竞技体育发展路子主要是学习和借鉴苏联等社会主义国家发展竞技体育的基本经验和做法，走的是一条以"复制"为主的发展路径。

中国人民政治协商会议制定的《共同纲领》中规定：国家"提倡国民体育"。这是新中国成立后，第一次对体育事业的正式定位。1950年7月，毛泽东主席为我国第一个体育专业杂志《新体育》创刊题写了刊名，体现了新中国国家领导人对体育事业的关注。

1952年6月20—24日，中华全国体育总会成立大会在北京召开。1952年6月10日，毛泽东主席为会议题写了"发展体育运动，增强人民体质"的著名题词。朱德总司令出席会议，题写了"普及人民体育运动，为生产和国防服务"的题词。会议推举朱德为体总名誉主席,选举时任教育部部长的马叙伦为体总主席。由此,全国体育工作的管理职能由团中央负责开始转入由教育部领导。本次会议规定了全国体育总会的组织体制,全国设体育总会,各大行政区和省市(县)设体育分会,在各基层单位(工厂、学校等)中建立体育委员会,初步形成了全国自上而下的完整的组织体系。中华全国体育总会成立后,首先致函国际奥委会和各单项国际体育组织,宣告原中华全国体育协进会已改组为中华全国体育总会,担负着中国奥委会的职能,是代表中国人民的唯一合法的体育组织。这是新中国成立后首次向国际社会发出的在竞技体育领域的国家主张和声明。

1952年6月22日毛泽东、朱德在《人民日报》头版头条题词

在全国体总成立大会前夕,体总筹备会副秘书长黄中给筹备组全体人员传达了毛泽东这一题词。当时,一些原本看不起体育工作的知识分子,听了传达后,精神为之一振,逐渐转变了体育不过是"打打球"、"玩一玩"的肤浅认识。

在全国体总成立大会上正式传达毛泽东这一题词时,会场上响起了热烈的掌声。讨论时，人们喜气洋洋，尤其是马约翰、吴蕴瑞等一些从旧社会过来的知名体育教授，格外喜悦，他们异口同声地说："毛主席把体育的真谛抓住了！"

当年唯一的体育刊物《新体育》杂志以整页的篇幅刊登了毛主席的这一题词，并突出宣传了"发展体育运动，增强人民体质"为生产建设和国防建设服务这一重要思想。这一题词体现了中国共产党为人民服务、为人民群众谋利益的根本宗旨，明确了新中国体育事业的根本目的和发展方向，推动了我国体育运动的发展。

1952年6月10日毛泽东主席为中华全国体育总会成立大会题词刊登在《新体育》1952年10月第24期封面上

毛泽东的题词，把着眼点放在增强人民大众的体质上，使中国的体育事业揭开了新的一页。广大群众不再是被体育遗忘的对象，而成为体育的主人，极大地激发了人民群众发展体育运动的积极性和主动性。从此，我国群众性体育运动蓬勃发展，人民健康水平日益提高，人们的平均寿命比解放初期延长了许多。毛泽东把体育运动作为一条救国救民的途径是几乎所有研究者的共识。毛泽东的青年时代正值辛亥革命和五四运动时期，国难当头，而中国人被外国人辱称为"东亚病夫"。毛泽东对此深感痛心，决心要洗雪国耻，立志以拯救国家民族为己任。因此，他以忧国忧民的赤子之心唤起民众，从事体育运动，强健体魄，共同挽救国家、民族的危亡。可以说，他的体育思想逻辑，是从拯救国民体质的基础出发的，要强国、要卫国，就要增强民族体质，就要搞好体育。

50多年来，在题词精神的指引下，新中国的体育事业发生了历史性巨变，取得了举世瞩目的成就。在普及与提高相结合，群众体育与竞技体育两方面协调发展的体育工作基本方针的指导下，我国竞技体育水平得到了迅速提高。今天重温这一题词，回顾走过的道路，对于我们坚持正确的体育发展方向，承前启后，继往开来，做好新时期的体育工作，具有重大的指导意义。

二、第一套广播体操的颁布

1949年，中国人民政治协商会议通过的《共同纲领》列入了"提倡国民体育"的内容，从法律的高度指出了体育工作的重要性。

1950年7月1日《新体育》杂志创刊。毛泽东主席为《新体育》杂志题刊头。朱德副主席为《新体育》杂志题词："提倡国民体育"。

1951年，中央人民政府政务院发出了《关于改善各级学校学生健康状况的决定》，同年11月，中华全国体育总会筹备委员会公布推行第一套广播体操，广播体操简单易行，是适合于广大人民群众参加的活动。当时新中国刚刚成立不久，各项经济建设正在蓬勃发展，各条战线都在为经济的增长日夜奋战，劲头十足。1951年11月24日，第一套广播体操公布的

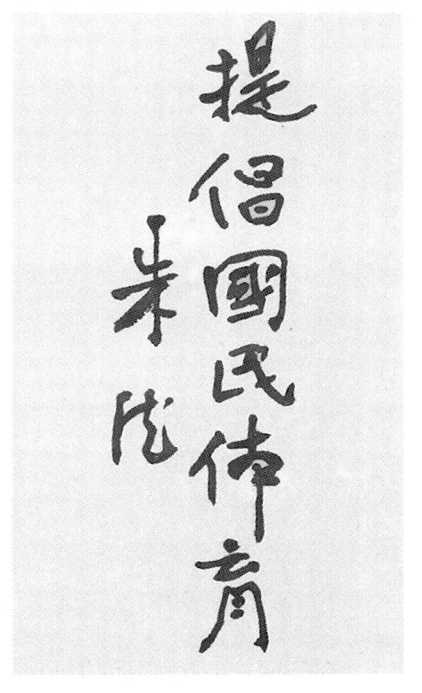

朱德副主席为《新体育》创刊题词

同日，中华全国体育总会筹备委员会、中央人民政府教育部、中央人民政府卫生部、中央人民革命军事委员会总政治部、中国新民主主义青年团中央委员会、中华全国总工会、中华全国民主妇女联合会、中华全国民主青年联合会和中华全国学生联合会等9个单位联合发出《关于推行广播体操活动的联合通知》。同时，中央人民政府新闻总署广播事业局和中华全国体育总会筹备委员会联合决定，在中央人民广播电台和各地人民广播电台举办广播体操节目。1951年11月25日，《人民日报》发表了中华全国体育总会广播体操研究小组的文章《大家都来做广播体操》。中央人民广播电台的广播体操节目从1951年12月1日开始播放，各地人民广播电台陆续开始播放。每天喇叭一响，千百万人随着广播乐曲做操，这是中国历史上破天荒的新鲜事。

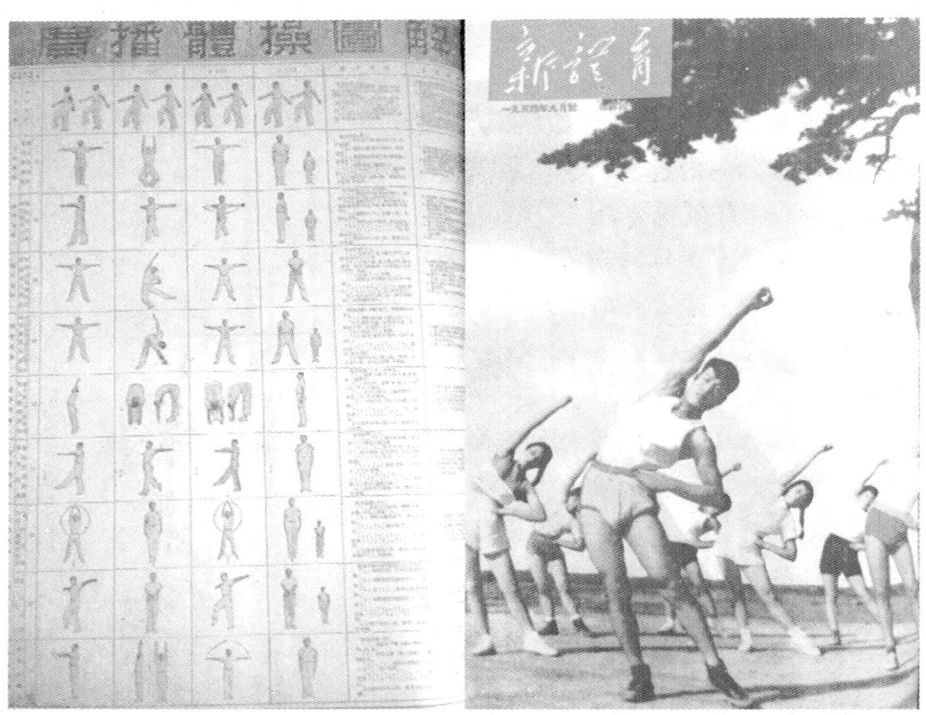

在《新体育》杂志上刊登推广广播体操的内容和有关报道

在当时，这套广播体操成为普及国民体育的一个重要步骤，同时也是最基本、最简单、最宜于普及的群众性体育活动，可以有效地改善国民的健康状况和身体素质。通知下发之后，迅速普及。各级政府、军队机关、企业事业单位、学校厂矿都积极行动起来，掀起学做广播体操的热潮，每天上午 10 点、广播体操节目的旋律回荡在城市乡村的上空，后来形成了工间操的制度。

那种全民齐做广播体操的盛况，在 20 世纪 60 年代拍摄的电影《大李、小李和老李》中有所反映。上海天马电影制片厂于 1962 摄制的《大李、小李和老李》，是一部以广播体操的开展为背景题材的电影。故事是讲在某肉类加工厂有"三李"，工会主席人称大李，车间主任人称老李，老李的儿子自然而然被称做小李。

《大李、小李和老李》电影海报

"三李"中只有小李喜爱体育锻炼。大李被选为厂体协主席，在其位谋其政，无可奈何，赶鸭子上架似的参加体育活动，当然也就少不了出洋相。看到这些，老李忧心忡忡，他担心这"闹着玩"的体育活动妨碍生产……

在电影中，大李为了学做广播体操到书店里买示范挂图，书店里的大辫子营业员非常热心地教大李做操。在做腹背运动这节时，营业员一弯腰辫子就甩到身前，站起来以后习惯性地把辫子向身后一甩，而大李却以为这也是广播体操的动作，也跟着甩一下，这样就在腹背运动中凭空加了一个"甩辫子"的动作。大李是厂里的领操员，他在带领全厂一起做操时，由于他"甩辫子"，结果全厂职工一起都跟着"甩辫子"。

这个"甩辫子"的情节成为了后来被经常说起的一个经典。无可否认，正是广播体操的推行，营造了当时良好的全民健身的环境，激发了人们参加体育活动的热情。一部以广播体操为主要内容的电影，反映了当时广播体操在中国人生活中的影响。

三、加强领导　开展群众体育活动

1952年11月15日，政务院总理周恩来在中南海怀仁堂主持中央人民政府委员会第十九次会议，讨论关于成立全国体育运动委员会的问题。周恩来正式提议由贺龙担任全国体育运动委员会主任，蔡廷锴任副主任，会议一致通过。

1953年4月，贺龙到北京主持了第一次全国体育工作会议之后，一回到重庆，就为充实体委物色人才。贺龙点的第一个将是张之槐。他1937年毕业于北平体育专科学校，抗日战争时期是八路军120师"战斗"篮球队队长，解放后担任了西南军区司令部干部处处长。张之槐对到体委工作毫无思想准备。那时部队已开始酝酿实行军衔制，他不愿意在授衔之前转业。贺龙理解这种心情，对张之槐说："体育事业同样是建设新中国的一条战线。我上次到北京开会，住在北京饭店，马路斜对面就是东长安街体育场，每天晚上灯光球场里挤得满满的，门外还拥着一大片人。群众那么喜欢体育，需要有人来领导和组织呀！你是学过体育的，科班出身，是干这行的专家。你不干，谁干？不要光想当官扛牌牌，不考虑事业。我是西南军区司令员，你说重要不重要？中央要我当体委主任，我就得去当。不光去，还得干好。我们是共产党员嘛！我给你几天时间考虑考虑，想通了，来找我。"张之槐整整想了一个通宵，深深感到贺老总的批评是对自己的信任和期望，终于下了决心。第二天一早就去找贺龙，对他说："老总，想通了，我去。"贺龙高兴地说："想通了就好！要认识体育工作的重要性啊！过去洋人笑我们是'东亚病夫'。现在，中国人民站起来了，这顶帽子要摘掉！谁来摘呢？搞体育的人有责任嘛！这个任务很艰巨，也很光荣。说实话，能把体育工作搞好，能把'东亚病夫'这顶帽子摘掉，不那么简单。快去北京报到。去了以后和体委的同志们一起尽快把工作开展起来。"

新中国成立后，中央人民政府政务院虽然指示各省市都要建立体育机构。但直到1953年年底，各省市成立体育机构的还不足半数。贺龙认为，要广泛吸收体育人才，建立新中国的各级体育机构，重要的问题是，要大张旗鼓地向全国人民宣传体育运动对于国计民生的重要意义，以引起各级领导和广大群众对体育工作的重视和热爱；大力宣传中国共产党关于体育工作的方针、政策，号召各界支持体育工作。要做到这一点，体育战线应有自己的一张报纸。1958年年初，贺龙为此事向周恩来总理请示。周恩来说："我们国家这么大，是需要有一张体育报。你们向中央写报告嘛！"4月1日，贺龙和张非垢、黄中给中共中央、国务院写了报告，由贺龙面呈周恩来。6月下旬，中共中央批准国家体委创办《体育报》。贺龙请毛泽东为《体育报》题写报名，请朱德题词。贺龙向体委有关领导人和《体育报》的负责人阐述了办报的宗旨和方针，提出了具体要求。他说，《体育报》要贯彻中央的方针政策，又要有体育特色；要组织好通讯网，还要有特邀通讯员，也可以请荣高棠和体委各级领导人写文章；《体育报》对于提倡什么，反对什么，旗帜要鲜明。

1953年11月1日，中央体育学院在北京先农坛正式开学。师生们把先农坛体育场看台底下的空间当做宿舍，搭了席棚作为教室和食堂。后来，中央体育学院改名北京体育学院（现北京体育大学），并在圆明园北面选定了新院址。贺龙指示院长钟师统确定了办校方针、学制安排、课程设置，以及校舍设计、学生生活等许多重要问题。他指出："体育是门科学。体育学院应该在战术、技术、解剖和体育理论等方面搞出一套东西来，为加速提高运动技术和训练工作服务。""北京体院是中国体育界的最高学府，要有我们自己的教授，要办成世界上一个有权威的体育中心。"

1954年5月，在雅典举行的国际奥委会第四十九届委员会上，以23票对21票通过了承认中华全国体育总会为国际奥委会成员的决议。但是，担任国际奥委会主席的美国人未经全体委员讨论，把台湾的体育组织也列入了奥委会成员之中，企图在国际奥委会中制造"两个中国"。随后，1955年6月，中国奥委会副主席兼秘书长荣高棠等赴巴黎参加国际奥委会执委会与各国奥委会代表联席会议，他坚决反对在国际体育组织中制造"两个中国"的阴谋。中国奥委会宣布：反对公开制造"两个中国"的阴谋，不参加第十六届奥林匹克运动会，中国奥委会和有关体育组织在1958年6月—8月相继退出国际奥委会和各联合会，并声明在国际奥委会及其他国际体育组织改正错误之前，中断同他们的一切关系。

1954年7月13日，应苏联邀请，贺龙率中国体育代表团赴莫斯科参加"体育节"。利用这个机会，他对苏联从中央到基层的体育工作进行1个月的考察。贺龙和代表团成员在莫斯科、基辅、索契、第比利斯等地，对苏联的体育组织、制度、政策、训练、竞赛、群众体育、业余训练、场地设施等做了全面调查。参观了各种类型的大小运动场馆，访问了各级政府的体育运动委员会，工厂、集体农庄的体育组织，青少年业余体育学校，莫斯科航空俱乐部和列宁格勒体育科学研究院，以及农村体育运动展览馆。在考察中，给贺龙印象最深的是苏联推行的"准备劳动与卫国"体育制度和开展群众性体育运动。8月17日回国以后，代表团向中共中央、国务院高等教育委员会党组织报告，介绍苏联开展"劳卫制"的情况，并且提出了结合中国实际情况学习苏联经验的建议。1954年，在学校中正式试行"劳卫制"，作为推广群众性体育活动的一项具体措施。

1954年，中共中央批准国家体委党组《关于加强人民体育运动工作的报告》，批示中指出："改善人民的健康状况，增强人民体质，是党的一项重要任务"。同年，中央人民政府政务院发出《关于在政府机关中开展工间操和其他体育活动的通知》，正式规定在每天上午和下午工作时间中抽出10分钟做工间操，并提倡早操和球类等多种多样的体育运动。

1954年，荣高棠在第一届全国人民代表大会第一次会议上，对5年来中国体育事业工作进行了总结，他指出，由于各项建设事业的日益发展和人民物质生活不断改善，由于中国共产党、人民政府把体育运动作为增强人民体质和向劳动人民进行社会主义教育的重要手段，给人民体育事业开辟了空前的良好和广阔的道路，使我国群众性体育运动有了很大的发展。这时期的广播体操和球类运动逐渐成为千百万劳动群众日常生活中不可缺少的活动。在学校和部队中，已重点试行了"劳卫制"。国防体育、滑翔、跳伞、航空模型等项运动已经逐步开展起来。在总结中荣高棠进一步指出：由于群众性体育运动的开展，对改善人民健康状况，提高劳动、工作和学习效率，有着积极的作用。

1954年10月21日，中华全国总工会和全国体育运动委员会联合召开全国第一次职工体育工作会议，会议表明，工会和青年团系统加强了对体育工作的领导。1954年10月23日，荣高棠在团中央军事体育工作会议上指出，青年团是先进青年的群众性组织，它的一切工作就是在党的领导下，把广大青年培养成全面发展的人。体育运动既然是教育青年的手段，又是广大青年群众的迫切要求，作为党的助手，青年团组织就应当遵照党的指示，把它作为自己一项重要工作。

团中央军事体育工作会议讨论了如何进一步加强青年团在体育工作中的作用的问题。参加会议的有20个省，内蒙古自治区、3个直辖市，13个省辖市团委军事体育部部长，以及中央有关单位团委的体育工作干部。时任团中央书记处书记胡耀邦指出，团中央应做好以下几项工作：积极组织群众性、业余性、小型的、多种多样的体育活动和运动竞赛，发现、支持和培养青年群众中的体育积极分子，有计划、有步骤地发动青年自己动手，争取国家的、社会的、行政的帮助等。为加强团在体育运动中的领导，会议确定各省市团委必须建立和健全军事体育部的机构和工作，并配备一定数量的专职干部，团的基层组织也必须设立军事体育委员，在团委领导下，进行团在体育运动中的具体工作。

这一年，还公布了"准备劳动与卫国"体育制度，在全国施行，这一制度在20世纪60年代改称青少年体育锻炼标准，促进了广大群众参加体育锻炼的积极性，为高水平运动员的培养奠定了基础，创造了环境。

1955年，第一届全国人民代表大会第二次会议通过的《中华人民共和国发展国民经济的第一个五年计划》提出："在全国人民中，首先在厂矿、学校、部队和机关青年中，广泛地开展体育运动，以增强人民体质。"

1955年2月,《新体育》刊登了社论《进一步学习苏联的体育理论和经验》。社论指出:"1950年2月14日,在莫斯科克里姆林宫,毛泽东与斯大林签署了《中苏友好同盟互助条约》。5年来,苏联人民和政府对中国体育事业真诚和无微不至的援助,先后派遣了4个体育代表团到我国访问,派遣体育专家到我国帮助工作和培养体育干部,并多次邀请我国代表团访苏。"在当时的历史条件下,苏联的经验告诉我们:建立群众性的体育协会是使群众性体育运动切实地、牢固地发展的重要办法。在苏联体育专家的直接指导下,中国铁路系统建立了火车头体育协会。在学校体育方面,根据苏联学校体育教学大纲的精神和方法改进我国学校体育教学,以苏联的体育理论和运动生理科学,作为进行日常锻炼以及进行教练工作的根据。竞技体育领域,在提高运动技术方面学习了苏联"全面发展,重点提高"、"全年训练"、"最大训练量"等科学原则和先进技术方法。

1958年5月12日,荣高棠同志在党的八届二中全会上作题为《体育是建设社会主义的积极因素》的发言。8月19日,中国奥委会、中华全国体总会为反对国际体育界少数人制造"两个中国"的阴谋,发表《关于同国际奥委会断绝关系的声明》,并退出国际游泳、田径、篮球、举重、射击、摔跤、自行车联合会及亚洲乒乓球联合会等8个国际体育组织。9月1日,《体育报》创刊。9月18日,北京体育科学研究所(现国家体育总局体育科学研究所)成立。9月19日,中共中央批转了国家体委党组关于体育运动10年规划的报告。批语中指出:"体育运动的根本任务是增强人民体质,为劳动生产和国家建设服务。"9月21日,耿桂芳、赫建华、崔秀英在北京以9.81米的成绩,打破女子日间1000米集体定点跳伞世界纪录。10月25日,经国务院批准,国家体委发布《"劳动卫国"体育制度条例和项目标准》。1959年,周恩来总理在第二届全国人民代表大会第一次会议上所作的《政府工作报告》中指出,在体育工作中,应贯彻执行普及和提高相结合的方针,广泛开展群众性体育运动,逐步提高我国的体育水平。

1960年,党中央在《关于卫生工作的指示》中指出:"凡能做到的,都要提倡,如做体操、打球、跑步、爬山、游泳、打太极拳及各种各样的体育运动。"由于党和政府对体育工作的一贯重视、倡导、鼓励，群众体育运动更加扎扎实实地开展起来，并从中国地广人多，各地情况不同的实际出发，在实践中总结出业余、自愿、因地、因时、因人制宜的原则。

四、中国"劳卫制"

"劳卫制"的全称是"准备劳动与卫国的体育制度"，它是我国20世纪50年代在借鉴苏联经验的基础上制定的体育锻炼的制度。"劳卫制"主要是在学校、部队和机关等进行推广，它对增强我国人民的身体素质，起到了积极的推动作用，更对学校体育的健康发展起到重要作用和产生巨大影响。

苏联"劳卫制"是苏联人民体育教育的基础和体育运动发展过程中的一个基本发展阶段。其主要内容是通过对运动项目的等级测试，促进人民群众，特别是青少年积极参加各项体育运动，它是以提高青少年身体的体力、耐力、速度、灵巧等素质，并按年龄组别制定达标标准。

苏联体育运动委员会在1931年3月14日颁布了第一个《准备劳动和保卫祖国体育制度》之后，曾对劳卫制进行了6次修订。苏联劳卫制分为3个等级：最初一级称为准备劳动与卫国制（劳卫制少年级），它的主要任务是全面发展少年儿童的身体体能，培养青少年系统从事体育运动的兴趣和意识。它规定7年制的学校学生毕业前，要完成劳卫制少年级证章的合格测验。第一级是准备劳动与卫国制第一级，其主要任务是保证进一步地全面发展青年和成年人的身体体能，并吸引他们积极从事体育运动。规定中等学校或专门中等技术学校学生毕业之前，要完成劳卫制一级标准的测验。劳卫制的第二级，是保证更高的身体发展水平，并提高苏联运动员的技术水平。规定高等学校学生毕业前要完成劳卫制二级证章的合格测验。

1949年10月，新中国成立以后，中国奉行的是与苏联结盟的外交政策，全面学习苏联成为新中国上下一致的思想和行为准则。早在中国政府和苏联政府签订《中苏友好同盟互助条约》之前，毛泽东主席就曾在《论人民民主专政》一文中明确指出："苏联共产党是胜利了，在列宁和斯大林领导之下，他们不但会革命，也会建设。他们已经建设起来了一个伟大的光辉灿烂的社会主义国家。苏联共产党就是我们的最好的先生，我们必须向他们学习。"

我国自1951年起在北京、上海试行《准备劳动与保卫祖国体育制度》和1952年实行的《准备劳动与保卫祖国体育制度》就是在此政治背景之下，参照苏联"劳卫制"的有关标准制定的。国家体委1954年5月4日第一次公布了《准备劳动与卫国体育制度暂行条例》，1956年2月公布了"劳卫制"的《修改草案》，国务院在1958年正式批准公布《劳卫制》。我国推行的《劳卫制》是中华人民共和国体育制度的基础，其目的是向劳动人民进行全面的体育教育，培养人们成为健康的、勇敢的祖国保卫者和社会主义建设者。根据体能、技能及我国体育运动发展情况分为3个等级；《劳卫制》预备级是由各市、县或学校、厂矿、部队、机关等基层单位根据《劳卫制》的精神，结合具体情况所制定的体育锻炼办法。其任务是组织广大群众进行经常的体育锻炼，为实行"劳卫制"准备条件。"劳卫制"第一级是全国统一的锻炼项目和标准。它以"劳卫制"预备级为基础，实行较全面和正规的体育教育和运动训练。"劳卫制"第一级分为男女各三姐。"劳卫制"第二级

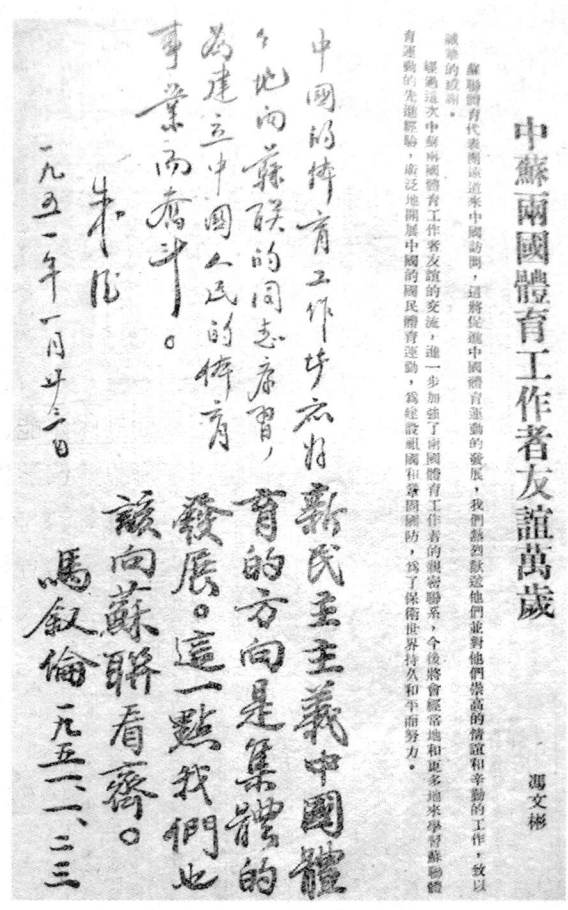

1951年1月23日朱德为中苏体育工作者友谊题词

是在"劳卫制"第一级的基础上进一步巩固和提高。

中国《劳卫制》的内容包括理论和实践两部分。理论部分要求参加测验的人参加"中国体育运动"和"卫生知识"两个讲座。《准备劳动与卫国制度暂时条例》第二章、第一条中规定,根据性别、年龄进行分组。男子:第一组为15至17岁;第二组为18至28岁;第三组29岁以上。女子:第一组为14至15岁;第二组为16至23岁;第三组24岁以上。同时,在第四条中也规定:参加者应根据自己的实际年龄(以报名日期为准)、身体情况,参加各组,不得随便升组或降组。

实践部分主要是测试,《劳卫制》条例第三章、第九条规定:参加测验者,必须经体育指导人员证明其为经常锻炼和经医生检查其身体并认为正常者。第十条规定:凡推行"劳卫制"一级、二级的基层单位,必须经当地体育运动委员会的批准。未经批准参加或推行"劳卫制"的一级、二级的个人或团体,不得申请测验。预备级测试内容包括徒手体操、爬绳或爬竿、60米跑、500米跑、跳远或跳高、手榴弹掷远或垒球掷远、25米游泳或60米障碍跑、技巧运动。"劳卫制"第一级、第二级项目大致相同,测试内容包括徒手体操、爬绳、爬竿或引体向上(男)、俯卧撑(女)、100

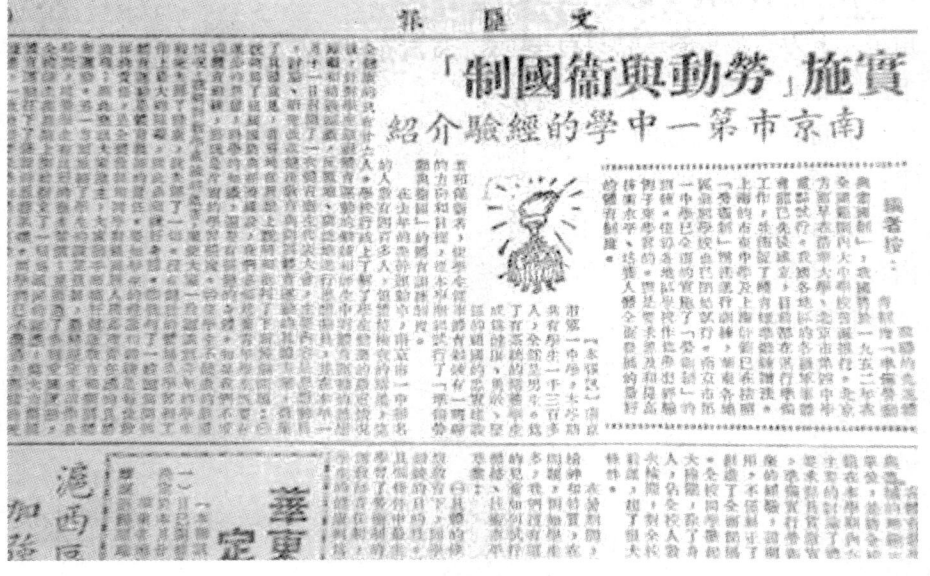

有关"劳卫制"的报道

米跑、1500米跑（男）、800米跑（女）跳远或跳高、手榴弹掷远或推铅球或举重（男）、竞技体操和技巧运动、射击运动或10公里行军（男）、旅行或步行行军两次（女）或10公里自行车（男）、5公里行军（女），游泳也可选测球类运动。

自从国家体委于1954年5月4日正式公布《准备劳动与卫国体育制度暂行条例》和项目标准之后，全国各地学校、部队和机关单位等掀起了"劳卫制"锻炼热潮。

为了调动广大人民群众自觉锻炼的积极性和彰显学生通过"劳卫制"锻炼的成绩，国家体委还颁发证书、证章。凡是能通过一个级别检测都能获得一张精美的证书和一枚证章。证章分一、二级两种。证章，椭圆形，长25毫米，宽19毫米，周围为金色齿轮和麦穗环绕，中间为红色，上有4颗小五角星簇拥一颗大五角星，下为一跑步的运动员；下面齿轮和麦穗的中间为白色，中间有一个红色的"1"字；背面中间的别针上有"劳卫制证章"5个字。证书内容：封面印字："劳动卫国体育制度证明书"和"中华人民共和国体育运动委员会制发"，上方饰以"劳卫制"证章图案；封底有勉语："努力锻炼身体，使自己成为优秀的祖国保卫者和社会主义建设者！"封内页是整张证

国防系统开展体育运动的报道

书，内文："×××同志，参加劳卫制×级测验及格，特发给证明书一张，以资证明"，落款："中华人民共和国体育运动委员会"，上印直径5厘米的朱红公章；底端为日期；左右两端饰有8幅体育运动图案。

"劳卫制"一、二级运动项目分必测和选测两种。测验及格者由各级体委发给证书和证章，凡获得证书、证章者，享有一定的权利和承担一定的义务。如有犯罪和严重道德不良行为，则剥夺其证书、证章。

铁路系统开展体育运动的报道

20世纪50年代后期，中国与苏联在意识形态方面发生分歧，加上中央政策的失误及接踵而来的三年自然灾害，粮食与副食品严重短缺，国家实行"休养生息"政策，学校的体育运动大多减少或停止。1964年，中央正式废除"劳卫制"名称，取而代之的是《国家体育锻炼标准》。尽管如此，我们应该承认"劳卫制"的基本理念、目的任务以及评价方法，曾对我国学校体育和大众健身活动的理论和实践都发挥了不可磨灭的积极的影响。

五、竞技体育的"举国体制"

竞技体育的"举国体制"是一种为实现国家目的，调动和集中全国力量对竞技活动实行以国家机构高度统一管理体制的简称。1949年10月1日新中国成立以后，随着我国各项事业进入了和平建设时期，体育事业也进入了新的发展阶段。1952年6月，中华全国体育总会成立大会在北京召开，此次大会上通过了在各大行政区和省市（县）设立体育分会、建立完善由上到下的体育组织管理体系的决议。1952年11月，中央人民政府决定成立"中央人民政府体育运动委员会"，并任命贺龙同志为主任。1954年改名为中华人民共和国体育运动委员会。中华人民共和国体育运动委员会在国务院领导下负责全国体育事业的管理工作。全国各地也相继成立相应的地方体育运动委员会。政府体育组织管理体系的逐步建立，标志着政府型管理主体的地位开始确立。各省（区、市）也根据全运会的周期，举办全省（区、市）运动会，发现和培养优秀的竞技体育人才，这就是我国竞技体育举国体制的雏形。从1953—1956年，经过一段时间的努力，在体育管理的组织体系方面，逐渐形成了国家行政部门系统、军队系统和社会组织系统三大组织系统。初步形成了业余体校、体育运动学校、优秀运动队为基础的三级训练网，完善了运动员、裁判员注册制度和国家队集训制度，形成了一个有中国特色的运动训练管理体系，建立了每4年举办一次全国运动会制度和全国城市运动会制度。

  从竞技体育功能看，就是通过从中央到地方的各级体育行政系统来争取国家政策对体育工作的支持，使教练员、运动员和其他有关体育人士享受国家政策的关怀与帮助，充分利用国家相关政策来解决体育工作，尤其是竞技体育工作发展过程中所遇到的实际问题与困难。我国竞技体育实行的"举国体制"，是一种为实现国家目的，调动和集中全国力量对竞技活动实行高度统一管理的体制。"举国体制"是在计划经济的历史条件下，集权于体委，对体育实行独家领导和管理的模式。这种高度集权的运行机制，对体育进行独家领导和管理，是在整个国家处于计划经济体制条件下的必然。因为，一方面，我国体育基础较差，发展水平还比较落后；另一方面，国家利益又迫切需要竞技体育水平迅速提高，在国际赛事中取得优异成绩。为了解决这一矛盾，国家需要建立一个有效的管理体制和运作机制。竞技体育"举国体制"是在计划经济条件下产生的，国家通过行政和计划手段，充分发挥社会主义制度能集中力量办大事的优越性，把丰富的体育资源挖掘出来并充分利用，通过竞争与协同，提高中国体育的整体实力。在一定的历史时期，"举国体制"为集中人力、物力、财力，通过统一规划、调配、布置，来保证部分重点项目形成优势起到了积极的作用。同时它使得作为整体的中国体育树立了在国际体坛的形象，树立了国民的民族自尊心和自信心，增强了民族的向心力和凝聚力。"举国体制"对中国体育的过去乃至今日，都有重大的作用和影响。

六、第一届全国运动会的成功举办

1949年中华人民共和国成立，新中国各项事业百废待兴，体育在一定范围内起到了凝聚、振奋民族精神的重要作用，成为展示国力的重要领域，甚至在外交方面都发挥了一定的功能。体育在当时被赋予了高度的政治功能。1952年国家体育运动委员会成立，第一个世界冠军、第一个世界纪录相继产生。正在新中国的体育事业蒸蒸日上的时候，因少数人在国际体育组织中制造"两个中国"的阴谋，1958年中国奥委会被迫从国际奥委会和部分国际单项体育组织中退出。1959年新中国成立10周年，国家体委决定举办第一届全国运动会。各个项目的预赛在全国各地如火如荼地展开，而最终的决赛地点定在了首都北京，时间是9月13日至10月3日，历时20天。第一届全运会的口号就是毛主席的题词"发展体育运动，增强人民体质"。

为了开好首届全运会，党中央先后3次作了批示，除了要求开得好、开得精彩，创造出优异成绩外，还强调要把体育运动的提高和普及密切结合起来，严格遵守体育道德，注意团结，防止锦标主义。这些指示有力地指导了全运会的召开。

在9月13日开幕那一天，毛泽东、刘少奇、朱德、周恩来等党和国家领导人都亲临开幕式。

董必武、郭沫若等还专门为第一届全运会写了贺诗。董必武的诗是《祝第一届全国运动会》，郭沫若的诗为《为第一届全国运动会鼓吹》，聂荣臻为此撰文《祝百尺竿头，更进一步》。

全国各省市自治区和解放军共30个代表团的10658名运动员参加了比

赛（部分项目在外地先进行了预赛，共有7077人进入北京参加比赛）。第一届全运会共有比赛项目36个，表演项目6个。设有足球、篮球、排球、乒乓球、网球、羽毛球、手球、棒球、女子垒球、水球、马球、田径、公路自行车、体操、技巧运动、举重、游泳、跳水、赛艇、武术、中国式摔跤、射箭、中国象棋、围棋、赛马、障碍赛马、射击、摩托车越野、摩托车环形公路、无线电收发报、航海多项、航海模型、滑翔、飞机跳伞、伞塔跳伞、航空模型等项目。在项目设置上，普及面广的群众体育成了第一届全运会的项目，如中国象棋、围棋等等。军事训练性质的比赛项目设有无线电发报、飞机跳伞、航海等项目。这也成为本届全运会的一大特点。

在闭幕式上，周恩来、邓小平等党和国家领导人出席，还向新中国成立10年来打破世界纪录和获得世界冠军的46名运动员颁发了"体育运动荣誉奖章"。

同时全国有影响力的各大媒体都争相报道和刊登社论，对新中国成立以来的第一次全国运动会进行全方位的报道和评述。

50多年来，我国体育战线始终沿着"发展体育运动，增强人民体质"的题词指引的方向，把增强人民体质作为根本任务，大力开展群众体育活动，努力提高人民的身体素质。随着生活水平的提高，人们的生活方式发生了显著的变化，越来越多的中国人参与到体育休闲的行列，群众性体育运动大发展、大繁荣的时代正在到来。改革使毛泽东提出的"发展体育运动，增强人民体质"的方针真正得到落实，为中国奥林匹克运动的持续发展打下良好的基础，注入了不竭的动力。

1995年，全国人大常委会通过了《中华人民共和国体育法》；同年，国务院颁布了《全民健身计划纲要》。2009年8月19日，国务院第七十七次常务委员会通过了《全民健身条例》，为我国群众体育事业赋予了新的形式和内容。我国竞技体育取得的伟大成就，是在普及和提高相结合、群众体育与竞技体育协调发展的基本方针指导下取得的。同时，我国运动员在体育比赛中表现出的以"为国争光、无私奉献、科学求实、遵纪守法、团结协作、顽强拼搏"为主要内容的中华体育精神，也赢得了社会各界的广泛赞誉。

新时期我们要再一次深刻领悟毛泽东同志"发展体育运动，增强人民体质"这一题词的思想精髓，就要认真学习和努力实践科学发展观重要思想。在新的历史条件下继承、弘扬和发展毛泽东同志光辉题词精神，是体育事业持续发展的重要思想保证，是保证我国体育事业在新世纪健康发展的关键。深入贯彻实施《全民健身计划纲要》、《奥运争光计划纲要》，在科学发展观重要思想的指引下，坚持体育为人民服务、为社会主义现代化建设服务、为党的中心工作服务的方针，把增强人民体质、提高国民素质作为新时期体育事业发展的根本目标。

2

人生能有几回搏：
中华民族精神的诠释

"人生能有几回搏"，这是我国首位乒乓球世界冠军容国团的名言，激励着无数热血青年在各行各业中奋勇拼搏，成为一个时代的象征。作为一代乒乓球名宿，容国团有着传奇的经历，他正是凭着顽强的拼搏精神，才使世乒赛男单冠军奖杯——圣·勃莱德杯第一次刻上中国人的名字。

中国人民的心中，一直燃烧着奥林匹克的激情，人们时刻都在以自己的方式不懈地追求着奥林匹克理想。1959年4月，第二十五届世界乒乓球锦标赛在德意志联邦共和国多特蒙德拉开战幕。参加比赛的有40多个国家和地区代表队的240多名优秀选手。22岁的中国小将容国团连克强敌，决赛中在先失一局的不利形势下，发出"人生能有几回搏"的豪言，连扳三局，战胜曾9次获得世界冠军的36岁的匈牙利老将西多，夺得我国体育运动史上第一个世界冠军。容国团的胜利让世界了解了中国，而乒乓球运动史上也从此开创了中国时代。

一、中国人夺得第一个世界冠军

为抗议国际体坛少数人制造"两个中国"的图谋，1958年8月19日，中国奥委会宣布：与国际奥委会断绝关系，同时中断与部分国际单项体育联合会的关系。从此，中国运动员不再参加奥运会和绝大多数项目的国际体育赛事，只有乒乓球等少数项目除外。容国团的世界冠军，就是在这样的背景下赢得的。在那个年代，虽然中国断绝了与国际奥委会的关系，但是中国人民心中，仍然燃烧着奥林匹克的梦想、激情、渴望和向往，人们以自己的方式始终追求着奥林匹克理想。

新中国成立之后，百废待兴，体育界也在酝酿着一次历史性的突破。客观上来看，随着国力的不断增强，竞技体育实力的增强，中国人获得世界冠军是迟早的事，是历史发展的必然。毛泽东早年的诗句写道："今日长缨在手，何时缚住苍龙？"豪情壮志跃然纸上。1959年4月，第二十五届世界乒乓球锦标赛拉开战幕。在中国队团体赛中输给匈牙利队的情况下，容国团认真吸取教训，喊出"人生能有几回搏"，"此时不搏更待何时"的豪言，意气风发地投入竞争异常残酷的单打比赛中。

当时有人把22岁的中国小将容国团称为"多特蒙德的斯芬克斯"，都希望他能成为男子单打的一匹黑马。容国团的正手技术扎实，反手推挡出色，击球速度快，落点刁，出手果断，常常使对方防不胜防。他台内的刁球技术也很好，搓球非常转。他的转不转发球颇有威胁，并且还有一板半推半搓的技术。他在比赛场上从容镇定，应变能力很强。而当时，大多数人都把赌注压在了日本选手村上身上，因为他在团体比赛中只输了一场球。但容国团在强大的对手面前，没有丝毫的畏惧，从团体赛输给西多那场球中吸取了教训，找出了差距，不断完善自己的技战术，开始了他充满艰辛的夺冠路程。他首先击败了斯堪的纳维亚公开赛的冠军马科维奇，而后又以3∶0（21∶9、21∶6和21∶7）战胜了瑞典的埃里克森，接着又战胜了实力强大的日本选手星野和欧洲冠军别尔切克。在半决赛中，容国团对阵经验丰富的美国冠军狄克·迈尔斯。迈尔斯是一名防守能力极强的削球选手，容国团在1∶2落后，第4局又以5∶10落后的情况下没有失去信心。他及时调整战术，连扳两局，战胜了迈尔斯闯入决赛。决赛的对手是曾9次获得世界冠军的36岁的匈牙利老将西多，这位"魔术大师"削球技术精湛，战术也非常成熟。匈牙利队自认为胜局已定，连庆功的鲜花都准备好了。但是中国队却在群策群力，信心十足，为容国团研究制定出了几套打法。队友孙梅英特别提醒他，西多的弱点是不善于反击旋转拉球，运用侧旋球可以收到以己之长攻其之短的效果。容国团采纳了这个建议,打拉结合,左旋右旋,变幻莫测,突破了西多的坚固防守,最终以3∶1(19∶21、21∶12、21∶5、21∶14)战胜了西多,为中国赢得了第一个世界冠军,同时也宣告了世界乒坛一个新的世界冠军的诞生。这一激动人心的消息极大地鼓舞了中国乒乓球界乃至全中国人民。

容国团的胜利,打破了匈牙利、日本在世界乒乓球男子单打这项比赛中垄断多年的局势。一位外国记者评论说:"中国选手的崛起,比容国团个人胜利重要得多。"他的预见成了现实。容国团让世界了解了中国,而乒乓球也从此开始了中国时代!而容国团对发展祖国体育事业所建立的功勋,受到了全国人民的尊敬。一座世界冠军奖杯证明了中国在世界体坛上的存在;一次出色的战绩增加了中华民族的凝聚力;一个偶像级的乒坛明星为青年人提供了人生的榜样;一场难忘的比赛赢得了体育的至高荣耀!

此后,容国团还先后于1961年和1965年为中国第一次获得世界乒乓球锦标赛男、女团体冠军作出了重大贡献。1961年4月5日,第二十六届世乒赛揭开序幕。经过几轮角逐,中国队速胜8场,取得了小组第一名,日本、匈牙利队也以全胜成绩出线,这样,中、日、

1959年4月2日参加第二十五届世界乒乓球锦标赛的中国体育代表团到京,获得男单世界冠军的名将容国团在机场受到热烈欢迎(高明 摄)

匈3队要进行循环赛决出团体冠军。

4月9日上午，中国队对匈牙利队。在第二十五届世乒赛中，中国队曾败于匈牙利队，对手别尔切克独得3分，此君以前是拳击选手，体格魁梧，击球力量大。中匈再次对阵，中国队出场的是庄则栋、徐寅生和容国团；匈牙利队是别尔切克、西多和裴多菲。经过一轮搏杀，中国队以大比分的优势把匈牙利队拉下马，进入决赛。

60年代我国优秀乒乓球运动员。前排左起：容国团、傅其芳（教练）、王传耀，后排左起：庄则栋、李富荣、徐寅生（谭佛航 摄）

在男子团体决赛中，中国队派上了在半决赛中打得十分出色的原班人马，迎战当时既有快攻又有弧圈球打法，连续五届冠军的日本队。一开局，中国队的庄则栋就以其直拍快攻的超一流技术，给日本队施以颜色，2∶0战胜对手，先拔头筹。日本队毕竟是多年的乒坛霸主，及时做出调整，两次战胜容国团。在心理和战术作出调整之后，容国团振奋精神，再次挥拍上阵，发扬顽强拼搏的精神，力挫素有"凶猛雄狮"之称的日本队员星野，中国队终于以总比分5∶3战胜日本队而首次问鼎斯韦思林杯。

容国团原籍广东省中山县南屏乡（今属广东省珠海市南屏镇），1937年8月10日出生于香港的一个普通工人家庭。父亲容勉之是日本归侨，后为香港洋务工会会员，曾参加香港海员大罢工和广州起义，容国团从小就受到父亲爱国思想的影响。

香港沦陷时期，容勉之举家返乡，在家乡南屏甄贤学校任教并参加我党领导的抗日活动。1943年容国团进入甄贤学校读书，5岁时得到爱好乒乓球运动的舅父文恩的乒乓球启蒙教育，从此与乒乓球结下了不解之缘。1945年8月抗战胜利后，容勉之回香港当海员，容国团也于1948年2月转入香港慈幼学校读书，1950年因家境贫寒而辍学，15岁便到香港东区一家渔行当童工，由于劳累和营养不良，他染上了肺结核，身体更为瘦弱，而他的意志，却在苦难中得到磨砺。即使生活如此艰辛，容国团也忘不掉心爱的乒乓球，他利用一切可以利用的时间苦练乒乓球技术，经常跟随父亲到工联会俱乐部的康乐馆去打球，球艺提高很快。后来工联会安排他在康乐馆工作，他练球更加专心致志。在没有对手时，他就单独研究发球。在这期间，容国团创立了持直板的4个重要法门：发球、接发球、左推、右扫。这在今天看来十分普通的基本技术，但在20世纪50年代却是一个革命性的创新。1957年2月，他代表工联会参加香港举行的全港乒乓球锦标赛，一举夺得男子团体、男子双打、男子单打三项冠军，从此名声大振。不久，他又以初生牛犊不怕虎的精神，击败到港访问、曾两次获得世界冠军的荻村伊智郎，大长了中国人的志气。容国团成为香港家喻户晓的乒坛明星，轰动了世界乒坛。1957年夏，容国团随港澳乒乓球代表团回祖国大陆访问，先后到了北京、上海、杭州，受到了贺龙副总理等国家领导人的接见，并表达了想回国打球的愿望。1957年11月29日，他告别父母，跨过罗湖桥，回广东定居，在广州体育学院学习、训练。由于运动量很大，容国团的肺病又复发，经过多方的精心治疗和护理，肺病彻底痊愈，精神焕发地投入训练，为国争光的雄心也在胸中萌发。

1959年4月5日，德国多特蒙德的一位工匠怀着无比崇敬的心情将"Rong guo tuan China（容国团　中国）"镌刻在了象征乒乓球男子单打最高荣誉的圣·勃莱德杯之上。这一天，对于每一个炎黄子孙来说，是一个永远值得纪念的日子——中国没有世界冠军的耻辱历史结束了。

这一天，也是容国团人生道路上的一道分水岭，他提前两年实现了自己公开立下的誓言，兑现了自己对党和人民的庄严承诺。1958年4月4日，从香港回到祖国不久的容国团在广州体院参加"解放思想，破除迷信誓师大会",要求队员们制定各自的奋斗目标。誓师大会召开后,容国团激情满怀,浑身的热血在沸腾。他登上讲台,面对黑压压的人群,庄严承诺:"三年之内,我要拿世界冠军!"

此语一出,台上台下反应强烈。刚刚结束了半殖民地的统治,很多人不敢想要拿世界冠军,但容国团信心满怀地喊出了第一声。有人感到振奋,更多的人笑他讲了大话。朋友劝他:"壮志可嘉,但还是藏在心里为好,公开表态会贻笑于人,会被动的。"可容国团心里清楚,他之所以公开表态,就是要堵死自己的退路!

1953年我男队排名世界甲级第十名、女队为乙级第三名,身为国际乒坛二流弱队的中国队,怀着虚心求教之情访问欧洲J国。作为世界劲旅的J国队,对中国队毫无尊重可言,不但在与我队共同训练时敷衍了事,连转地训练的火车票都是站票。贺龙元帅听说邱钟惠等女队员穿着高跟鞋一路站了4个多小时,腿都站肿了,发了脾气:他们看不起我们,今后不去这个国家练球了! 1957年,我队访问实力更强的欧洲L国。尽管此时我队的实力已上升到世界男子第四、女子第三的排名,但L国队不仅练习比赛让二流队员与我主将对阵,更有甚者还安排我男队陪他们女队训练。那位眼高于顶的L国教练对我队直拍打法不屑一顾,认为与我队训练简直就是浪费时间。听了这些,容国团憋了一肚子气,窝了一肚子火! 受辱于此,真是"是可忍,孰不可忍"了。他对挚友梁焯辉教练讲:"早一点拿世界冠军,我们才能赢得尊严!"容国团石破天惊地发出"三年之内夺取世界冠军"的口号后,勤学苦练,不断进行球艺探索和创新,创造了一套攻、守、拉、搓、推、挡相结合的打法,丰富了我国乒乓球的传统风格,被誉为"乒坛多面手"。为准备参加第二十五届世界乒乓球锦标赛,容国团被调到国家集训队训练。1959年4月,第二十五届世界乒乓球锦标赛在德意志联邦共和国多特蒙德拉开战幕。在团体赛输给匈牙利队的不利形势下,容国团用他并不强壮的身躯,却有惊世非凡的气概,终于为中国人撞开了国际乒坛神秘而厚重的大门,将银光闪闪的圣·勃莱德杯捧回了祖国,为庆祝中华人民共和国成立10周年献上了一份珍贵的厚礼。

前国际乒联主席徐寅生,多年以后回忆此事时仍在感慨:"当时我们相信中国人总有一天会成为乒乓球世界冠军,但没料到会这样快,容国团当时给我们的鼓舞非常大!"

第二十六届北京世乒赛上夺取了中国第一个女子乒乓球世界冠军的邱钟惠,在与高基安争夺女子单打世界冠军时,最后一局邱钟惠虽然得分一直落后,但是她充满信心,沉着应战,最后终于反败为胜。她感慨的回忆道:"我同匈牙利的高基安争女子单打冠军,第五局14:17落后时我没有灰心,是因为我认为中国人可以拿世界冠军了,所以能搏到最后。这种勇气,是从容国团那里得到的。容国团使我们这一批队员和以后一代又一代队员的心更雄,志更壮!"李富荣在回忆往昔时说:"从1960年开始,我跟容国团做了3年的室友,我对他很尊敬,在他身上也学到了很多好的东西。他打球会用脑子,也有着运动员的那股拼搏的精神,有一股韧劲。这是在我跟他3年多相处中,学到的对我今后乒乓球事业取得成功有着很大帮助的东西。"毅力、智慧和全面发展的身体素质,在乒乓球比赛中所起的作用已经越来越明显。这种技术、意志、战术、体力全面发展的竞赛,无疑将世界乒乓球运动推向更新、更高的阶段。

容国团的这个世界冠军,不仅改变了他本人的命运,也从此改变了乒乓球项目在中国体育运动中的地位。回国后,中国乒乓球队成为了国家领导人集体接见的第一支队伍。1961年,在北京举行的第二十六届世界乒乓球锦标赛上,容国团率领的中国男子乒乓球队第一次击败日本队,首次荣获乒乓球男子团体世界冠军。之后,他又受命担任国家男子二队教练,1964年又调任国家女队主教练。在他的训练指导下,女队成绩突飞猛进,在1965年南斯拉夫举行的第二十八届世界乒乓球锦标赛上,荣获女子团体冠军。

容国团从香港回大陆8年来,先后登上世界乒乓球男子单打、男子团体和女子团体3座高峰,被誉为"三个第一"的福将,有力地促进了"国球"的发展。先后2次被国家体委授予特等功;多次受到党和国家领导人毛泽东、刘少奇、周恩来、朱德、贺龙等同志的接见;他是广东省第二、第三届政协委员。他先后出访了苏联、东欧及亚洲各国,为促进我国对外文化交流,增进与世界各国人民的友谊作出了卓越的贡献。"文化大革命"开始后，容国团受到冲击于 1968 年 6 月 20 日在北京含冤去世。1976 年粉碎"四人帮"后，国家体委在北京体育馆隆重举行了容国团平反昭雪大会，推倒了强加在他头上的污蔑不实之词，肯定了他对中国体育事业作出的贡献，恢复了他的名誉。

容国团一生虽然只有短短的 31 个春秋，但他创造了中国历史上第一个世界冠军的辉煌业绩。容国团作为我国第一个世界冠军获得者，他的爱国主义热情和"人生能有几回搏"的拼搏精神，为我国体育健儿勇攀高峰、为国争光树起了一面光辉的旗帜，激励着一代又一代热血青年为祖国荣誉而拼搏。

二、中国竞技体育初露峥嵘

新中国成立后，百废待兴，百业待举，党和政府依靠全国各族人民的自力更生、艰苦奋斗，不断地总结经验教训，走上了发展的轨道。新中国成立以前，由于我国劳动人民长期受着帝国主义、封建主义和官僚资本主义的压迫和剥削，生活处在水深火热之中，没有条件去参加体育运动。当时的运动技术水平更是十分落后，曾三次派运动员参加奥林匹克运动会，但竞技水平与欧美国家相差太大。1936 年柏林奥运会中国派出了 140 余人的代表团，运动员有 69 人。但除了撑竿跳高选手符宝卢进入复赛外，其他中国运动员都在初赛中即遭淘汰。当时有一幅外国漫画这样嘲讽中国人：在奥运五环旗下，一群头蓄长辫、身着长袍马褂、形容枯槁的中国人，用担架扛着一个硕大无比的鸭蛋，题为"东亚病夫"。如何提高我国竞技体育的实力，提高全国各族人民的体质健康状况，在国际舞台上展示我们的良好形象，成为摆在新中国决策者面前的重大课题。

为迅速提高我国的运动技术水平，使其与我们的国际地位相符，1952 年 2 月中共中央组织部和共青团中央联合发出了《选拔各项运动选手集中培养的通知》；1956 年国家体委又提出了"加速开展群众性体育运动，在广泛的群众运动的基础上努力提高运动技术"的方针；1958 年国家体委"关于体育运动十年规划的报告"，进一步提出了"在体育运动广泛开展的基础上，提高技术水平，不断创造新记录"，"要在体育干部、教练、运动员中提倡破除迷信，解放思想，克服资产阶级思想和教条主义"；1959年在经中央批准的国家体委的报告中提出："开展群众性的业余体育运动和培养少数优秀运动队伍相结合，实行在普及基础上的提高和在提高指导下的普及，这是当前体育工作中一项重要的原则。"

在"普及与提高相结合"方针的指引下，进行了一系列的组织、队伍、制度的建设，形成了国家体委、全国体总、国防体协分工协作的组织管理体系。为了适应体育国际交往的需要，1951年还成立了"中央体训班"，在全国范围内选出58名运动员成为首批篮球、排球国家队队员。截至1956年年底，先后组建了篮球、排球、田径、乒乓球、游泳、羽毛球、体操项目的国家队。各个军区相继成立体工大队，各大行政区也相继成立了"体训班"（即后来的省体工队），一些行业体协成立了各自的专业队。各级优秀运动员主要来自业余训练中出现的优秀选手，初步搭建了层层选拔的运动员培养体系。1956年前后，国家体委颁布了《中华人民共和国运动员、裁判员等级制度条例（草案）》，《中华人民共和国运动竞赛制度暂行规定》，田径、游泳等16个单项的运动员等级标准和《少年业余体校章程（草案）》，《青年业余体校章程（草案）》，《关于各级运动会给奖方法的暂行规定》等。这在制度上保证了"普及与提高相结合"方针的落实，推动形成在普及群众性体育活动的基础上、提高运动技术水平的体育发展格局。在这一格局下，涌现出了大批的优秀运动员。他们的技术水平提高得十分迅速，不仅全部刷新和大大超过了旧中国的全部最高纪录，而且阔步跨向世界水平。1956年6月7日，在上海举行的中国、苏联举重友谊赛上，20岁的陈镜开以135公斤的成绩，打破最轻量级挺举世界纪录。从1956年至1964年，陈镜开先后8次打破最轻量级和次轻量级挺举世界纪录。

1956年11月29日，天津市著名游泳健将穆祥雄在上海创造了2分33秒200米蛙泳的世界纪录。1958年12月20日，在北京体育馆游泳馆举行了各地优秀选手冬季游泳比赛。穆祥雄以1分14秒的成绩游完100米，不仅打破了戚烈云创造的男子100米蛙泳1分16秒的全国纪录，而且还超过了苏联运动员米纳什舍保持的1分15秒的世界纪录。

1957年5月1日，著名蛙泳选手戚烈云在广州创造了男子100米蛙泳1分11秒6的世界新成绩。这项成绩被国际业余游泳联合会批准为正式世界纪录，这项纪录被登在1957年10月出版的第二十一期国际业余游泳联合会的公报上。

1957年11月17日，中国田径运动员郑凤荣在北京田径运动会单项比赛中，用剪式跳法成功地跳过了1.77米的高度，打破了美国运动员麦克丹尼尔所保持的1.76米的世界纪录。国际业余田径联合会1958年1月14日在伦敦宣布正式接受这一世界纪录。郑凤荣是新中国第一个打破世界纪录的女运动员，她首破女子跳高世界纪录，是新中国妇女的骄傲，标志着中国女子体育运动开始跻身于世界体坛。对此成绩，美联社评论说："一位20岁的中国姑娘在北京以有力地一跳，警告世界田径界，6亿中国人不会永远是落选的选手了。"

对于我国体育运动的迅速发展，人们称它是"奇迹"。这就是社会主义制度的优越性所创造的"奇迹"，这样的"奇迹"彻底粉碎了帝国主义过去侮辱中国人民为"东亚病夫"、"运动技术在十八十九世纪踏步"的滥调。同时证明了毛主席开国时的英明论断："中国人被认为不文明的时代已经过去了，我们将以一个具有高度文明的民族出现于世界。"

20世纪50年代末我们国家在经济建设中盲目发动的"大跃进"运动，给新中国经济、文化建设造成了极大的损失，对体育事业的健康发展影响极大。根据中央的指示，国家体委因势利导，调整了工作重点，由普及转向提高，调整、巩固竞技体育发展成果；竞技体育以缩短战线、保证重点，进行积极休整为中心的发展策略。另外，提出了"业余、自愿、小型、多样、因时、因地、因人制宜"的群众体育活动原则，压缩体育事业的发展规模，减少甚至停止了部分群众体育活动的开展；精简了体育专业队伍，明确了中央和省市自治区（含八一体工大队）两级体委设置优秀运动队；以田径、体操、游泳、篮球、足球、排球、乒乓球、射击、举重、速度滑冰等项目的发展为基础，保证重点项目的攻关。为加强优秀运动队伍建设，下发了《运动队思想政治工作条例（试行草案）》和《关于试行运动队伍工作条例（草案）的通知》，确定了领导负责制的运动队管理模式；颁发了《青少年业余体育学校试行工作条例（草案）》，初步建立了运动员的输送渠道和我国竞技体育后备人才的培养体系；建立了适合我国国情的竞赛制度；提出了"三从一大"的科学的训练原则。

新中国成立后的10年，我国竞技体育界在加强自身软硬件建设的同时，还积极地与欧、亚、美、非、澳等洲的40多个国家的运动员进行了频繁的互相访问和比赛，进一步增进了国家之间的友谊，也促进了相互之间运动水平的提高，对增进我国人民与各国人民之间的了解和友谊，也起着积极的作用。

三、飞舞银球　为国争光

体育是精神文明建设的重要组成部分，是推进先进文化建设和社会进步的重要手段。特别是竞技体育在激发爱国主义、集体主义和革命英雄主义等方面有着特殊作用。中国体育健儿提出了"胸怀祖国，放眼世界"，"人生能有几回搏"，"振兴中华，从我做起"，"从零开始"等一系列鼓舞人心、积极向上的警句、格言，被广大人民群众经久传诵。"为国争光、无私奉献、科学求实、遵纪守法、团结协作、顽强拼搏"的中华体育精神成为社会共有的精神财富，成为中华民族精神的重要组成部分。容国团所表现出的顽强拼搏精神和良好体育道德，极大地激发了全国各族人民的爱国热情，增强了中华儿女的民族自信心和自豪感，弘扬了奥林匹克精神，向全世界展示了中华民族自强不息、奋发有为的精神风貌，展示了中华儿女积极进取、蓬勃向上的朝气和活力，激励着全国各族人民为建设强大的新中国而努力奋斗。

容国团对中国竞技体育事业发展的卓越贡献，自然地使人们联想到"国球"的辉煌历史，联想到20块奥运会金牌，联想到一个长盛不衰的体育项目。作为一名教练员，容国团开创了中国乒乓球始终领先世界的技术流派。他用直拍左推右攻打法，并创造了发转与不转球，搓转与不转球的新技术。中国乒乓球近台快攻的技术风格，就是在总结了他的技术经验之后，由原来的"快、准、狠"发展成为"快、准、狠、变"的，还发展了以"稳、低、转、攻"为特色的直拍削球打法，并且学习外国的一些打法，使中国乒坛呈现"百花齐放"的局面，为世界乒乓球技术宝库增添了新内容。

容国团的卓越贡献，其意义不仅仅只在体育事业上。自此，中国掀起了"乒乓球热"，以后，又有了"乒乓外交"，使银球成为我国的"国球"。

在新中国的体育史上，中国乒乓球占据了多个第一的位置。容国团是生命的强者，他第一次喊出"人生能有几回搏"的豪言至今仍在鼓励着各行各业的人们。容国团是中国乒乓球第一个明星球员，他的人格力量让人倾倒。在容国团成长的道路上，离不开党和国家领导人的关心。在备战第二十五届世乒赛集训中间，叶剑英元帅和贺龙元帅曾多次到训练馆去看望运动员。容国团拿到男单金牌后，毛主席、周总理等国家领导人接见了容国团和中国乒乓球队，表扬了乒乓球队的成绩。中国举办的第二十六届世乒赛，国家体委就是根据贺老总的指示，搞了一场乒乓大会战，选出108名运动员组成集训队，并指示"要在大门口打好漂亮仗"。陈毅元帅和周恩来总理也到集训队看望运动员。贺龙元帅还为乒乓球队作了赛前动员，叮嘱运动员在赛场上注意变化、注意关键球的处理，鼓励他们放下包袱，树立信心，争取好成绩。当时的中国正处在经济困难时期，但为了提供理想的比赛场地，国务院还是拨专款兴建了北京工人体育馆。在周总理的亲自过问和关心下，中国有了自己的乒乓球品牌——红双喜。中国乒乓球取得的成绩是和伟人们的关心分不开的。

自从容国团喊出"人生能有几回搏"的口号后，为国争光、顽强拼搏已经成为中国体育健儿的精神支柱，更是国球的传家宝。

容国团是中华民族的骄傲，他为中国赢得了"乒乓大国"的光荣，振奋了海内外炎黄子孙的民族自信心，推动了全国体育运动的向前发展，对当时饱受三年自然灾害之苦的全国人民是一个巨大的鼓舞。

回溯半封建半殖民地的旧中国，由于清廷及国民党政府的腐败无能，帝国主义列强对中国的侵略、掠夺，国内军阀的封建割据，连年不断的战争，导致政治、经济、文化和体育十分落后，国民积弱，备受外国人的歧视。一些社会团体和人士提出"体育救国"，有的提倡发展国术以振奋民心。当时民族志士霍元甲号召"国要强，国人非习武不可"。他在上海创立一间精武学堂,鼓励尚武精神,并曾多次击败来沪耀武扬威的外国拳击家,大长中国民众志气。但是,由于历史条件限制,精武体育只是沦为某些人沽名钓誉的工具,中国人始终洗刷不掉"东亚病夫"的耻辱,1932年,中国第一次派出田径选手刘长春和教练宋君复参加在美国洛杉矶举行的第十届奥运会。各界人士都希望刘长春能"使中华民国之国旗,飘舞于世界各国之前"。可是,刘长春在参加百米预赛时就已名落孙山。1936年,第十一届奥运会在柏林举行,中国派了140人的代表团出席,比赛结果,除符宝卢的撑竿跳高取得复赛资格外,其余各项的运动员均在初赛中被淘汰。1948年,中国派出75人的代表团参加在英国伦敦举行的第十四届奥运会。比赛结果,各项的运动员均在预赛中就被淘汰。

中华人民共和国成立后,容国团以不畏强敌,为国争光的气魄,力挫各路强手,为中国夺得了第一块金牌,使中国国旗首次在外国运动场上空高高飘扬,雄亮的国歌激动了每一个中国人的心,震撼了神州大地。他为中华民族体育史上奏响了第一首响彻云霄的凯歌。

"就是容国团的这一搏,至少提前了10年圆了中国人获取世界冠军之梦,把'东亚病夫'的帽子摘了下来。"这是国家体育总局训练局一位资深的领导者曾经在20世纪80年代末期说过的一句话,直到今天,我们仍认为此言有理。

容国团抓住了机遇,开创了一个时代,为中国体育史书写了一个辉煌的篇章,他本人更是成为全国上下家喻户晓的人物。他的一个世界冠军头衔,正是新中国在世界政治舞台地位上升的明证,而其带来的影响,已经远远超出了小小的乒乓球,让这项起源于英国的运动项目在中国以令人瞠目结舌的速度普及开来,成为名副其实的国球,甚至成为著名的"乒乓外交"的载体。

更需一提的是,与其说是中国的第一个世界冠军成就了容国团与乒乓球,倒不如说是他"人生能有几回搏"的坚定信念撑起了民族的脊梁。这句名言其实正是尚在探索中的中国人民在那个年代的真实写照。他的奋斗与成功,正是那一个大时代背景的缩影,从他作为榜样的经历中,人们可以感受到无穷的力量。

中国登山健儿首度登顶珠峰：
中国人有能力攀登世界顶峰

1960年5月25日，组建时间仅有5年的中国登山队在苏联单方面撕毁协议，缺乏经验和必要设备资料的情况下，取道北坡，历尽艰辛，超越外国登山运动员不敢问津的"第二台阶"，登山队员王富洲、贡布、屈银华成功登顶世界第三极——海拔8844.43米的珠穆朗玛峰，为中国体育史写下了光辉灿烂的一页，创造了人类历史未曾有过的奇迹！他们的壮举给正处于困难时期的全国各族人民带来了极大的鼓舞，激励着人们去战胜一切艰难困苦，在社会主义建设道路上勇往直前。当时的国家体委授予中国登山队"勇攀高峰运动队"的光荣称号。

一、山的呼唤

"为什么要登山？因为山在那里。"这是20世纪最负盛名的英国探险家乔治·马洛里攀登珠峰前的回答。这句话一直被各国登山爱好者奉为经典。早在19世纪初叶，勇敢的科学家和探险者就开始向地球上的南、北极进军，探测那里的秘密，而被称为地球上的"第三极"的珠穆朗玛峰，直到20世纪20年代，才有一些探险队到这里活动。1924年，英国登山队攀登珠峰，队员乔治·马洛里（George Leigh Mallory）和安德鲁·欧文（Andrew Irvine）在使用供氧装置登顶过程中失踪（1999年，马洛里的遗体在海拔8150米处被发现，他随身携带的照相机失踪,因此无法确定他和欧文是否登顶成功的世界第一人)。

1953年5月29日,新西兰登山者埃德蒙·希拉里(Edmund Hillary)作为英国登山队队员,与尼泊尔向导丹增·诺尔盖(Tenzing Norgay)一起沿东南山脊路线登上珠穆朗玛峰,成为登顶成功的世界第一人。

西方登山家认为珠穆朗玛峰是"在地理上对世界的最后一次挑战",说在它的斜坡上横亘着世界上最长的里程。但是,年轻的中国登山队员一举跨过了珠穆朗玛峰的斜坡,登上了世界的最高山峰。

珠穆朗玛峰又称圣母峰,英文名Mt. Everest,海拔8844.43米(最新公布数据),地理坐标为北纬27.98度,东经86.93度,为世界第一高峰。珠穆朗玛峰为一条近似东西向的弧形山系,位于喜马拉雅山脉中段,坐落在我国西藏自治区的日喀则地区定日县正南方。它分布在中国、巴基斯坦、印度、尼泊尔与不丹境内,但主要部分在我国与尼泊尔交界处,其中南坡在尼泊尔境内,北坡在我国西藏自治区的定日县境内。"珠穆朗玛"为藏语"Chomolungma"的音译,藏语"Chomo"是女神之意,"lungma"是第三的意思,因珠峰附近还有四座山峰,珠峰位居第三,故"Chomolungma"意为"第三女神"。早在我国清康熙五十六年(公元1717年)编绘的《皇舆全览图》中就有对珠穆朗玛峰的记载,并称其为"朱母朗马阿林",意为"神女峰"。它的英文名字"Everest",来自于英国人George Everest(乔治·埃佛勒斯)爵士,他是19世纪中负责测量喜马拉雅山脉的印度测量局局长。珠峰在尼泊尔又被称为"Samarghata",即"萨迦玛塔峰",意为"地球制高点"或"天空之神"。

珠穆朗玛峰像一座巨型金字塔,地形极端险峻,环境异常复杂。雪线高度分别为:北坡5800米—6200米,南坡5500米—6100米。东北山脊、东南山脊和西山山脊中间夹着三大陡壁(北壁、东壁和西南壁),在这些山脊与峭壁之间又分布着548条大陆型冰川,总面积达1457.07平方公里。冰川的补给主要靠印度洋季风带两大降水带积雪变质形成。冰川上有千姿百态、瑰丽罕见的冰塔林,又有高达数十米的冰陡崖和步步陷阱的明暗冰裂隙,还有险象环生的冰崩雪崩区。峡谷中悬挂着的几条大冰川,每年以大量雪水灌溉山下的牧场。它是雪的家乡,冰的王国。在通常情况下,珠穆朗玛峰迎着朝阳和晚霞,静静地高指天空;在天气晴朗的日子里,它的顶上总是飘着缕缕的白云,像披着轻盈白纱的少女。有时,山腰里浮起片片云朵,形成奇丽景色;遇到风雪天,整个山峰笼罩在云雾中。冬春季节,强烈的西北风吹走了峰北面的积雪,可以看到裸露的赭色岩石;夏秋间的积雪,使它又换上一身银装。一年四季和一天之中,珠穆朗玛山区总是变幻莫测、壮丽多姿,给人以神奇伟大的感觉。

人们从定日一带向东南遥望,喜马拉雅群峰晶莹耀目,悬挂在山谷中的冰川,构成壮丽景色。珠穆朗玛山区就是喜马拉雅山一个巨大的冰川中心,绒布冰川是其中的一大支,是由东、西和中绒布三大冰川汇合而成的。

珠穆朗玛山区的气候是变化无常的。从前一年10月到第二年3月的整个冬季里,都刮着强烈的西北风,有时达到12级,这样的风力能把大型载重汽车吹跑,山峰北面的积雪,被吹得干干净净,露出赭色的岩石。这样,会给登山队员带来严重威胁,因为要找取冰雪化水饮用,就非常困难。从5月末开始,从东南吹来的季风,一直要吹到9月底。这段期间,山顶随时都在降雪。要攀登这座山峰,只能利用5月或10月初西北风和季风交替期间的"周期性"好天气来登山。从以上情况看,气候给登山者造成了极大的困难。除了季节性的天气变化外,珠穆朗玛峰的气候,即使在一天之内也是变化莫测的。登山运动员常常遇到这样的情况,一个小时前还是风平浪静,但突然飘来一阵乌云,遮住了万里晴空,随后大风卷着积雪,吹得人难以前进。在70多米长的北坳顶上,整天刮着大风,连帐篷都无法架设,登山队员们不得不挖洞来避风雪。

在航空生理学上,有人把8000米的高度称为"死亡的边缘",因为上升到这样的高度,由于缺氧,人体的机能会发生剧烈的变化。特别是从北部攀登珠穆朗玛峰,这还是第一次。因为峰北比之峰南,地形尤为复杂,气候变化无常,更有着特殊的困难。珠穆朗玛峰山顶上的气温,经常在摄氏零下三四十度,登山队员虽然穿着厚鸭绒衣、毡筒高山靴和尼龙绒手套,休息时手脚仍冻得发麻。在严重缺氧的情况下,每迈动一步，都要付出巨大的艰辛，就是一个小坡，也会给运动员向上攀登带来极大困难。而在珠穆朗玛峰的顶坡上，除了长长的冰坡外，还屹立着两道几十米高的悬岩，登山运动员必须施展全部登山技术，在冰坡上用冰镐挖台阶，在岩石上钉上"岩锤"，身体贴着冰面进行攀登。这些艰险，曾几次使外国登山队失败。但是，年轻的中国登山队员以自己的雄心壮志向世界最高峰冲击。

二、成功登顶

过去，由于历史原因，中国与尼泊尔两国之间长达1000多公里的边界从没有正式标定过。1955年8月1日，中华人民共和国与尼泊尔王国正式建立外交关系后，两国都很尊重当时的传统习惯边界线，和睦相处。为了正式解决两国边界线存在的某些出入、科学地画出和正式标定整个边界线，也为了巩固和进一步发展两国的友好关系，两国政府遂在和平共处五项原则的指导下，于1960年3月由中国政府周恩来总理和尼泊尔政府毕·普·柯伊拉腊首相就两国国界勘定进行谈判，由于尼泊尔是印度的附属国，双方在珠穆朗玛峰的归属上存在着一定的争议，印度人曾一度叫嚣，中国人从来没有登顶过珠穆朗玛峰，珠穆朗玛峰根本不能算是中国的领土范围。从这种意义上看，1960年独立攀登珠峰具有政治上的某种必然。

1958年，苏联100名功勋运动员联名写信给中苏双方最高领导人，要求两国联合组队，于1959年向珠峰挑战，并与国家体委达成协议。协议规定，中国修建一条从日喀则到登山大本营、长300多公里的简易公路，购买两架苏联高空轻型侦察飞机"安—6"，用来勘察地形和路线；苏方提供中苏登山队员的服装、睡袋、供氧以及其他登山装备。苏联队员在中国境内的食宿、交通费用由中国负担。同年7月，在北京举行正式会谈，会谈确定：中国派40名登山运动员和教练员前往苏联列宁峰与苏联队员共同训练；苏方派人前往西藏与中方共同勘察攀登珠峰的路线，并于1960年正式攀登珠峰。

1958年5月16日，国家体委成立了全国性的登山管理机构国家体委登山处，随后中国登山协会成立，史占春担任登山处处长，栗树彬担任协会主席。这一举动标志着中国现代登山运动的发展进入了崭新的时代。根据当时登山的特点和社会功能，中国登山协会确立了登山运动与科学考察相结合，为国家经济建设和国防建设服务的发展方针。这个带有严肃的政治色彩的使命成为中国早期登山运动真实而生动的写照。

1958年10月中旬，苏联派出的3名登山运动健将别列茨基、菲利蒙诺夫和科维尔科夫，与中国登山队员一起到了西藏第二大城市日喀则。当时，从日喀则到喜马拉雅山没有公路，所需装备全部放到牦牛拉着的大篷车上，队员们骑马前进。由于分裂分子在西藏各地制造破坏活动，当地派出一个连的解放军提供保护，走走停停，用了18天才来到珠峰脚下。

在勘察线路时，条件更加艰苦。队员们大部分时间所处海拔高度都在4000米—5000米，而且时间已至初冬，山上的天气十分寒冷。由于环境恶劣，勘察工作一直持续到12月。两国队员们仔细研究了攀登条件，分析了珠穆朗玛峰坡脊的地质结构，取得了大量的宝贵资料。12月底，3名苏联队员返回了莫斯科，部分中国队员仍然留在珠峰地区过冬，以积累经验。

在进行了大量准备工作后，中苏双方决定于1959年3月联合攀登珠峰。令人始料未及的是，1959年春西藏出现了达赖叛乱的严重政治风波，刚刚从东北峰下来回到拉萨的登山队紧急参与到平息暴乱的工作中，原定于5月的攀登计划因此被迫暂时中断。1959年年底，西藏叛乱平息后，中方主动函请苏方派员商讨1960年共同登山事宜。12月5日，苏联派安基宾诺克团长和准备担任联合登山队苏方队长的库兹明到达北京，并去兰州视察了准备事宜。但在他们称赞了中国的准备工作后，安基宾诺克说：由于苏联队员至今还没有很好集训，所以明年苏联队员不能前来联合攀登珠峰。至于什么时候能来，他也无法确定。苏联人的退出与当时敏感的国际局势不无关系。由于当时中国与印度关系恶化，苏联又倾向于印度，苏联与中国联合攀登珠穆朗玛峰无疑会有厚中国而薄印度之嫌，所以觉得中苏两国再在中印边境的珠峰地区开展活动已不合时宜，因此无意实施原定计划。就这样，中苏联合攀登珠峰计划协议撕毁，半途而废，已经拉到兰州的器材全部撤回。但当时的国家体委坚持原定的1958至1960年3年内登顶珠峰的计划，决定1960年春季单独从北坡攀登珠峰。

但是，中国政府没有忘记帮助过自己的朋友。中国登山队独自登上珠穆朗玛峰后，1961年年底，中国登山队员来到列宁格勒，给库兹明、别列茨基、菲利蒙诺夫以及科维尔科夫等运动健将颁发了"征服珠峰金质奖章"，以表彰他们对此次登山活动作出的突出贡献。

重温这段历史有助于我们今天去理解，在三年自然灾害的困难时期，新中国决定花费如此巨大的财力、人力和物力去攀登珠峰的勇气和远见。

周恩来总理和贺龙副总理亲自过问攀登计划，批准40万美元的专项资金，前往瑞士、法国、意大利等西欧国家采购所需的各种高山装备。所采购的装备最后重达6吨，由国内派专机从捷克斯洛伐克共和国首都布拉格运回西藏拉萨；一年时间内，从日喀则到大本营长达320多公里的公路修葺一新，近百吨登山物资由100多辆汽车浩浩荡荡地运送到大本营；建立在大本营的气象台规模相当于一个省级气象台。登山队从1958年，就开始对珠穆朗玛峰的地形、气象等情况做周密的考察，对有关资料进行了详细的研究，建立了从北京直到珠穆朗玛山区的气象情报网；同时，吸取了世界各国特别是苏联登山的先进经验，置备了最充分的、最优良的，包括防寒、通讯、医疗、通过特殊复杂地形的各种技术装备和生活物资。登山队还积累了夜行军的经验，并且科学地组织了力量。这一切都成为他们这次登山获得成功的保证。

1958年6月举办香山登山培训班。同年7月，8名汉族和藏族女运动员和男运动员一起，把五星红旗插上了海拔7546米的"冰山之父"——慕士塔格山的顶峰，创造了女子登山的世界纪录，这些女登山运动员的登山历史大都还不到一年。当时西方国家还没有一个女子登山队员能登上7500米的高度。世界上开展女子登山运动最早的瑞士，从1897年开始，搞了37年，仅达到7300米，又经过21年，到1955年，才有瑞士和法国的混合登山队中的法国人克·郭刚越过了这个高度，但是她的成绩也还只有7456米。1958年8月到9月间，中国登山队在苏联境内进行集训，9月7日成功攀登了帕米尔高原海拔7134米的列宁峰，以及海拔6852米的无名峰（后来被命名为莫斯科—北京峰），1958年12月到1959年1月，联合登山队转战中国西藏，在念青唐古拉东北峰进行了集中冬训，72名队员登顶海拔6177米的东北峰。

1959年，由贺龙任登山总指挥，黄中、谭冠三、张经武任副总指挥的登山指挥部成立。同年3月，中国登山队先遣队带着贺龙给谭冠三、张经武、张国华的信到达拉萨。西藏军区和中央西藏工作委员会把配合登珠峰当做一项光荣任务，并抽出一个团的兵力修筑公路，一直修到珠峰脚下的绒布寺。

这些举动背后深深地折射出，新中国的建立给这个长期遭受帝国主义欺侮和歧视的民族带来的自尊心和自豪感，人们充满巨大的热情和智慧，不顾一切地捍卫着祖国的利益与尊严。

1960年2月，中国珠穆朗玛峰登山队正式成立，总指挥为国家体委训练部副部长韩复东，队长兼党委书记为史占春，副队长为许竞，副书记为王凤桐。他们参加登山活动都不过5年的时间，但他们勇敢顽强，几年来南征北战，不止一次地领导和组织我国的登山队，胜利地征服了国内许多座举世闻名的高峰，在我国登山史上功勋卓越。全队共有队员214人，他们当中有东北厂矿的职员，有西南原始森林里的林业工人，有驻守祖国边疆的人民解放军战士，有西藏高原农村的翻身农奴，有科学研究机关的科学考察工作者，还有一些是高等院校的学生。其中女队员11名，藏族队员占1/3，全队平均年龄为24岁。

3月19日，珠穆朗玛山区风雪交加，干燥的粒雪像浓雾一样弥漫在山峦的上空，阵阵刺骨的寒风翻滚，把沙石卷起几十丈高。中国登山队的全体队员们，冒着高原的风雪和严寒，到了珠穆朗玛峰下。

他们在珠穆朗玛山下海拔5120米的一块谷地上停下来，这块谷地是一道已经萎缩的山谷冰川的脊部，中国登山运动员们决定把登山队的大本营设在这里。

中国登山队在这里建立了当时世界上最大的登山基地，他们把这个基地称为喜马拉雅新村。这个广大的喜马拉雅新村，总共有20多顶、每顶可供20人居住的加厚棉帐篷，有食堂、会议室、发电站、医务室、电台和记者站，还有卡车、越野车、牦牛等运输工具。在喜马拉雅新村的村口，有一个用松柏和红布扎成的象征性彩门，登山队在两边的门框上贴上了一副大红对联：

"英雄气概山河，敢笑珠峰不高。"横批是："人定胜天。"

中国登山家们的万丈豪气，由此可见。然而，珠穆朗玛山区气候瞬息万变，暴风雨常常把帐篷刮得东倒西歪，还经常发生雷鸣般轰响的冰崩。这些险阻在二次大战前，曾接连击退过英国人的8次进攻。为了打通一条通向"北坳"的路线，英国人曾付出了11人生命的代价。今天，它如何对待只有不到5年登山历史的中国登山人呢？

大自然的暴力并没有吓倒中国登山运动员们，他们的欢笑声盖住了一切。他们在这人迹罕见的珠穆朗玛峰下，竖起高大的旗杆，第一次升起了祖国的五星红旗。他们搬走石堆，在峡谷里搭起一座座毡毛帐篷；挖开冻土，在山坡下砌起一眼眼炉灶……就在这不久前还是野兽出没的地方，他们正式"安家落户"了。

在他们居住的帐篷的四壁，许多登山队员连夜张贴上他们自己写在红纸或绿纸上的标语和口号：

"哪怕珠峰比天高，怎比英雄志气豪。踏雪蹬冰飞绝壁，定叫红旗顶峰飘！"

珠穆朗玛山区瞬息万变的气候，给登山队员们带来了无穷的困难。暴风常常把登山队员们的帐篷刮得东倒西歪，队员们往往不得不从睡梦中起来与摄氏零下20度左右的寒风搏斗。大雪纷飞，连炉灶也无法点燃，队员们有时连开水也很难喝上。严酷的寒潮袭来，队员们整天不能走出帐篷一步。但是，登山队员们却自豪地写下这样的标语："困难就是考验！坚持就是胜利！信心就是成功！"

为了在较短的时间内征服珠穆朗玛峰，中国登山队安顿下来后，就迅速全面布开了战线，从各个方面开始了准备工作。气象工作人员在珠穆朗玛峰荒漠的山坡上，第一次建立了设备完善的气象观察站，各种精密的气象仪表立刻把珠穆朗玛峰的天气要素记载下来，为未来的登山活动提供准确的气象情况预报。无线电报务员们在崎岖陡峻的山岩间架起了高大的天线网，开始与祖国各个战线紧密联系。医生和护士们更显得忙碌，他们一次又一次地为登山队员们检查身体，治疗"高山病"，使登山队员们在高海拔的恶劣环境下，仍然能保持着充沛的精力。后勤保障人员继续东奔西走，源源不断地从祖国各地运来各种高山技术装备，以及营养丰富、品种繁多的高山食品和饮料，为登山活动提供了强有力的物质保证。

与此同时，登山队队部负责人和登山队员们一道，进一步研究了珠穆朗玛峰的有关资料，制订了征服珠穆朗玛峰顶峰的总体计划。根据几年来的高峰探险经验，攀登海拔7000米以上的高峰，必须经过多次适应性攀登，逐步适应高山恶劣的环境，最后集中全部力量突击主峰。因此，登山指挥部决定把夺取珠穆朗玛峰顶峰的战斗分为四个战役进行。

第一个战役：登山队全体队员到达海拔6400米处，然后返回大本营休整。第二个战役：队员到达海拔7600米高度，然后返回大本营休整。第三个战役：队员到达海拔8300米的高度，然后返回休整。在这三次适应性攀登中，登山队员们一方面要在沿途不同海拔高度建立多个高山营地，为最后夺取顶峰提供必要的物质保障，同时，队员们通过不断上升的海拔高度，使身体不断适应高山环境。在这以后，第四个战役就要求队员们从大本营出发，直抵海拔8500米的地方，建立夺取主峰的突击营地，然后从这个营地出发登上海拔8844.43米的顶峰。

在适应性攀登及路线考察过程中，由于不可抗拒的自然因素及后勤保障的落后引发了多次意外，中国登山队付出了极大的代价。兰州大学地理学教师汪玑在海拔6400米处因缺氧导致的内脏器官急性衰竭死亡，队员邵子庆在海拔7300米处因严重的高山反应而壮烈牺牲，多名队员在海拔8500米处出现严重的冻伤，退出了此次攀登，再加上气象条件突然转坏，印度洋上的季风即将吹过珠穆朗玛山区，首攀珠峰计划一度面临流产。值此关键时刻，中尼边界谈判有了新的进展，周恩来总理作出批示"一定要登上珠穆朗玛峰"。国家利益高于一切，总指挥韩复东迅速召集全体登山队员，重新作出部署。北京地质大学学生王富洲，西藏班禅警卫营战士、农奴的儿子贡布，哈尔滨电机厂工人刘连满，四川林区伐木工人屈银华作为一线登顶队员，再次向珠峰挺进。1960年首攀珠峰的最精彩序幕拉开。各个登山保障部门变得更加忙碌，红色的探空气球不断升空，各种气象仪表不停地运转。大量高山技术设备和食品提前运送到海拔 7600 米的高度。

5 月 17 日，北京时间上午 9 点，全体登山队员在海拔 5120 米的登山大本营举行了隆重的誓师大会。

登山队员们排着整齐的队伍，在副队长许竞率领下，一个个都激动地举起右手，他们宣誓说：

"敬爱的党，敬爱的毛主席，我们在您的教导下，有着坚定不移的信心和无穷无尽的力量，任何困难都阻挡不住我们胜利前进。

我们的毅力势不可挡，我们的团结力大无穷，我们全体队员向您保证，在第四次行军中不征服顶峰，誓不收兵。"

在震天响的锣鼓声和欢呼声中，以许竞、王富洲、贡布、刘连满为一线队员，以屈银华、邬宗岳及 8 名藏族队员为二线队员的登山队告别了大本营的战友，踏上了征途，向云雾重重的珠穆朗玛峰挺进。

登山队员们为了争取时间，以一天时间的急行军速度，就赶到了海拔 6400 米的第三号营地。第二天就登上了"北坳"冰坡，到达了海拔 7007 米的第四号营地。北坳顶部海拔高达 7007 米，坡度平均在五六十度左右，像一座高耸的城墙屹立在珠穆朗玛峰的腰部。沿东绒布冰川地带攀登珠穆朗玛顶峰，必须通过北坳，因此，登山界把北坳比作珠穆朗玛峰的"大门"，成为各国登山队员登顶珠峰的一道巨大障碍。在北坳险陡的坡壁上，堆积着深不可测的万年冰雪，潜伏着无数冰崩和雪崩的槽印，成为珠穆朗玛山中最危险的地区，几乎每年都要发生巨大的冰崩和雪崩，千百吨冰岩和雪块像火山爆发一样喷泻而下，几十里以外都能听到它的轰鸣声。20 世纪二三十年代，试图从珠穆朗玛峰北坡攀登顶峰的英国探险队曾多次在北坳受到冰雪的袭击。据大英百科全书记载，仅 1922 年一次雪崩中，就有 7 名英国探险队的工作人员被埋到冰雪的底层。关于北坳，这些外国探险家们在后来的回忆录中曾描写说："此地坡度极大，积雪极深，有深陷的裂缝，行动艰难，特别是经常发生的巨大块状雪崩，对探险队更是致命的威胁，是从北面攀登珠穆朗玛峰的极大的难关。"

严重风化的石灰岩坡岭上，堆积着极易滚动的乱石和岩片，脚踩下去，立刻会陷进乱石缝里拔不出来；如果用力蹬踏，石块就会像冰雹一样滚泻，极易使身体失去平衡。经过几天的艰苦行军，23日中午，许竞带着13名登山队员赶到了海拔8500的地方，并在这里把第三次行军时建立在岩坡上的第八号营地，改建在极其难得的一块倾斜度约30度的雪坡上。这是中国登山队在珠穆朗玛峰北坡上的最后一座高山营地——突击营地。

5月23日晚上北京时间10点钟，从海拔6400米的第三号营地发出信号弹，表明"24日为好天气"。这个好消息使登山队员们十分兴奋，增强了他们征服顶峰的信心。

5月24日清晨，阳光灿烂，珠穆朗玛峰尖锥形的顶峰耸立在蓝天之际，朵朵白云在山岭间缭绕不散。北京时间上午9点半，突击顶峰的队员们由副队长许竞率领，从海拔8500米的突击营地出发了。

许竞在前几次行军中担任了考察任务，体力消耗很大，他只前进了约10米，感到不能支持。这时，决定由王富洲带领刘连满、屈银华和贡布（藏族），背着高山背包，扶着冰镐，开始向珠穆朗玛峰最后380多米的高度进军。

为了尽量减轻负重，他们只携带了氧气筒和登山队委托他们带到顶峰的一面国旗、一座高约20厘米的毛主席半身石膏像，以及准备写纪念纸条用的铅笔、日记本和电影摄影机等。但即使是这样，他们前进的速度也是非常慢的。因为从5月17日上山以来，他们已经经历了一个星期的艰苦行军，体力有了巨大的消耗。

突击顶峰的队员们走了大约两个小时，才上升了70米，来到珠穆朗玛峰顶峰下著名的"第二台阶"跟前。这段高度将近10米、坡度在70—90度之间的峭壁是北坡攀登珠峰的天险，像城墙一样，屹立在通向顶峰的路上。队员在它陡滑的岩壁上，前进得异常困难，费了很大劲儿刚刚攀上几步，稍不小心就又滑落到原来的地方。队伍在12点到达著名的"第二台阶"下面，在两个小时里的近10次攀登尝试均告失败。

气喘吁吁的刘连满颤巍巍地蹲了下来，他骤然想起消防队里的一项技术——搭人梯。他要屈银华踩在自己的肩膀上，他要把屈银华托上"第二台阶"。屈银华看了看自己脚下钢牙铁爪的登山鞋，不忍心往自己伙伴的肩上踩，可是为了中国登山队的最后胜利，他又不得不踩。他冒着摄氏零下30度的严寒，不顾被冻掉脚趾的危险，毅然脱掉了登山鞋。他不能踩伤自己的伙伴。

在这样的高度，任何一个受力的动作都会给身体招来极其难忍的反应。刘连满，咬紧牙关站了起来，他已经好久没有吸氧，24个小时没进食了。他呼吸急促，眼冒金星，两腿剧烈地打战。这个普通的共产党员，这回已决心拼掉这条命了。他使足了全身的劲，支撑着，支撑着……然而，刘连满已经站直了，屈银华却还是够不着顶。于是，刘连满又用双手默默地举起冰镐，满含热泪的屈银华又站在了镐头上。这又是一项奇迹，刘连满在极度疲倦的情况下，在高度缺氧的8500米多海拔上，竟然迸发出如此惊人的力量：用自己的双臂，把同伴举上了"第二台阶"。屈银华踩着他的肩膀上升了两米多，然后在上面打岩石锤，借助石锤和上面的一个支点，花费了一个多小时才艰难地爬上"第二台阶"。等到贡布、王富洲、刘连满全部到达时，整整花了5个多小时的时间，才全部攀登上这个相对高度约30米的岩壁，到达海拔8600米的"第二台阶"的顶端。

通向顶峰的第一道难关——"第二台阶"虽然克服了，但他们离顶峰还有200多米的高度要走。而这时太阳已经偏西，阵阵寒风从山岭间刮过，发出阵阵啸鸣。

队员们事先以为在天黑以前就能登上顶峰，现在看来，这种估计显然是不足的。黑夜，即将成为他们前进道路上的第二道难关。在这人类从未到达过的珠穆朗玛峰北坡最后二三百米的路途中，队员们将要遇到什么困难，要走多长时间，确实很难精确估计。

随着高度的上升和行军时间的加长，队员们背上氧气筒里的氧气，已消耗得越剩越少；队员们的体力，也变得越来越弱。这就是说，他们即将遇到最严重的两道难关——高山严重缺氧和四肢无力的威胁。

在体力虚弱和严重缺氧的情况下，进行黑夜高山攀登，是具有很大危险性的。但是，有什么困难能阻挡得住勇敢的中国登山队员们前进的步伐呢！为了祖国的荣誉，为了完成全国人民的嘱托，为了在雨季到来以前最后一个好天气的周期内登上顶峰，4位勇士仍然勇往直前，继续行进在崎岖的山路上。

到达海拔8700米时，刘连满由于过度疲劳，动不动就跌倒在地上。王富洲、屈银华和刘连满连忙举行了党的小组会，决定让刘连满留下，而其余的3个人即使是天黑，也要继续前进。

当王富洲、屈银华和贡布走上征途以后，刘连满被妥善地安置在一块大岩石旁的凹槽中休息，等待队友登顶下撤时返回。他就在这荒漠的山岭上，冒着生命危险，在一块大岩石旁度过了严寒之夜。这个地方后来发生了一段感人肺腑的故事，刘连满把自己剩下来的氧气留给下撤的队友，他这样写道："我知道我不行了，我看氧气瓶里还有点氧，给你们3人回来时用也许管用。永别了！同志们。你们的同志刘连满。"展示了一名优秀登山家面对生死时刻坦荡、从容和博大的情怀，展示了卓越的团队合作精神。

当时针指向晚上7点的时候，空中出现了月亮和繁星，照在地面反射出微弱的雪光，攀登路线隐约可见。剩下的食品仅有一小块风干羊肉和18块水果糖，都留给了身体极度虚弱的刘连满，而且每个人的氧气瓶压力不足50个单位（实际氧含量不足200升）。饥饿、缺氧、黑暗，煎熬着每位登山队员的内心，在进与退的艰难抉择中，他们的脑海中迅速而真实地浮现出"周总理以及6亿中国人"的殷切期盼的面孔，这一念之间的想法让他们充满了力量，即使遇到更大的困难，也要继续前行，绝不辜负全国人民的期待，三人拖着疲惫的身体继续向顶峰冲击。

氧气在8800米的时候几乎消耗殆尽，在生命存在的极限空间里，面临着无所不在的生死考验，王富洲、贡布、屈银华没有丝毫退却，他们抛掉了空氧气筒，彼此鼓励，互相帮助，匍匐在冰面上，艰难地爬行着向顶峰前进，开始了人类历史上从未有过的危险而艰巨的历程。头痛、眼花、气喘、无力——这一切高山缺氧的反应残酷地折磨着他们。他们甚至攀过一米高的岩石，也需要半个多小时，但他们仍然相互鼓励着前进。时间和空间几乎凝固了，每前进一步都异常艰难，每一次喘息都十分艰难，但他们并没有被困难所吓倒，因为他们心中怀着无比坚定的信念：勇往直前，绝不后退。

由于严重缺氧，3名登山队员已经异常疲惫，几乎寸步难行。但是，在距离顶峰还剩 5 米时，忽然又遇到一个峭壁，27 岁的藏族队员贡布首先攀登上去，他在上面休息了约半个小时，鼓起力气又帮助其他两个战友上去。这样，世界最高峰的顶峰已经和他们近在咫尺了。

历史将永远铭记这个非同寻常的日子，1960 年 5 月 25 日 4 时 20 分，王富洲、屈银华、贡布，3 位登山英雄经受了重重困难的考验，满怀 6 亿中国人的殷切期望，成功登上了世界最高峰——海拔 8843.43 米珠穆朗玛峰，为中国体育史上写下了光辉灿烂的一页。

当时，山顶天气虽然很冷，但胜利的喜悦使他们热情洋溢。按照国际登山惯例，登顶者必须有充足的登顶证据才能得到公认。这个证据至少包括：第一，登顶者必须在顶峰留下纪念品，让后人来认可；第二，登顶者必须在顶峰拍摄 360 度的环境照片和登顶队员在顶峰的照片。遗憾的是时值夜晚，无法拍摄，只能把出发时携带的毛主席的石膏像用五星红旗包好，留在顶峰。王富洲——这位 25 岁的北京地质学院毕业生，代表 3 个人摸黑写了张他们 3 个人到达顶峰的纸条，并把它放进一只手套里，用细石垒起把它压在顶峰上。为了纪念人类历史上第一次从珠穆朗玛峰北坡登上海拔 8844.43 米顶峰的创举，他们还在顶峰上拣了 9 块石头，准备回北京时带给最敬爱的领袖毛主席。

他们在顶峰上停留了大约一刻钟，就决定返回征途。不久，东方开始发亮，美丽的曙光首先欢迎他们胜利凯旋。

他们看到自己攀登顶峰时在前进的道路上留下的脚印，25 岁的四川林业工人屈银华立即把它摄入了电影镜头——这是纪录这次伟大登山事迹的影片中最宝贵的画面之一。

中国登山队就是以这种大无畏的英雄气概，取得了攀登珠穆朗玛峰的伟大胜利，谱写了中国体育事业的新篇章。那些被称作"无法超越"的"第二台阶"、"北坳"等等险恶的地段，一一被中国登山队征服了。不可能从北坡登顶珠穆朗玛峰的神话破灭了。仅有 5 年登山运动历史的中国登山队，完成了具有 100 多年登山运动历史的西方国家至今无法完成的从北坡登顶的伟大业绩。在伟大祖国社会主义建设最困难时期，这无疑带给全民族相当大的激励，中国登山完成了它所能够承载的历史使命。西方登山界在原本怀疑的目光中不得不承认，中国已经成为世界登山格局中新的强者。在这次震惊世界的攀登珠峰活动中，除了有 3 名汉族和藏族队员把五星红旗和毛主席的石膏像放在世界之巅以外，还有 25 名汉族和藏族队员分别达到海拔 8100 米到 8700 米的高度，并且还有 25 名汉族和藏族队员达到海拔 7600 米的高度，都打破了当时我国男子登山高度 7590 米的最高纪录。在一次登山活动中，同时有这样多的人达到这样的高度，在世界登山史上也是从来不曾有过的。

攀登珠穆朗玛峰的胜利，是团结协作、重视细节的伟大胜利。攀登珠峰是一项系统的工程，需要各方面的协作。在珠峰大本营聚集了登山队、保障部门、新闻媒体等各个部门，人员构成则包括汉、藏、回、土家等民族，标志着各民族的大团结。只有各部门的协作，各民族的团结，才是成功的重要保障。我国的冶金工业、化学工业、被服工业和食品工业为他们研究和制造了各种登山装备，特别是喜马拉雅山下的藏族同胞，给他们以非常热情的支援，这都是中国登山队能够创造这项世界成就的重要保证，这次登山活动不仅是中国登山家们的奋斗，它已经演变成一场全民族的抗争，一场全中国人与艰难险阻的最富有象征意义的抗争。除了登顶队员要做好充分的准备之外，气象部门对天气情况的研究，医疗部门对队员身体状况的掌控，后勤保障部门对登山器械的维护与保养、食品的供应等等，各个环节都作了充分的估计和周密的准备。登山队总结了我国开展登山运动的经验，制定了分 4 个战役攀登珠穆朗玛峰的总体计划；通过科学的气象分析，掌握了珠穆朗玛峰气候变化的规律，选择了最有利于登山的时机；进行了顽强的锻炼，掌握了各种登山技术；组织了 3 次适应性行军，逐步适应了高山上的气候和环境；每一次行军前，又都进行多次的侦察，选择最有利的路线，对于必须经过的每一道冰川、每一座雪岭、每一处悬崖，都进行了反复的研究，刨冰阶、系绳索，在笔陡的冰壁上架起挂梯；在整个登山战斗中都配合了十分周密的优越的后勤工作，进行了十分充裕的物质供应。所有这些，都保证他们每一步的前进都是大胆的，又都是踏实的。正是这种团结协作的精神，使中国登山队顺利地克服了千难万险，在人类历史上第一次取得了从北坡攀登珠穆朗玛峰的伟大胜利。登山队员们在集体主义、共产主义的思想教育下，互相爱护、互相支持、互相鼓励，不计较个人荣誉、得失以至生命，大家同心合力，为了集体事业而奋斗。英勇的运输队员把充足的物资一直运送到 8500 米的"突击营地"，这些同志坚强的毅力和良好的体能，说明他们是完全有条件登上顶峰的，但是他们把集体的荣誉看做自己最大的荣誉，为了减轻登山主力队员的消耗，保证整个队的胜利，他们把沉重的负担加在自己肩上，承担起默默无闻的艰苦的劳动。登山队员优秀的共产党员刘连满，在最困难的时刻，在没有氧气就可能丧失生命的时刻，自觉地把氧气留给别人。这些值得歌颂的集体主义、共产主义的英雄行为，是胜利的保证，也是这次登山队员能够集体安全地胜利完成这一艰巨任务的保证。

三、强者的荣誉

我国登山队完成了人类首次从北坡登顶珠峰的壮举，谱写了人类攀登史的新篇章，对社会主义经济建设和国防建设起着巨大的推动作用。成功登顶珠峰，再一次向世人展示了中国人民自强不息、奋发进取的精神风貌，体现了中华民族自立于世界民族之林的坚强信心和力量；成功登顶珠峰，洗刷了帝国主义对中国的欺辱与歧视，捍卫了祖国的尊严与荣誉；成功登顶珠峰，激发了中国人民强烈的建设热情，他们的英雄事迹给正与严重自然灾害抗争的全国各族人民以极大的鼓舞，激励着人们去战胜一切艰难困苦，在社会主义现代化建设的道路上勇往直前；成功登顶珠峰，为社会主义新中国带来了强烈的民族自豪感，对于增强全民族的自信心起到了巨大的作用；成功登顶珠峰，充分展示了中华民族的探索精神和奋斗精神，不断超越和勇于进取的精神。

我国登山队攀登珠穆朗玛峰的成功，对开展我国的群众性登山运动将会起到巨大的鼓舞和推动作用。"发展体育运动，增强人民体质"，我们国家开展的体育运动是为提高全民族的身体素质、磨炼人们的坚强意志服务的。登山运动，需要越过各种艰难险阻，经受严重高山缺氧、强烈的阳光照射和复杂多变的气候，这就要求人们的身体具有极为良好的适应能力，需要有很强的体能和耐久力，要具备坚强的意志品质，并且要有互相帮助、团结友爱的集体主义精神，因此这项运动不仅能增强人的体质，还能培养人的团队合作意识。同时，我国是一个多山的国家，有 2/3 的国土山脉纵横。每一处山脉都蕴藏着极其丰富的地下资源，需要我们去发现它、利用它。因此，广泛开展登山运动，对促进我国科学研究和社会主义建设事业也有着重大的意义。

我国登山运动员登上珠穆朗玛峰，不但对我国体育事业的发展具有重大的鼓舞和推动作用，同时对于激励全国人民战胜自然灾害、摆脱困境具有巨大的推动作用。因为它生动地证明了在伟大的中国共产党的领导下，只要我们遵循在战略上藐视困难和在战术上重视困难紧密结合起来的思想，只要充分发扬集体主义精神，我们就必然能够战胜一切困难，无往而不胜。中国登山队的那种大无畏的英雄气概，鼓舞着中国人民在各条战线上取得更大的辉煌！

作为中国团结、民族和睦和国家声望的象征，汉族和藏族人民共同攀登珠峰，显示和睦、合作、友谊，也代表着西藏是中国领土的一部分，使这一尝试显得更有意义。

登山队受到了最高领导层的肯定以及普通民众英雄般的欢迎，他们受到了当时副总理贺龙的接见，被邀请到全国 10 个城市，向工人、农民、解放军官兵、学生等各界作了 180 多场报告。《人民日报》在创刊 20 多年后第一次出版了号外，报道登顶珠峰的精彩过程。国外的媒体也不再吝惜笔墨，纷纷在显要位置刊登了中国队首次从北坡登顶珠峰的消息。

苏联工会中央理事会书记谢夫钦科和苏联工会体育协会理事会主席祖布科夫，5 月底发电报给中华全国总工会主席刘宁一，祝贺中国登山队征服珠穆朗玛峰的成就。

谢夫钦科在电报中说，祝贺你们的登山运动员王富洲、屈银华、贡布出色地从北路登上世界最高峰，谨向他们致以热烈的祝贺。祝贺他们身体健康，在劳动和体育中取得新的成就。

祖布科夫在电报中说，苏联工会体育协会的运动员和登山运动员，热烈祝贺我们的中国朋友以辉煌的胜利征服了世界最高峰——珠穆朗玛峰。

中印友好协会收到印中友好协会 5 月 28 日由新德里发来的电报，祝贺我国登山队攀登世界最高峰获得成功。

尼泊尔——中国友好协会热烈祝贺中国登山队登上世界第一高峰珠穆朗玛顶峰。尼泊尔——中国友好协会在给新华社记者的一封有这个协会会长普尔纳·巴哈杜尔签名的信中说："请通过贵社把我们诚挚和热烈的祝贺转达给最近攀登珠穆朗玛峰的中国登山队队长和全体队员，祝贺他们在历史上第一次从一直被认为无法攀登的北坡登上了珠穆朗玛峰顶峰的光辉胜利。这个胜利也反映了中国登山运动在中华人民共和国光荣成立后一个很短时期内所取得的巨大进步。"

日本登山协会和英国和平人士、国际乒乓球联合会主席蒙塔古，分别发电报给我国登山协会和中国人民保卫世界和平委员会，祝贺我国登山队征服了世界最高峰。日本登山协会在电报中祝贺中国登山队从北坡首次攀登珠穆朗玛峰成功。蒙塔古在电报中说，祝贺登山队征服珠穆朗玛峰的辉煌成就。

外国著名登山家盛赞中国登山队完成人类第一次沿珠穆朗玛峰北坡登上这个世界第一高峰顶峰的壮举。1953年沿珠穆朗玛南坡，第一次登上珠穆朗玛峰顶峰的新西兰人埃德蒙德·希拉里爵士5月27日在奥克兰知道这个消息后说，中国队"干得好极了"。他说，我很想知道他们如何爬上最后1000英尺的。这是这次爬山的关键，在我看来，是非常陡峭的。

从一定意义上讲，不断超越自我、挑战极限的过程更可贵，这是一种精神。中华体育精神是我国民族精神的重要组成部分，是中华民族的宝贵精神财富。对珠峰的挑战与超越时刻都没有停止过，它时时刻刻都在激励着中华儿女顽强拼搏、勇于创新、争创一流。举世瞩目的北京奥运火炬接力珠峰传递中国登山队于2008年5月8日9时17分顺利登顶珠峰，奥运火炬在珠峰熊熊燃烧。举办北京奥运会是中华民族的百年期盼，奥运火炬接力珠峰传递是中华儿女向世界人民做出的庄严承诺，北京奥运火炬接力珠峰传递中国登山队经过两年多的精心准备和艰苦努力，克服重重困难，排除各种干扰，圆满完成了奥运火炬接力珠峰传递任务，充分展示了中华儿女自强不息、奋发图强的精神面貌，深刻诠释了奥林匹克运动"更快、更高、更强"的目标和"和平、友谊、进步"的宗旨，弘扬了奥林匹克精神。这是奥林匹克运动历史上的一次壮举，是中国人民献给奥林匹克运动、献给全人类的一份厚礼。

奥运圣火在珠峰的传递，是科技奥运、绿色奥运和人文奥运的集中体现，也是中国科研人员、登山队员、气象部门、后勤保障等部门通力合作近两年的成果的体现，是中国人民智慧的集中表现。登山运动起源于1786年的法国，至今没有与奥运亲密接触过。两者都追求"更快、更高、更强"，这次是一个很好的契机，让登山运动和奥林匹克运动和谐统一。奥林匹克就是要追求和平友谊和进步，热爱和平的中国人民将圣火带到世界最高峰，相信随着中国的改革开放，通过举办奥运会，将加强与各国人民的友谊和联系。

相关链接：

20世纪60年代中国体育大事记（1960—1969年）

1960年

5月25日　王富洲、贡布（藏族）、屈银华从北坡首次登上世界最高峰——珠穆朗玛峰。

9月1日　莫国雄以1分11秒的成绩打破男子100米蛙泳世界纪录。

1961年

4月4日　第二十六届世界乒乓球锦标赛在北京举行。中国队获得男子团体冠军、女子团体亚军，庄则栋、邱钟惠分获男女单打冠军。

1963年

2月21日　王金玉、罗致焕在第五十七届世界男子速度滑冰锦标赛上，打破男子速度滑冰全能世界纪录。罗致焕在1500米比赛中获得世界冠军。

4月11日　女子射箭选手李淑兰和男子选手徐开财在广州举行的全国七单位射箭通讯赛中，共打破7项世界纪录。

10月10日　国家体委公布新的《中华人民共和国运动员等级制度》、《中华人民共和国裁判员等级制度》和34个项目的运动员等级标准，并在全国实施。

11月10日　第一届新兴力量运动会在印度尼西亚举行，中国运动员共参加了14个项目的比赛，获得66个第一名，56个第二名，46个第三名，打破举重、射箭两项世界纪录。

1964年

1月30日　全国体总第4次代表大会在北京举行。会上，讨论修改了全国体总章程，选举了全国体总第4届委员会，委员共147人，选举马约翰为主席。

4月5日　贺龙副总理视察体育报社，并指示《体育报》要坚持毛泽东思想，认真贯彻党的路线、方针、政策，抓好表扬和批评，提高《体育报》的思想性和战斗性。

5月2日　中国登山队10名运动员首次登上在西藏境内的希夏邦马峰（8012米），征服了世界上最后一座海拔8000米以上的处女峰。

5月18日　陈镜开以151.5公斤的成绩，打破次轻量级挺举的世界纪录。这是他第九次打破举重世界纪录。

6月16日　毛泽东、刘少奇和其他领导同志在北京十三陵水库游泳，毛泽东说："游泳是同大自然做斗争的一种运动，你们应到大江大海去锻炼。"

6月30日　毛泽东为《体育报》题刊名。

1965年

1月12日　毛泽东对徐寅生《如何打乒乓球》作出重要批示。

3月11日　国家体委颁发《青少年体育锻炼标准条例（草案）》和《项目标准（草案）》。

4月15日　中国乒乓球队在第二十八届世界乒乓球锦标赛中，荣获男、女团体，男、女双打和男子单打5项世界冠军、4项亚军、7个第三名。

9月11日　第二届全运会在北京举行，有24人10次打破9项世界纪录。

1966 年

7 月 16 日　毛泽东主席以 73 岁高龄再一次畅游长江，游程近 30 华里。

11 月 5 日　中国运动员在金边举行的第一届亚洲新兴力量运动会上，共获得 113 枚金牌、59 枚银牌、36 枚铜牌，2 人 2 次破 2 项举重世界纪录。

1968 年

中国第一座现代化大型体育馆——首都体育馆落成。

"乒乓外交":
打破西方封锁的破冰之举

20世纪70年代,美国想在中美关系上取得突破,以改变在美苏争霸中苏攻美守的被动局面。苏联在中苏边境屯兵百万,对中国的安全构成了严重的威胁,中美有共同的战略利益。这个时候的国际大环境已不同于1969年8月以前,更不同于1960年,在邀请美国领导人访华以前,邀请美国民间人士先来中国,不仅可以加深中美两国人民之间的友谊,又可形成中美已经僵持的局面和解的氛围,为官方的高层交往创造有利的条件。

在日本名古屋举行的世界乒乓球锦标赛上,美国乒乓球队提出了访华的要求,这是一个极好的契机。以中美关系解冻、改善为起点的国际关系进程,带来了世界格局的重大变化。乒乓球在这场时代大变革中起到了桥梁和纽带的作用,这就是后来被广泛赞誉的小球推动了地球的"乒乓外交"。

一、踏 上 征 途

1966年,正当国民经济的调整基本完成,国家开始执行第三个五年计划的时候,一场意识形态领域的批判运动逐渐发展成了矛头指向党的领导层的政治运动。一场长达10年、给党和人民造成严重灾难的"文化大革命"爆发了。

10年"文化大革命"是一场由领导者错误发动、被反革命集团利用,给党、国家和各族人民带来严重灾难的内乱。在这场所谓的"大革命"中,包括党和国家领导人在内的大批中央党政军领导干部、民主党派负责人、各界知名人士和群众受到了无辜的诬陷和迫害。党和政府的各级机构、各级人民代表大会和政协组织,长期陷于瘫痪和不能正常工作的状态。公安、检察、司法等专政机关和维护社会秩序的权力机关都被搞乱了。

在长达10年的社会动乱中,国民经济发展缓慢,主要经济发展比例关系长期失调,经济管理体制更加僵化。这10年间,按照正常年份百元投资的应增效益推算,国民收入损失达5000亿元人民币。人民的生活水平基本上没有提高,有些方面甚至有所下降。自20世纪70年代起,正是国际大环境趋向缓和、许多国家的经济处于起飞或开始持续发展的时期,但是,由于"文化大革命"的负面影响,中国不仅没能抓住时机缩小与发达国家已有的差距,反而将相互之间的差距越拉越大,失去了一次较好的发展机遇。

这场从文化领域发起的"大革命",对教育、科学、文化的破坏尤其严重,影响极为深远。很多知识分子受到了迫害,学校被迫停课,文化园地荒芜,许多科研机构相继被撤销,造成了接下来一段时期的"文化断层""科技断层""人才断层"。据1982年的人口普查统计,全国文盲和半文盲达2.3亿多,占全国总人口数的近1/4,严重影响到全民族文化素质的提高和现代化事业的发展。

正是由于各级干部、党员和工人、农民、解放军指战员、知识分子的抵制、抗争和斗争,"文化大革命"的破坏性作用受到了一定限制。也由于他们在极端困难的条件下,克服了政治运动的重重干扰,顽强努力,经济建设仍取得了一定进展。科学技术也取得了若干的重要成就,这其中就包括成功地进行了核武器发射试验,爆炸了第一颗氢弹,发射了第一颗人造地球卫星。郭永怀、邓稼先等许多科学家为此作出了重要贡献。农业科学家袁隆平在1972年培育成了一代籼型杂交水稻,为我国的粮食生产作出了重大贡献。在国家动乱的情况下,中国人民解放军仍然英勇地保卫着国家的安全。当然,这一切并不是"文化大革命"

的成果，恰恰相反，是广大人民抵制"文化大革命"的干扰而取得的。如果没有"文化大革命"，新中国的社会主义事业肯定会跨上不止一个台阶。

"文化大革命"是错误理论指导下的错误实践。它留下了令所有中华儿女都永远铭记在心的深刻教训，从另一个角度为中国共产党探索建设中国特色社会主义道路提供了历史借鉴。正如邓小平同志指出的："我们根本否定'文化大革命'，但应该说'文化大革命'也有一'功'，它提供了反面教训。没有'文化大革命'的教训，就不可能制定十一届三中全会以来的思想、政治、组织路线和一系列政策。"①

1971年，第三十一届世乒赛是"文化大革命"发生之后中国首次参加的重大的国际体育比赛。在当时，国际形势对于中国仍然非常严峻，中苏当时正处于敌对状态，苏联屯兵中苏边境；虽然美国已开始与中国有了一些接触，但总统尼克松和美国政界人士仍然坚持"不放弃对中华民国的义务"；中日在当时也没有建立外交关系，日本右翼势力和台湾国民党特务在日本活动猖獗。在这种情况下，国内很多人主张不参加第三十一届世界乒乓球锦标赛。1971年1月29日，世乒赛前夕，在中南海西花厅，周恩来总理同参加起草中日乒乓球协会会谈纪要的中方人员谈话，对会谈纪要文本草案提出了较为具体的修改意见。在周恩来总理的直接领导和参与下，中日两国乒乓球协会会谈纪要于2月1日在北京签字。随后，中国正式报名参加第三十一届世界乒乓球锦标赛。到3月中旬，中国乒乓球队已经将各项参赛工作准备完毕。3月14日晚，周恩来总理召集外交部和国家体委等部门的负责人会议，听取相关人员就参赛相关问题的汇报。在会上，国家体委内部出现了去与不去两种截然相反的意见，赞成不参加日本乒乓球世锦赛的同志还占了多数，理由是国外有几股敌对势力想破坏中国队赴日参赛，中国队去了太危险。周恩来在会上说："不去怎么能行？我们怎么能不守信用呢？"然后，他详细地阐明了中国乒乓球队参赛的理由，并坚定地说："我们信守诺言，参加第三十一届世乒赛。"他还一边说，一边拿起笔来给毛泽

---

① 《邓小平文选》第3卷，人民出版社1993年10月版，第272页。

东主席写了报告，提出："此次中国乒乓球队出国比赛已然成为一场事关重大的国际斗争……我方提出'友谊第一，比赛第二'，即使输了比赛也不要紧，反正在政治上占了上风……"周总理写完后，立即让秘书将报告发出。3月15日一早，毛泽东主席批示："照办"，"我队应去"，"要一不怕苦，二不怕死"。就这样，中国乒乓球队最后还是带着艰巨的"政治任务"出征了。

二、谱写传奇

1971年3月21日，中国乒乓球代表团抵达日本名古屋，准备参加3月28日开幕的第三十一届世界乒乓球锦标赛。

1971年3月27日晚上，第三十一届世界乒乓球锦标赛开幕前，国际乒联举行冷餐招待会。主人致词之后，大家就随意走动起来，这时几个陌生的选手与中国运动员相遇，中国运动员习惯地报以微笑。这几位外国选手热情奔放，其中一位兴奋地说："啊，中国人，好久不见了。你们的球打得真好！"通过翻译了解，才知道他们是美国人。中美关系十分敏感，中国代表团领导立即将此情况向国内汇报。

4月4日，美国男队第三号选手格伦·科恩为了能打好下面的比赛到训练馆练球，在练完球走出体育馆时，竟然找不到自己来时乘坐的汽车了。正在这时，一辆带有乒乓球锦标赛标志的大客车开了过来，科恩情急生智，连连招手，客车在他身边戛然停住，长头发、穿着紫色印花喇叭裤、运动服上有"USA"字样的科恩赶紧跳上车，长吁了一口气。但当他抬头环顾时，不禁暗自吃惊，原来同车的全是中国人。于是他独自站在车门口，也没有给自己找个位子坐下。

"可能是看到一车黄皮肤黑头发的中国人，他大吃一惊，站在车门口不知咋办。"庄则栋回忆说。当时满车的中国人也吓了一跳，由于当时中美关系不好，大家也不敢主动去接触他。

车上的空气顿时凝结了，安静极了，但是坐在最后一排的庄则栋心里却不平静。临行前周恩来总理特意嘱咐过，这次比赛要"友谊第一，比赛第二"，毛泽东主席也曾说过"现在我们要寄希望于美国人民"。

庄则栋最终决定走上前去。他从手提包里拿出纪念品——杭州织锦，拉着翻译站了起来。①

"小庄，干吗去？"

"和美国人聊聊！"

"别去！别惹事……"

庄则栋的脚步并没有停下，他走到这位名叫科恩的美国运动员面前，拿着织锦对他说："我们中国人民和美国人民一直是友好的。今天你来到我们车上，我们大家都很高兴，我代表同行的中国运动员欢迎你上车。为了表达这种感情，我送给你一件礼物吧……"

说着，庄则栋把一块中国的传统工艺品——杭州织锦送给科恩。

这一意外的举动把科恩惊呆了。他连忙到自己的挎包里去搜寻，以便能找到一件合适的礼品，但他失望地说："天哪！我什么也没带，连把梳子都找不出来。可是我一定要送你一件……"他和庄则栋肩并肩站在一起，一直到爱知县体育馆。

汽车到达体育馆时，敏感的日本记者发现中国运动员和美国运动员站在一起愉快地聊着，便用照相机摄下了这个镜头。

第二天，日本三大报《朝日新闻》《每日新闻》《读卖新闻》头版的显著位置，分别刊载了两人握手、交谈的图片，有的还加了醒目的大标题——《中美接近》。

科恩终于在一家商店里找到了自己中意的、印有"任其自然"（Let it be）的运动衫，立刻掏钱买了两件。一件留给自己，另一件当做礼品。

4月5日，科恩并没有比赛，但他还是肩背挎包出现在了赛场边。正当庄则栋与队友进场准备比赛时，科恩一把将庄则栋拉到赛场的一边，把一件别有美国乒协纪念章的短袖运动衫送给了他。

在短短10余秒钟里，体育馆内的中外记者们大都手持照相机跑了过来，把两个新闻人物团团围住。

日本记者围住科恩不放，其中的一个紧紧追问："科恩先生，你对

---

① 张寒：《庆祝"乒乓外交"35周年的"红杉树友谊之旅"》，新华网2006年3月27日。

中国人如何评价？"

"哦，中国人非常友好，我在昨天还和他们一起练了球。"科恩回答说。

"不过，你是不是特别想去中国？"记者们一迭声地追问。

"当然想去。"科恩的回答十分干脆。

……

中美两国运动员的友好交流很快就在大会上传为佳话。

中国队的举动，深深地触动了美国队的领队，美国乒乓球协会主席斯蒂霍夫来到中国乒乓球代表团，提出："你们中国邀请我们南边的墨西哥队去访问，也邀请我们北边的加拿大队，你们能不能也向我们美国队发出邀请呢？"

美国队要求访华，这可非同小可，中国领队不可能当时答复，必须向国内请示。

外交部和国家体委已经联合起草了《关于不邀请美国乒乓球队访华的报告》，并上交给周恩来总理，认为在当时的情况下邀请美国乒乓球队访华的时机尚不成熟，主要有以下几条依据：第一，在1960年2月中美大使级第九十六次会谈和随后的几次会谈中，美国曾企图绕开中美之间的核心问题——台湾问题而提出开展互派记者等民间活动。中国在第一百次会谈中提出：台湾问题不解决，其他问题都不谈的原则，这已经成为长期以来中国在外交事务的处理过程中一直遵循的原则；第二，在当时，美国还在侵略越南、老挝和柬埔寨，严重威胁中国的安全，中美两国一直处于敌对状态；第三，不少人认为：即便美国人要来访华，首先来的应该是高级人物，而不是乒乓球队。

4月4日，周恩来总理在《报告》上面批注"拟同意"，然后呈报给毛泽东主席。

毛泽东主席把那份文件压了3天，经反复考虑后还是在这份报告上画了圈。4月6日，"同意上报的意见，暂不邀请美国乒乓球队来华"的报告意见退交给外交部办理。

然而，就在报告退回外交部后，毛泽东主席仍在反复斟酌这件事。他联想到自1969年8月起，美国总统尼克松通过巴基斯坦总统叶海亚·汗和罗马尼亚总统齐奥塞斯库不断传递过来的信息和美国在对华关系上所采取的松动措施，感觉到美国是真的一心想在中美关系上取得突破，以改变美国在美苏争霸中苏攻美守的被动局面。

4月6日晚，毛泽东吃了安眠药，打算睡觉。11时多，毛泽东的护理人员吴旭君陪同他吃晚饭，饭后，她发现毛泽东已经困倦，趴在桌子上昏昏欲睡。突然，他又说起话来，吴旭君听了反复琢磨才弄明白，大意是：

"……打电话给……王海容（时任外交部副部长，毛泽东的表侄孙女），……美国队……访华！……"

吃了安眠药之后讲的话不算数。这是毛泽东的嘱咐，也是党中央定的一条不成文的规矩。这么重大的事情，毛泽东在当天又刚刚批阅过《关于不邀请美国乒乓球队访华的报告》。所有这些，吴旭君是知道的。这一下可犯难了，毛泽东主席现在讲的话算不算数呢？

她迟疑着没有动身……

怎么办呢？

请还是不请，尽管只是一字之差，办对了是应该的，可是办错了……

看见吴旭君没有动身，毛泽东有些生气了，急着对她说："小吴，你怎么还坐在那里不动啊，我让你办的事你怎么还不去办？"

吴旭君故意问道："主席，您刚才和我说了什么呀？我没听清楚，您能再说一遍吗？"

毛泽东又一字一句地把刚才讲的话重复了一遍。

吴旭君还是不太敢确定，反问道："主席，白天退给外交部的文件不是已经办完了吗？您亲自圈阅的，不邀请美国乒乓球队访华，怎么现在又提出邀请呢？您都吃过安眠药了，您说的话算数吗？"毛泽东大手一挥，提高了嗓门说："算！赶快办，再不赶紧办就来不及了……"

吴旭君听到这话拔腿就往值班室跑，给外交部王海容打电话。打完电话吴旭君又赶紧跑回来，毛泽东仍然坐在那里等待她的回音。吴旭君把事情的办理情况向毛泽东一一作了汇报，毛泽东听完后频频点头："好，就这样。"

吴旭君把毛泽东的决定传达给了王海容，王海容又及时把毛泽东的决定转告给周恩来,周恩来立即给中国代表团发去紧急指示。①

当中国乒乓球代表团的官员宣布这一消息后,立刻引起了轰动,日本各大报纸都在头版头条刊登消息,争相报道中美两国之间的"乒乓外交"。

美国乒乓球代表团收到中国的访华邀请后一片欢腾。美国参议院接到驻日本大使馆《关于中国邀请美国乒乓球队访华的报告》后立即向白宫报告,认为这次中国向美国乒乓球代表团发出邀请的用意"起码有一部分是作为回答美国最近采取的主动行为的一种姿态"。尼克松总统在深夜得知这一消息后,立即指示:美国乒乓球运动员务必去北京。并连夜召开国家安全特别会议,进一步研究和商讨对华政策。

1971年4月10日,美国乒乓球代表团(由9名运动员、4名美国乒乓球协会人员、2名家属以及3名美国记者组成)应邀而至。这是新中国成立以来第一个正式来访的美国代表团!

加拿大、英格兰、哥伦比亚、尼日利亚的乒乓球代表团也先后抵达北京。

1971年4月10日晚,美国乒乓球代表团到达北京(新华社新闻信息中心提供图片)

周总理在人民大会堂的东大厅同时会见了加拿大、英格兰、哥伦比亚、尼日利亚和美国共5个国家的乒乓球代表团成员。

美国乒乓球代表团无疑是这5个国家代表团中最受世人关注的。周恩来总理精心安排了坐席:在每个代表团中间设置主座,周总理与每一

---

① 周溢潢:《中美乒乓外交背后的毛泽东》,2003年12月19日《人民日报》。

个代表团轮流会谈。这样,既同时会见了 5 个代表团,又逐一单独会见了每个代表团,并同每个代表团逐一合影,宾主皆大欢喜。

"有朋自远方来,不亦乐乎!"周恩来总理在会见美国乒乓球代表团时表达了对美国队的欢迎之情。周总理说:"我请你们回去把中国人民的问候转告给美国人民。中美两国人民过去往来是很频繁的,以后中断了一个很长的时间。你们这次应邀来访,打开了两国人民友好往来的大门。我相信中美两国人民的友好往来将会得到两国人民大多数的赞成和支持。"①

美国乒乓球队在华期间,与中国乒乓球队进行了友谊比赛,并游览、参观了清华大学、故宫、颐和园、天安门广场、长城等高等学府和名胜古迹,还访问了上海和广州。

4 月 17 日,美国乒乓球代表团带着中国人民的友好情谊,离开了中国,回到美国。4 月 21 日,尼克松总统接见了美国乒乓球代表团的负责人,美国电视台利用周末"黄金广播时间"播发了美国乒乓球队访华实况。

就在尼克松总统接见美国乒乓球队的同时,周总理通过巴基斯坦总统叶海亚·汗给美国传去口信,表示中国愿意接待美国总统特使或总统本人,以讨论中美两国外交关系的根本问题——美国从中国台湾撤军。

三、中 美 融 冰

美国乒乓球队访华的消息在全世界都引起了轰动。就在周总理 1971 年 4 月 14 日会见美国乒乓球队的同时,尼克松总统也发表了有助于改善中美关系的 5 项具体措施。

1971 年 4 月 21 日中国政府就美方提出双方举行高层对话的建议给美国政府一个答复:"要从根本上恢复中美关系,必须从中国的台湾和台湾海峡撤走美国一切武装力量。而解决这一关键问题,只有通过两国高级负责人直接商谈才能找到办法。因此,中国政府重申,愿意公开接

---

① 钱江:《小球转动大球:乒乓外交幕后》,东方出版社 1997 年版,第 73 页。

待美国特使如基辛格博士,或美国国务卿甚至美国总统本人来北京直接交谈。"尼克松总统于同年5月中旬答复说,为解决两国之间的分歧问题,并由于对两国关系的重视,他准备在北京同中华人民共和国诸位领导人进行直接交谈,并建议由基辛格赴华与中国高级官员举行一次秘密的预备会议。中国同意这一建议。1971年7月9—11日,基辛格秘密访华。中美双方讨论了国际形势及中美关系问题,并就尼克松访华一事达成协议,7月16日发表了《公告》。公告说:"获悉,尼克松总统曾表示希望访问中华人民共和国,周恩来总理代表中华人民共和国政府邀请尼克松总统于1972年5月以前的适当时间访问中国。尼克松总统愉快地接受了这一邀请。"

1972年2月21—28日,美国总统理查德·尼克松应我国国务院总理周恩来的邀请前来中国访问,尼克松夫人、美国国务卿罗杰斯、总统助理亨利·基辛格博士和其他美国政府官员陪同来访。21日下午,毛泽东会见了尼克松,两位领导人就中美关系和国际事务认真、坦诚地交换了意见。周恩来同尼克松就两国关系正常化及双方关心的其他问题进行了广泛的讨论。28日,中美双方在上海发表了联合公报。公报指出"双方同意,各国不论社会制度如何,都应根据尊重各国主权和领土完整、不侵犯别国、不干涉别国内政、平等互利、和平共处的原则来处理国与国之间的关系","中美两国关系走向正常化是符合所有国家的利益的"。双方在公报中阐明了各自对国际形势的立场和态度。中国方面重申:"中华人民共和国政府是中国的唯一合法政府","台湾是中国的一个省","解放台湾是中国内政,别国无权干涉","全部美国武装力量和军事设施必须从台湾撤走"。美国方面声明:"认识到在台湾海峡两边的所有中国人都认为只有一个中国,台湾是中国的一部分,美国政府对这一立场不提出异议",并确认从台湾撤出全部武装力量和军事设施的最终目标。双方还同意扩大两国人民的了解,增进科学、技术、文化、体育方面的联系与交流。

1972年4月,以庄则栋为团长的中国乒乓球代表团对美国进行了回访。一时间,中美两国出现了友好交往的热潮。中美外交关系也被"乒乓外交"敲开了大门。在当时的历史条件下,访华的美国乒乓球队充当了两国之间的民间外交特使。小小银球弹开了中美彼此紧闭20多年的国门,震动了地球。

四、续写友谊

1971年,因意识形态差异而冻结多年的中美两国关系,随着一枚小小银球的铿锵跳跃,迈出了冰释前嫌的第一步。35年后的2006年3月26日,共同经历了"小球推动大球"这段历史的见证者第三次会聚在北京,轻抚着历史车轮的辙印,细话当年。

这支25人的代表团由美国乒乓球协会主席雪莉·比特曼率领,其中绝大多数成员都与乒乓球这项在美国并不普及的运动有着不解之缘:他们中有的是多年从事乒乓球运动的运动员或教练员;有的是乒乓球俱乐部的所有者或运营者;而有些则是"乒乓球家属",当然,最引人关注的则是其中的7名1971年"乒乓外交"的亲历者。

2006年3月27日,北京云淡风轻。就在美国代表团抵京的第二天,中国乒乓球界的元老们也"全体总动员"——在北京的和不在北京的都赶了过来,趁着举行座谈会的机会来看老朋友们了,其中有徐寅生、李富荣、张燮林、郑敏之等老一辈运动员。

尽管岁月无情,但老朋友相见仍分外亲热;尽管语言不通,言谈的障碍却丝毫不影响他们之间的交流。原本只是入场前的一个签名留念的流程,特制的巨型球板前却成了中美两国"乒乓使节"们热情相认、话短

美国乒乓球老运动员伯根(左)将自己所写的回忆乒乓外交的书籍送给庄则栋(张连城 摄)

言长的会所。尽管不忍打扰，活动组织方还是不得不多次出面请求他们入场。

望着这群美国友人，中国乒乓球协会主席徐寅生感慨地说："当年我们都是黑发少年，如今有的头发白了，有的头发没了，但最难得的是你们身体还是那么好。我想我们应该还有很多机会，像现在这样一起叙旧、共话未来。"

然而，温情的一幕也触动了人们伤感的回忆。当年在日本名古屋世乒赛上第一个与中国乒乓球手建立起友谊的美国小伙子科恩，如今已经过世。正是他，赛后误上了中国队所乘坐的大巴，与当时的中国国手庄则栋亲切交谈，接受了中国队员赠送的特色织锦，而后又赠送短袖运动衫作为回礼，并向中国队发出了友好的邀请。其实，正是科恩的出现成为了中美民间交往的突破口，中国方面由此开始酝酿邀请美国乒乓球队访华这一历史性事件。

这次，科恩的妈妈弗朗西斯代表自己已故的儿子来到了中国，这位80多岁的老母亲用颤抖的声音说："随美国队访华是我儿子一生中最闪光的一段经历，我相信如果他现在还活着，他也会为再次站到这里而激动不已。"

对于另一名美国乒乓球队队员朱迪·霍夫罗斯特来说，她永远也忘不了1971年，那段经历成为了她人生的传奇。那时她年仅15岁，却踏进了历史的大舞台。直到如今，朱迪说起那段往事时仍惊叹于幸运女神的眷顾。当她和父亲将900美元存入银行作为她世乒赛之旅的保证金时，这位棕色头发蓝眼睛的小姑娘并不知道，这次亚洲之行的最终落脚点不是日本而是中国，仅在一夜之间她就成为了最早访问新中国的美国人之一；而让她更没想到的是，自己的这一趟其他人看来很神秘的东方之旅，会成为打破中美关系僵局的叩门砖。

据李富荣介绍，1972年随中国乒乓球代表团回访美国时他曾为安全问题而担心，因为"据说那边持枪的人很多"。当听到这些话时，朱迪笑了，她对记者说："我当时可没想这么多，我当时只有15岁呀，我只知道中国是个神秘的国度，能去那儿实在太令人兴奋了。"在那短短的7天里，她与中国总理周恩来握手的照片飞上了世界各大报章，演讲、上电视和撰写文章成了她回到美国后最主要的工作。

比朱迪稍稍年长的康妮·斯维丽斯，当时对访华这一重大事件的唯一担心竟然是签证："入境前我一直在担心，如果签证签不下来怎么办。别人说我们已经接到了邀请，就没有被拒签的道理。可我就是一直忐忑不安的，现在想想那时真是笨呢。"

事实上，震动整个国际格局的"乒乓外交"，不仅改变了朱迪那一代人的人生轨迹，也对美国后一辈的乒乓人士产生了深远的影响。现任美国乒协主席雪莉·比特曼就是其中的代表。

打了一辈子乒乓球的杰克·霍华德是当年美国乒乓球队的队长，他记忆里最深刻的一幕是李富荣教他打球的情景。

"我知道李先生的球打得又快又狠，所以他来辅导我们技术时我就央求他教我打那种快球。只见他面带微笑，将球抛起，挥拍一击——球速太快了，快到我压根就没看见球！"他说。

说到这里，在场的人已是笑成一片，霍华德居然还补一句："我至今还在纳闷，那球究竟有没有落下去。"

在中美两国乒乓球界人士的共同努力下，自 1971 年开始，双方始终保持着规律性地交流、合作与互访，中国乒协一直在技术等方面支持和帮助着美国乒协。

游览着面貌日新月异的北京，回想着 30 多年来中美两国人民之间相互了解的增多、交流的频繁和友谊的加深，美国乒乓球代表团的每一个人都感慨万千。说起这其间最大的变化，朱迪肯定地吐出一个词——沟通。"是的，"她说，"正是因为有了越来越顺畅的沟通和交流，中国人民和美国人民乃至全世界，才能更多地化解误会、增进友谊。"

雪莉·比特曼没赶上"乒乓外交"这一重大的历史时刻，但其影响直接改变了她的人生。她说："那时我太小，没能参与到'乒乓外交'中，但第二年我就开始在父亲的俱乐部里打球了，我的很多队友都拿着两面画着国旗的球拍，一面是中国国旗，一面是美国国旗，那情景对我的触动很大，我从此意识到，一项体育运动能促成国际间的友谊，甚至能改变历史。"

约瑟夫·博甘是个讲起故事来滔滔不绝的可爱老头，他写就了一本名为《美国乒乓球历史》的书，里面详细记述了"乒乓外交"的种种细节。他说："当时有位负责外事的齐先生，就是他在北京发给了我那张外国记者的证儿，可当我们在上海的时候，他突然从天而降，把一支钢笔送交给我，那是中国送给我的礼物，我把它忘在北京了，而他跑了上千里路就是为了把这支钢笔送还我，为此，我在我的书中专门写了5页纸来阐述千里送钢笔的意义所在。"还是这位博甘先生，说起当年的中国之行，似乎仍对中国人的思维方式感到困惑，他举例说："我问中国朋友最喜欢的城市是哪里，他竟然说凡是中国的城市都喜欢。"于是，乒坛老将、前世界冠军徐寅生"毫不留情"地反驳说："我问美国朋友最喜欢中国的哪道菜，他居然说所有的中国菜他都喜欢。"

五、丰 功 伟 绩

由于中国与美国政治制度不同，解放战争时期美国全力支持国民党政府，20世纪50年代初朝鲜战争中两国之间兵戎相见，所以一直以来中华人民共和国与美国外交关系进展相当缓慢。

当历史的车轮进入20世纪70年代时，国际形势发生了很大的变化。中美两国领导人都认为有必要也有可能进行接触，改善两国关系，实现两国关系正常化。

在美国方面看来，美苏对立是它面临的首要问题，也是最严重的问题，但是世界上已经出现了几个力量中心，中国就是其中的一个。

美国要尽快消除越南战争失败造成的不良影响，并挽救它在世界上霸权地位的衰落，对付苏联的挑战，就需要改善同中国的关系，而中苏关系的恶化又使这种设想具有实现的可能性。

中国政府早就主张，尽管中美两国暂时没有外交关系，但是不应当妨碍两国人民的往来和交流。为此，中国政府对美国新闻界、知名人士和其他友好人士敞开了大门，欢迎他们到中国来访问、参观、旅行。中美关系正处于这样一个转折时期，双方之间正缺少一个打开僵局的突破口，邀请美国乒乓球队来华访问正是突破双方的沉默和不直接沟通的好时机。

小球推动大球，中国和美国的关系在乒乓球的转动下，迅速地旋转起来。1971年4月14日下午，周恩来总理在人民大会堂会见了美国乒乓球代表团全体成员，在与美代表团团长谈话时说："你们作为前来中华人民共和国访问的第一个美国代表团，打开了两国人民友好往来的大门。尽管中国和美国目前还没有外交关系，我相信中美两国人民的友好往来，将会得到两国大多数人民的赞成与支持。"之后美方领队表示，也希望中国乒乓球代表团在不久的将来访问美国。在周恩来接见美国乒乓球代表团的同时，美国白宫也在密切注视着这一重要活动。

　　周恩来讲话后不到几小时，白宫就宣布了旨在缩小两国间鸿沟的一系列开禁措施：放松美国对中国实行了21年的禁运，对愿意访问美国的中国人可以加快发给签证，放宽货物管制等等。尼克松还高兴地宣布："美国的对华政策已经打开了坚冰，现在就要测水有多深了！我希望，其实我是期待着，有一天我将以某种身份访问中国大陆。"小球推动大球获得成功。

　　1971年春天的"乒乓外交"使中美关系获得突破性进展，打开了中美之间20多年冰冻的政治僵局。后来，周恩来在许多场合提到了"乒乓外交"：5月30日，他在外事工作会议上，第一次在大众场合颇有深意地说："1971年4月7日，我们伟大领袖毛主席把乒乓球一弹过去，就转动了世界，小球转动了地球，震动世界嘛！"

　　小球确实带动了大球。1972年2月28日中美联合公报的发表，标志这两国关系正常化的开始，并为以后进一步的发展奠定了基础。

　　在尼克松总统任期内，美国军队撤出了越南，逐渐结束了那场使美国陷入危机的战争。透过乒乓球活动尝试与中华人民共和国建立外交关系，并支持中国进入联合国，史称"乒乓外交"，改善了中美关系。尼克松于1972年2月访华，是美国总统第一次访问一个同美国没有正式外交关系的国家，对中国的7天访问被称为"改变世界的一周"。中美两国关系正常化，美中苏三角外交的态势开始形成，在很长一段时间里成为决定国际形势发展的重要因素之一。

　　"乒乓外交"是中国外交的创举。乒乓球运动成了政治的微波炉，中美之间的坚冰从此开始融化。一枚小小的银球，旋转出和平的音符，在东西方冷战的世界里播种了一棵绿色的橄榄枝。这是历史赋予中国乒乓球的神圣使命,是中国乒乓球队的无上光荣。

参与过打开中美关系大门的美国前助理国务卿霍尔德里奇在他的回忆录中写道:"乒乓外交"是一项富有戏剧性的、启示性的外交举措,它体现着中国领导人的某种个性:精明老练、聪明过人、富有智慧,有"小中见大"的战略谋划意识。

中美关系的改善还直接促进了中日建交。1972年9月25日,田中角荣首相应周恩来总理邀请访华,双方经过会谈,于9月29日签署了建立外交关系的联合声明。中日建交结束了两国长期敌对的历史,开始了新的睦邻友好关系,这对于两国的发展和亚洲与世界的和平具有重要的意义。

中美关系的缓和和中日建交,打破了由于美国长期以来孤立遏制中国造成的某种外交僵局,出现了我国外交的新局面。1969年以前,除苏联、东欧以外的欧洲各国,只有6个国家同中国建交,英国和荷兰同中国互设有半建交性质的代办处。中美关系改善后,出现了中国同西欧各国建交高潮。1971年7月—1973年,我国先后同比利时、冰岛、马耳他、希腊、西德、卢森堡、西班牙等欧洲国家建立了外交关系。1972年,中英、中荷之间也先后将原来建立的代办级外交关系升格为大使级外交关系,1975年,中国同欧洲经济共同体也建立了正式关系。20世纪70年代初期,中国同北美的加拿大、大洋洲的澳大利亚和新西兰也先后建立了外交关系。

重温"乒乓外交",人们不会忘记,中美日三国有识之士做出了非凡的历史功绩。几位日本老乒乓球运动员曾动情地说,他们把与周恩来总理在一起的合影一直摆放在家里显著的位置。重温"乒乓外交",人们再次发现,尽管中国与美国等国的社会制度和价值观不同,但只要双方领导人高瞻远瞩、审时度势,有关国家互相尊重、平等交往、求同存异,国与国之间的关系就一定能不断改善和发展。

重温"乒乓外交",人们认识到,人民之间的友谊能够改变世界、创造历史。2008年奥运会在北京成功举办,2010年世博会在上海成功举行,这是中国人民与世界各国人民友好交流的盛会,必将续写中外友谊的新篇章。

相关链接：

20世纪70年代中国体育大事记（1970—1979年）

1970年
11月8日　田径运动员倪志钦以2.29米的成绩打破男子跳高世界纪录。

1971年
4月10日　美国、加拿大、哥伦比亚、英国、尼日利亚、澳大利亚乒乓球代表团相继访问中国。

7月8日　中央任命王猛为国家体委革命委员会主任。

8月28日　国务院、中央军委发布《关于在全国试行新广播体操的通知》。

1972年
4月18日　中国乒乓球代表团访问美国，尼克松总统在华盛顿白宫接见了中国乒乓球代表团。

1973年
1月6日　国家体委发布《关于进一步开展农村体育活动的意见》。

11月15日　亚洲运动会联合会举行特别会议，确认中华全国体育总会为该联合会会员。

1974年
1月4日　邓小平对国家体委负责同志谈话中指出："要把学校体育工作搞好，要发展少年儿童业余训练。"

9月1日　中国体育代表团参加在德黑兰举行的第七届亚运会，共获得33枚金牌、46枚银牌、27枚铜牌，这是中国第一次参加亚运会。

11月1日　国家体委在上海召开全国重点少年儿童业余体校工作座谈会，会议提出《关于办好重点少年儿童业余体校的意见（草案）》。

1975年

5月5日　经国务院批准，国家体委公布《国家体育锻炼标准条例》并开始在全国实施。

5月27日　中国登山队1名女运动员和8名男运动员从北坡再次登上世界最高峰——珠穆朗玛峰。

9月6日　邓小平等党和国家领导人在北京亲切接见参加第三届全运会的台湾省体育代表团全体成员。

9月12日　第三届全运会在北京举行，有1个队4人6次打破3项世界纪录。

1976年

6月25日　中华全国体育总会台湾省体育联络处在北京成立。

1977年

1月　为缅怀毛泽东、周恩来、朱德、陈毅、贺龙等老一辈无产阶级革命家对体育事业的关怀，人民体育出版社分别出版《深切的怀念，巨大的鼓舞》、《敬爱的周总理，我们永远怀念您》、《怀念敬爱的朱德委员长和陈毅贺龙同志》。

11月30日　国家体委在北京召开座谈会，修订《全国体育科学技术规划（草案）》。

1978年

4月14日　教育部、国家体委、卫生部联合发出《关于加强学校体育、卫生工作的通知》。

6月26日　国家体委在衡阳召开城市体育工作调查会。

8月26日　国家体委、教育部、卫生部联合发出《关于进行"中国青少年、儿童身体形态、机能、素质调查研究"的通知》。

9月5日　国家体委发出《关于加强城市体育工作的意见的通知》。

10月12日　经国务院批准，国家体委命名国家乒乓球队为"又红又专、勇攀高峰运动队"。

10月25日　国家体委在烟台召开全国业余训练和推行《国家体育锻炼标准》工作会议。

11月16日　邓小平同志题词："太极拳好"。

11月25日　国家体委在湖北黄陂召开全国县的体育工作调查会，着重研究在新形势下如何做好县的体育工作。

12月9日　第八届亚运会在泰国曼谷举行，中国共获金牌56枚、银牌60枚、铜牌51枚。

1979年

3月5日　中华全国体育总会第四届三次会议在北京召开。选举钟师统为体总主席，调整增补了副主席，正副秘书长和委员，批准了田径、篮球等29个单项运动协会的领导人。

3月29日　国家体委、教育部联合相继发出《全国学生体育运动竞赛制度》、《少年儿童业余体育学校章程》、《高等学校体育工作暂行规定（试行草案）》、《中、小学体育工作暂行规定（试行草案）》和《关于在学校中进一步广泛施行〈国家体育锻炼标准〉意见的通知》。

5月15日　国家体委、教育部、卫生部、共青团中央在扬州联合召开全国学校体育工作经验交流会。

6月5日　国家体委组织编写田径、体操、游泳、足球、篮球、排球、乒乓球、举重、速度滑冰项目的少年儿童业余训练教学大纲和教材。

9月8日　中国参加在墨西哥举行的第十届世界大学生运动会，陈肖霞获女子10米跳台跳水冠军，这是中国运动员在世界大学生运动会上赢得的第一枚金牌。

9月15日　第四届全运会在北京举行，有5人5次破5项世界纪录。

9月15日　从上海起跑的经过了16个省、市、自治区全程近3万公里，历时70多天，沿途有50余万名青少年参加的"新长征火炬接力",最后于第四届全运会开幕时胜利到达会场。

10月25日　国际奥委会执委会在日本名古屋举行会议,作出了恢复中华人民共和国在国际奥委会中的合法权利的决议。

10月26日,国际奥委会全体委员以通讯表决的方式批准了恢复中华人民共和国在国际奥委会中的合法权利的决议,此后,游泳、田径等国际体育组织相继恢复我合法席位。

11月3日　在第三十三届世界举重锦标赛中,中国运动员获得1枚金牌、1枚银牌和2枚铜牌。吴数德获52公斤级抓举冠军,打破这个项目的抓举和总成绩世界青年纪录,陈伟强打破56公斤级挺举世界纪录。

12月9日　在第二十届世界体操锦标赛中,15岁的马燕红获高低杠冠军。这是中国体操运动员第一次在世界体操锦标赛中获得冠军。

12月28日　中央人民广播电台、中央电视台、《中国青年报》、《体育报》联合评选出年度"十佳运动员"。他们是:陈肖霞、陈伟强、葛新爱、吴数德、容志行、聂卫平、栾菊杰、邹振先、宋晓波、吴忻水。自此开始了每年一度的评选"十佳运动员"的活动。

5

学习女排，振兴中华：
改革开放初期的时代强音

当"文化大革命"结束之后，饱经沧桑的中华儿女终于迎来了阳光明媚的春天。他们急需一种方式证明中华民族的优秀，急需一个激荡人心、负载希望的响亮口号来凝聚人心，急需一种力量鼓舞全国人民的斗志。这时，中国男排站出来了，在1981年3月20日晚举行的世界杯亚洲区预选赛中国与韩国的比赛中，他们奋起直追，反败为胜的比赛历程孕育了时代强音——"团结起来，振兴中华"口号的诞生；在1981—1986年期间，中国女排更是以"五连冠"的优异成绩使人民群众再次看到了希望，"女排精神"从此成为中国竞技体育的榜样，成为建设社会主义事业的一面鲜亮的旗帜。

一、拨乱反正　百废待兴

10年"文化大革命"是在探寻实现现代化道路中经受的一次严重挫折，给中国人民带来了巨大的灾难，社会、政治、经济、文化等出现了"百业废退"的严重局面。体育事业当然也无例外地经历了一场空前浩劫，在"打倒一切，全面内乱"的混乱局势下，体育界大批领导同志被打成"反革命修正主义分子"、"叛徒"、"特务"，体育科研机构被撤销，体育院校被迫停办等。刚刚有点起色的竞技体育被迫停止，运动队被解散，优秀运动员被迫害，有的甚至含冤而死。

在这百废待兴之际，1978年党的十一届三中全会的召开成为一个转折点，这次会议的中心议题是把工作重心由阶级斗争转移到经济建设上来，体育界也在党的十一届三中全会的鼓舞下行动起来，全国上下各级体委重新建立，中华全国体育总会、中国奥委会等体育组织开始重新运作。

1979年2月的全国体育工作会议，正式提出了将工作的重点转移到体育业务工作上来，并确定了"普及与提高相结合的前提下，侧重抓提高"的方针政策，初步形成了奥运战略。

1979年10月25日，国际奥委会执委会在日本名古屋举行会议，作出了恢复中华人民共和国在国际奥委会中的合法权利的决议。此后，游泳、田径等国际体育组织相继恢复我国合法席位。

1980年1月7—23日，全国体育工作会议在北京召开。会议主要研究如何适应国民经济调整和我国参加奥委会后的新形势，提出加速把体育事业搞上去，提高人民健康水平和运动技术水平，更多更快地培养体育人才，争取在世界舞台上创造优异成绩，促使体育更好地为四个现代化服务。这次会议全面系统地总结了30年来体育事业发展的经验、教训，为20世纪80年代的体育改革以及竞技体育的腾飞奠定了坚实的思想基础。

经历"文化大革命"浩劫的中国，社会需要一种"精神榜样"，唤起民众对国家、对社会的责任感，焕发出斗志昂扬的精神面貌，走出人人自危、不敢发表言论、缺乏社会信任的"政治运动"的阴霾，那是一个在精神上需要救助、补养的年代，也是迫切寻求新的精神支柱的年代，刚刚从动乱中醒过来的中国人，多想向世界证明：我们依然是一个优秀的民族。

正是这个时候，我国的排球运动率先突破，引领了集体项目的全面腾飞。1979年，中国男、女排参加了在香港举行的第二届亚洲排球锦标赛，并双双获得冠军，取得了参加1980年莫斯科奥运会的资格。1981年3月20日，一场排球比赛给中国竞技体育注入了一支强心剂，并由此喊出了20世纪80年代时代最强音的"团结起来、振兴中华"口号。接下来，中国女排更是获得了前所未有的"五连冠"，即1981—

1986年间，中国女子排球队在世界大赛中连续5次获得世界冠军。

二、团结起来 振兴中华

1976年，来自福建的戴廷斌被任命为中国男排主教练，与他同龄的袁伟民则执掌中国女排帅印。当时的中国排球刚刚进入第二次创业时期，戴廷斌招入了汪嘉伟、沈富麟、胡进、侯杰等一大批年轻运动员。

锐意改革的戴廷斌在坚持中国男排快速打法的前提下，狠抓进攻和拦网技术，并大胆创造了"前飞"、"背飞"、"拉三"、"拉四"等新的快攻战术，使快攻趋向立体化，这一系列战术不久就在国际比赛中收到明显成效，中国男排在1977年第三届世界杯男排赛、1978年第九届世界男排锦标赛上分别获得第五名、第七名，跻身国际排坛一流强队之列。而在4年前的1974年第八届世界锦标赛，中国男排仅排在第十五名，上升幅度之大一目了然。

汪嘉伟堪称戴廷斌时代的代表人物。这位在国际排坛率先掌握"前飞"、"背飞"技术的副攻手，凭借这手绝活在世界大赛上大放异彩，他的巅峰时期扣球成功率高达70%左右，被誉为"网上飞人"。除此之外，戴廷斌还培养出"世界第三号二传手"沈富麟、身高2.02米的高大副攻手陈刚、精于跳发球的优秀主攻手徐真等一批世界级选手。

20世纪70年代末，中国男排开始向世界"三甲"的目标发起冲击。1979年年底，中国男排在第二届亚洲锦标赛上先后击败了日本、韩国等强队，首次夺得洲际比赛冠军，并取得了参加奥运会决赛阶段比赛的资格。

经过秣马厉兵的刻苦训练，当时的中国男排完全具备冲击奥运奖牌的实力，因为这支球队已经击败了除苏联队之外的所有劲旅，然而由于众所周知的原因，我国最终决定抵制1980年莫斯科奥运会，身怀绝技的戴廷斌和队员们只能接受这一无奈的现实。

当时的《新体育》杂志记者何慧娴这样记述她随队观球的经过：

1981年3月，中国男子排球对参加在香港举办的世界杯排球赛亚洲区预选赛……1981年3月12日上午，中国男排在宽敞的体育馆里首次露面，就引起了报界记者和球迷的关注。因为就世界杯排球亚洲预选赛而言，中国女排无旗鼓相当的对手，而中国男排却面临着一场与世界排球劲旅韩国队的苦斗，是胜是负，关系重大。

在香港这个亚洲体坛赛事频繁的地方，人们对于男排并不陌生。前来观摩赛前训练的人中，鬓发花白的老体育记者引起了我的注意，他操着浓重的上海口音，能准确地叫出中国队每个队员的姓名，而且对他们的历史、近况和技术特点一清二楚。据说他已经六旬开外，跑了30多年体育了。每次祖国健儿赴港比赛，他都亲自迎送。这次他又带着希望中国男排获胜的心情期待着战幕的拉开。

球迷们也闻讯前来观看训练。一位衣冠楚楚的中年人是香港某银行的总经理，福建人，对中国男排的情况非常熟悉。训练完毕，他马上拉着教练戴廷斌和队员徐真认同乡，热情地攀谈起来，希望中国队发挥水平，夺冠出线。后来的比赛他场场必到，买最好的票，一个劲为中国队加油助威。

中国男排与香港观众久违4年了。4年前在这里举行的上一届世界杯排球亚洲预选赛上，刚刚组建的中国男排，同是与韩国队交锋，败北而归。韩国队的教练当时说过：三五年内中国队形不成对韩国队的威胁。然而，"士别三日，当刮目相看"。1979年12月巴林之战，中国队以3比0大胜韩国队。这次开赛之前，港报出现了这样的标题："中国男排水平直线上升，足以跻身世界强队之列"，"中国队实力稍高半截，是冠军的热门队伍"等等。

人们期待着中国队与韩国队的最后决战。

"知己知彼，百战不殆。"激战前夜，双方互探虚实，互摸底细，成为一场无形的角逐。

韩国队是一支训练有素的队伍，攻防全面、基本功扎实，颇有潜力，尽管久经沙场的3名老将已经引退，但启用新手之后，兵源无匮乏之虞，全队实力不见逊色。

调整后的主力阵容如何？战术套路发生了什么变化？这对中国队来说，直到交手之前都是个谜。前四场球，他们始终没有泄露"天机"。

韩国队抵港后很快就从报纸上得知中国队的侯杰脚伤,沈富麟抱病。中国队主力阵容将有何变化,进攻战术有什么"新武器"?他们也在用心揣测和试探。临战前两天,韩国的一位体育记者问我:"沈富麟先生的病怎样了,决战时他能否上场?"

我笑而答道:"谢谢您的关心,对于一个病人两天后的情况,我很难预料。"他又问:"中国队哪几个队员技术最好?"

我回答:"我们的队员各有所长,差距不大。"

1981年3月20日晚,决战揭幕,观众席上数以千计的香港同胞掀起的强大助威声浪压过了几百名韩国侨民的呐喊。

就一开始双方摆开的阵容而言,中国队变化不大,只将王铁山换下了受伤的侯杰。韩国队则由3名新手顶替了引退老将的位子。

那时中国男排用的是五一配备,二传手为沈富麟。

比赛开始后,中国队发挥不好,失误较多,而韩国队的快攻、强攻打得很顺。中国队以非常接近的比分输了一局。第二局,中国队与韩国队比分交替上升,一直咬得很紧。但是最后还是以小比分输了。中国队已无路可退,再负一局就会失去参加世界杯决赛的资格。

中国男排与韩国队战术体系相同,素以快速多变享誉排坛,两队对垒,说到底是战术运用的较量,要扭转这个危局,中国队必须随机应变,抑彼扬己。

在这种情况下,背水一战的中国男排没有放弃,小伙子们重整旗鼓,展开绝地反击。

戴廷斌教练及时调兵遣将,面授机宜。汪嘉伟的"背飞"、"时间差"、"短平快"和队员配合的"双快"、"双快一游动",打得韩国队防不胜防。一旦对方加强对3号位快球的拦网,沈富麟又将球送到4号位,侯杰、徐真的强攻如入无人之境。

另一位打2号位快球的陈刚,接应二传曹平也频频发威,快球、拦网不时奏效。虽然遭到韩国队的顽强抵抗,但是,凭借顽强的意志和旺盛的斗志,中国队力挽狂澜,最终以3比2战胜了韩国队,获得代表亚洲参加世界杯的决赛资格。比赛结束后,整个赛场沸腾了,中国队的小伙子们激动地拥抱在一起,全场观众狂呼起来,许多球迷激动得向空中抛起衣服、帽子……

整整激战了160分钟!

就在此时此刻,远在国内的北大校园里,青年学生也从电视、广播里目睹和聆听了这一激动人心的比赛。"噢,我们赢了!"同学们一起兴奋地高喊。一时间,敲桌子声、敲脸盆声和喊叫声交织在一起,所有的人都被感染了。学生宿舍区沸腾了:"中国队赢了!""我们赢了!"在楼群间的空地上,欢呼声、口号声此起彼伏,一浪高过一浪。

"祖国万岁!"

"中国万岁!"

"向我国排球健儿致敬!"

人们热情飞扬,心里乐开了花。有的一个劲儿地敲起了手鼓、响铃,有的找来废木棍和别的什么燃起了火炬。

突然间,一幢楼的三层窗口还有人挂出了大幅标语,赫赫然4个大字:"中国万岁"。可爱的青年们,翘首欢呼,热烈鼓掌。

不知是谁提议:"我们游行吧!"

于是,浩浩荡荡的队伍以红旗为先导,从学生宿舍开始向未名湖进发。口号声和鼓声划破了夜空,熊熊火炬映红了湖水……

游行队伍回到宿舍区,有一个同学提议:"我们一起来唱国歌吧!"

这时,三十八号楼三层窗口传出了嘹亮的铜号声,吹起了中华人民共和国国歌的前奏。

国歌,人们唱了一遍又一遍。庄严的歌声在校园回荡,青年们的心中洋溢着对祖国的伟大的爱。

在大草坪上,已经有人用报纸点着了火,一些人往那上面加报纸或树枝。周围渐渐地围了不少人,大家不断高喊:"向中国男排致敬!""中国万岁!"

人越围越多,逐渐地,大家就只反复有节奏地喊:"中国万岁!""中国万岁!"

突然有人说:"在校园游行没有用,因为我们都知道了。我们应该上街游行,让老百姓都知道。"很多人同意上街游行。不过也有人说现在都深夜快1点了,游行会干扰居民的休息,明天白天再去比较好。但是挡不住一些同学的高涨热情，一些同学很快聚集起来，走出了南门，开始上街游行。这时候有人带头唱起了《团结就是力量》，走到南大门外东边不远处的丁字路口，队伍往北去清华大学，一开始游行队伍一直喊着"中国万岁"。后来一位同学建议喊"团结起来，为中华的崛起而奋斗！"一个名叫刘志达的同学将其精练为"团结起来，振兴中华"，于是大家一齐喊："团结起来，振兴中华！"这个响亮的口号此起彼伏，一直延续到同学们回到校园。

当时在场的新华社北京分社记者徐光耀和毕靖，心情同样激动，在听到北大学生的欢呼后，敏锐地意识到这个口号所蕴藏的价值和意义，经过突击式的采访，当晚10点向新华社总社编辑部提交了题目为《团结起来，振兴中华》的通讯稿。经总社加工，这篇通讯发出已是22日凌晨1点多钟了，但仍有包括《人民日报》在内的中央和地方12家报纸采用。这样，这句口号逐渐流传到全国，也融入了更深、更广的内涵。

接下来的几天里，北大校园仍然不时有"中国万岁！"大标语贴出来，宿舍区还可以看到"向中国男排学习！向中国男排致敬！"的大红条幅从五层楼顶挂下来。更有同学在三角地贴出要北大学生会出面邀请中国男女排球队到北大的建议，很快得到了很多同学的支持。

为了响应同学们的请求，北大学生会正式邀请中国男、女排球队到北大做客。

1981年4月中下旬的一个星期天，中国男、女排球队应邀来到北京大学。在五四运动场举行的欢迎会上，男、女排代表汪嘉伟等分别作了报告，这再次激起了学生的热情，掌声、喊叫声响彻了整个校园。

1981年5月4日，《人民日报》再次刊出"团结起来，振兴中华"的口号，并且引用了五四运动先驱李大钊先生的名言："吾族今后之能否立足于世界，不在白首中国之苟延残喘，而在青春中国之投胎复活。"这一引言十分明确地肯定了包括大学生在内的青年一代对国家强盛的重要意义，同时也表明了大学生的时代感悟力和使命感给主流社会带来的震撼和启示。

而在当年的世界杯赛上，中国男排不辱使命，最终获得了世界杯第5名的历史最好成绩。

5. 学习女排，振兴中华：改革开放初期的时代强音

排球健儿受到北京大学全体师生的热烈欢迎，师生们争相请运动员签名留念（安烈 摄）

"团结起来，振兴中华"口号的诞生是时代的呼唤。"振兴中华"口号的最初提出，是在19世纪末叶，即甲午战争到义和团运动期间（1894—1900年）。在这期间，几个不同的政治派别，先后发出了"振兴中华"的响亮呼喊。这表明在当时，为"振兴中华"而奋斗，已经成为时代之要求，人心之所向，因此，这个口号的出现也就成为历史的必然了。一切爱国的、要求祖国独立和民族自由的人们，都强烈地感到"振兴中华"的重要性和神圣性。事实上，许多仁人志士，也正是在"振兴中华"的崇高信念驱使下，纷纷投身到戊戌维新运动、义和团运动和稍后的辛亥革命运动中去的。"振兴中华"曾是那一个历史时期促使人们从事革命事业的强大推动力。

"团结起来，振兴中华"这一口号的诞生不是偶然的，它是"文化大革命"后几年来大学生爱国情感酝酿的必然产物。深受理想主义培育的一代大学生目睹了国家的多年动荡和劫后余生，不得不正视祖国落后、贫穷的现实情况，这时亟须一个激荡人心、负载希望的响亮口号来凝聚人心。而中国男排奋起直追、反败为胜的比赛历程恰好吻合了大学

生追求未来、对自我充满期许的心声。灾难后的新生尤其需要众人协调一致的行动，因此，"团结"是必然的选择；中华儿女要顽强地屹立于世界东方，"振兴"是唯一的选择。大学生当初跨入大学校门，除了要将失去的青春夺回来的个人理想之外，其实也包含了落后的中华民族意欲崛起的民族信念。当百废待兴的祖国已经找准了前进的方向，启航驶向新征程的时候，一场跌宕起伏、振奋人心的中国与韩国的排球大战终于将大学生的爱国情感凝结为一个可以记载史册的口号。"20世纪80年代有许多表达学生爱国热情的口号。但是，只有这一句（团结起来，振兴中华）至今仍在每一个北大人、每一个中国人的心底涌动。因为它最贴切地表达了莘莘学子以及炎黄子孙的心声，表达了人们对社会向前发展势头的喜悦。"北大历史学系的张帆教授如此评价这个响亮的口号。尤其是当时"文化大革命"后百废待兴的社会环境，更加需要一种精神和一声振奋人心的呐喊，而"团结起来，振兴中华"是时代的呼唤，是中国人民奋发图强，决心重新执掌自己命运的结果，反映了中国近现代史发展的历史主题和新时期青年学生心中那份实现报国夙愿的爱国情结。

"团结起来，振兴中华"的口号，是爱国主义在新时期的集中展现。爱国主义是对祖国、民众情感中最原始、最真切的源泉，它是人们忠诚、热爱、报效祖国的一种集情感、思想和意志于一体的社会意识形态，是一种在人类社会历史进程中形成、发展和巩固起来的，团结、凝聚国家和民族、推动历史发展的强大精神力量。我们中华民族是具有悠久历史、灿烂文化和爱国主义优良传统的伟大民族。在我们民族的血脉中，对自己伟大祖国的忠诚和热爱，为祖国的独立、统一和富强而奋斗的高度责任感和献身精神，就像黄河、长江一样，源远流长，奔腾不息。而"团结起来，振兴中华"的意义在于唤起民众，将国家的命运与个人发展联系起来。

"团结起来，振兴中华"的口号不仅是那个时代中华儿女的心声，也是所有中华儿女永恒的追求；它不仅影响了那个时代的社会和人民，还将继续成为中华民族发展壮大永恒的号角。

"把青春献给祖国"、"团结起来，振兴中华"、"从我做起，从现在做起"……这些激荡着青春朝气和时代强音的口号，伴随着我们伟大祖国前行的坚实步伐而载入史册。每一句都是那样经典而隽永，字字珠玑，凝结了一代代青年人的心声，成为融入人们血脉之中的、令人感动的巨大精神力量。

正因为这些口号凝聚和升华了历史，因而具备了穿透时空的能量和价值。不管这些口号诞生的时间离现在有多久远，口号的历史有多老，青春的痕迹都难以磨灭，让人们在任何一个时候都心潮澎湃，焕发青春和激情。

三、顽强拼搏　首夺冠军

中国女排的崛起，与一个叫大松博文的日本人有着密切的联系。1953 年，大松博文出任日本女排主教练，他的训练以严格要求、大运动量为特征，经过他和弟子们的努力，日本女排整体水平有了质的飞跃。1962 年女排世锦赛，这支最高身高只有 1.71 米的队伍战胜了当时称霸排坛的苏联队，并夺取世界冠军。

从 1964 年开始，大松博文率领日本女排多次来华访问比赛，还受到过周恩来总理、贺龙副总理等国家领导人的亲切接见。

1965 年，大松再次受邀来到中国，帮助中国队训练及指导比赛。当时，大松在北京体育馆进行公开训练，吸引了大量群众到场观看。特别是在训练运动员防守能力的一项专项练习中，大松毫不留情、手法凶狠，球像"重炮"一样，无情地砸向运动员，直到她们一个个精疲力竭，再也无力站起来。这样的训练使得许多运动员的身体产生严重的不良反应，现场呕吐的现象十分常见，甚至还出现了尿血现象。

大松带给我们的不仅仅是他的执教风格和训练作风，他也毫不保留地将自己创新的钩手飘球、滚翻救球、小抡臂扣球等技术带到了中国。使中国运动员的技术水平和战术素养有了进一步的提升。但最重要的是，中国运动员开始具备了更为可贵的拼搏精神和团队意识，"女排精神"开始萌发。

在几次来华训练、比赛过程中，大松博文多次受到周总理的接见，其实，总理正是看重排球运动"群众基础好，社会影响大"这一显著特征，发展好了，会给国人带来极大的鼓舞和激励。亚排联主席魏纪中后来回忆道："1964 年，中国正处于三年自然灾害后的恢复期。3 年间，我们主要的问题是浮夸风，工作不踏实。1964 年刚开始复兴，要求所有人艰苦奋斗，坚持实干。""正好这时排球界出现了这样的机会，总理就非常明智地抓住了"，"总理是想借此提倡一种脚踏实地，奋发图强的精神"。如后来的乒乓外交一样，不知不觉，在 1964 年，排球已经扮演起政治上的角色。

但就在中国女排稍有起色时，"文化大革命"爆发，排球和其他运动项目一样受到影响，队伍解散，发展基本停滞。直到 1972 年 4 月，根据国家体委要求，各省运动队恢复正常训练。1976 年 6 月，戴廷斌和袁伟民分别负责重新组建中国男、女排球队。其中，袁伟民先召回了一批已为人母的老队员，后从北京体院（现北京体育大学）的"青训队"里，挑选了一批 15 岁左右的年轻选手，一支新老结合的女排队伍正式成立，并提出"三年打基础，五年出成绩"的口号。后来"五连冠"时期的主力曹慧英、杨希、陈招娣等也都在此时加入女排队伍。

1981 年 11 月，举世瞩目的第三届世界杯女子排球赛在日本举行。参加比赛的有上届冠军日本队、奥运会冠军苏联队、世界锦标赛冠军古巴队，还有实力雄厚的美国队、保加利亚队、韩国队和巴西队等世界排坛劲旅。由孙晋芳、张蓉芳、周晓兰、郎平、陈亚琼、陈招娣、曹慧英、杨希、朱玲、梁艳、张洁云、周鹿敏组成的中国女子排球队，在领队张一沛，教练袁伟民、邓若曾的率领下，作为亚洲预选赛的冠军队前去参加角逐。这是一场强手林立，世界高水平的争夺战。经过顽强的拼搏，中国女排以 7 战 7 捷的全胜战绩，首次赢得了世界冠军，实现了多年的愿望，鲜艳的五星红旗终于在世界排坛上升起。

尽管保持全胜，但比赛的过程可谓一波三折，跌宕起伏，特别是最后一场比赛更是将整个赛事推向了高潮。

决赛开始前，中国队 6 战 6 胜，日本队 6 战 5 胜。作为东道主，日本队也对夺魁充满信心，他们立志要打赢这场球。中国队经过认真分析形势后发现，只要获胜两局就可以获得冠军，但全队仍然决心以全胜战绩夺冠。这是一场比思想、比意志、比作风、比战术、斗智斗勇的激烈争夺，双方都全力以赴。

  1981年11月16日晚上的比赛，中国队前两局士气旺，放得开，打得凶狠，拦得成功，吊得轻巧，每个运动员的水平都得到较好的发挥，很快地以15∶8、15∶7连下两局。第三局中国队先后以5∶0、10∶4领先，眼看胜利就要到手了。然而，比赛风云突变，作风顽强的日本女排在极其不利的形势下背水一战，连连得分，追到11平，最后反以15∶12赢了这一局。紧接着，她们又以15∶7赢得第四局。

  现场气氛达到了高潮，而第五局比赛的争夺也达到了白热化的程度。中国女排在开局0∶4落后的不利形势下，团结一致，艰苦奋战，把比分逐渐追了上去。在14∶15落后的危险时刻，她们沉着战斗，终于以17∶15取得了最后的胜利。

  这场比赛，历时2小时零5分钟，是开赛以来争夺最激烈、水平最高的一场比赛，是名副其实的冠、亚军争夺。场上观众情绪的热烈，是整个世界杯比赛期间从未有过的。

  最后一个球落地，姑娘们抱头痛哭。

  比赛结果随着电波传回国内，守在收音机和电视机前的中国人更是血脉贲张。在天安门广场，人们聚集在一起，彻夜高呼"中国万岁！

1981年11月16日，中国女排登上世界冠军领奖台

女排万岁!"

就在颁奖典礼的进行过程中,国家体委、中华全国体育总会、中华全国总工会、全国妇联等单位的贺电发至球队。贺电还转达了将授予女排为"全国新长征突击队标兵"和"全国三八红旗集体标兵"光荣称号的决定。在那个年代里,这两个荣誉是何等的光荣与自豪啊!

国务院也向女排发去了贺电。贺电说:"你们刻苦锻炼、顽强战斗,获得了冠军,为祖国争了光,为人民立了功。你们的胜利,鼓舞了全国人民奋发图强、振兴中华的爱国主义热忱。我们希望全国人民都来学习你们团结战斗、艰苦创业的精神,为把我国建设成为具有高度物质文明和精神文明的伟大社会主义国家而努力奋斗!"

第二天,11月17日,国内几乎所有报纸的头版都在报道女排夺冠,各大媒体俨然成了排球专刊。《人民日报》头版头条是鲜红色的大标题:刻苦锻炼 顽强战斗 七战七捷 为国争光——中国女排首次荣获世界冠军。文章旁边还配发了人民日报评论员文章《学习女排,振兴中华》,文章写道:"中华健儿有信心、有志气在世界体坛称雄,中华民族就一定能振兴!"

女排教练和队员们的照片则占据《人民日报》头版的其他位置。从这一天开始,

1981年11月17日,《人民日报》头版被女排占据

中国女排成了新中国人尽皆知的民族英雄。

在当日《人民日报》的其他版面以及随后很长一段时间的《人民日报》不同版面上，对中国女排夺冠进行的多角度、全方位的深入报道仍然屡见不鲜，还专门开辟了"学女排 见行动"专栏，把女排精神与社会主义现代化建设实践紧密结合在一起。

1981年11月18日，《人民日报》头版头条刊出"各行各业都要学习女排精神"的文章

1981年11月20日，《人民日报》头版再次提出"以女排为榜样 为四化做贡献"的号召

学女排见行动

编者按：最近，首都各界单独或联合举行欢迎活动，表达全国人民为我国女排庆功的心意。女排健儿们深受鼓舞，同时表示："我们不能陶醉在欢庆声中"，"我们要总结经验"。欢迎会、座谈会如果过多，势必影响健儿们必要的休息、治疗和总结。许多同志说，我们学女排，要见行动。说得好。广大群众都用女排的精神去工作学习，持之以恒，经久不渝，四化建设的进度就会大大加快。

黑龙江煤矿工人连日超产

连日来，黑龙江省广大煤矿工人以扎扎实实多出煤、出好煤的实际行动，向中国女排学习，努力为四化建设多作贡献。最近几天，全省统配煤矿的原煤产量显著上升，18、19日两天的平均日产量，比本月前17天平均产量提高了4.7%，多产原煤5,000多吨。

今年前10个月生产一直比较被动的鸡西矿务局的采煤工人受到鼓舞，他们在班前、班后的学习讨论会上，个个情绪激昂，纷纷表示要以女排为榜样，发扬中国煤矿工人"特别能战斗"的光荣传统，为振兴中华而大干苦干。18、19日这两天，全局日产原煤达4万吨以上，创造了本月日产最高纪录。

一批原来超产原煤较多的矿井，在女排胜利的鼓舞下，不骄不躁，主动找差距，加任务，决心为国家生产更多更好的煤炭。鹤岗矿务局兴安煤矿党委根据广大职工的要求，决心采取措施，把年计划由295万吨提高到320万吨。早已提前完成了全年原煤生产和开拓进尺计划的大陆煤矿，决定在原来73万吨生产任务的基础上，将原煤产量提

1981年11月25日，《人民日报》头版"学女排 见行动"专栏

中国女排之歌

胡乔木

登上了世界，征尘未洗
就进入这险峻的坦平的阵地
战斗开始：传好，扣死
记分牌变换着得分的对比
暂停，教练指示着机宜
服务员忙着擦场上的汗迹
一座座城市穿梭不息
一支支劲旅见着高低
一场紧一场，一局紧一局……
祖国胜利了！桂冠加给你
拥抱呵，欢呼呵，掌声如醉
听奏起国歌，看升起国旗

这一天盼来了，捧着奖杯
怎禁得激动的泪泉横溢

别叫我们孙晋芳，郎平……
别问几岁，是苏州是北京……
女排队员是我们的姓名
青春就是我们的年龄
谁都是中国母亲的孩婴
祖国和党是我们的家庭
家把我们从四方招定
结成了学校，工厂，军营
在我们心中燃起了光明

1981年11月30日，《人民日报》第八版胡乔木同志写的《中国女排之歌》

而在同一天的《体育报》上，整个头版都是女排夺冠的文章和照片，其中，时任全国妇联主席的邓颖超发表了题为《各行各业都来学习女排精神》的文章。她在文中号召："各行各业的人民群众都会学习中国女排的精神，树立远大的志向，发扬脚踏实地、苦干实干的作风，把自己的工作做好，更快地将我们的社会主义事业推向前进！"

1981年11月17日，《体育报》整个头版都被女排占据

1981年11月17日，《体育报》头版刊发的邓颖超文章

各行各业都来学习女排精神

邓颖超

首先，我向获得第三届世界杯女子排球赛冠军的中国女排全体同志，表示热烈的祝贺和亲切的慰问！

中国女排获得这届世界杯赛冠军，我很高兴。她们在比赛中遇到的都是世界强手，打得很顽强。她们的胜利是多年来奋发上进、团结战斗取得的，也是和学习各国先进经验分不开的。希望她们戒骄戒躁，继续前进！

党和国家及全国各族人民都关怀中国女排的成长，希望看到她们早日攀上体育高峰，为国争光。今天，她们实现了自己的理想，全国各族人民都感到高兴。各行各业的人民群众都会学习中国女排的精神，树立远大的志向，发扬脚踏实地、苦干实干的作风，把自己的工作做好，更快地将我们的社会主义事业推向前进！

在《体育报》的第三版，以连载的形式刊发了原国家体委宣传司鲁光同志撰写的以中国女排为主角的报告文学《中国姑娘》。当时，他接受上级的指示，去报道中国男、女排的训练情况。鲁光同志深入女排的集训地——湖南郴州做细致的采访，在那儿一住20多天，争分夺秒地采访了20多位新老女排姑娘、教练以及为排球事业默默做贡献的无名英雄。回来后经过几个月的构思酝酿，奋战40多天，写出了轰动一时的《中国姑娘》，并在中国女排首获冠军之时由人民文学出版社的《当代》杂志1981年第五期刊载，同时，在《体育报》连载。在这篇报告文学中，鲁光首次提出了"女排精神"这个名词，他把"坚忍不拔的精神"、"奋力登攀的精神"、"为祖国荣誉而拼搏的精神"作为中国女排精神的真实写照传遍华夏大地。《中国姑娘》还傲居第二届全国优秀报告文学奖榜首。以"东洋魔女"享誉世界体坛的日本，也迅速作出反应，将《中国姑娘》译成《红色魔女》立即印行。"女排精神"随着《红色魔女》等出版物走向世界。

在接下来11月20日的《体育报》上，著名诗人臧克家以一首《东风传捷报——中国女排获冠军，喜而赋此以赠》的诗歌赞美了可爱的中国女排。

作为民族英雄的女排姑娘从日本凯旋时，国家领导人万里、习仲勋、杨静仁亲自到机场迎接。随后，在人民大会堂专门为女排姑娘们举行了庆功会。

1981年11月28日，在党和国家领导人接见"新长征突击手"和"先进团支部"代表的典礼

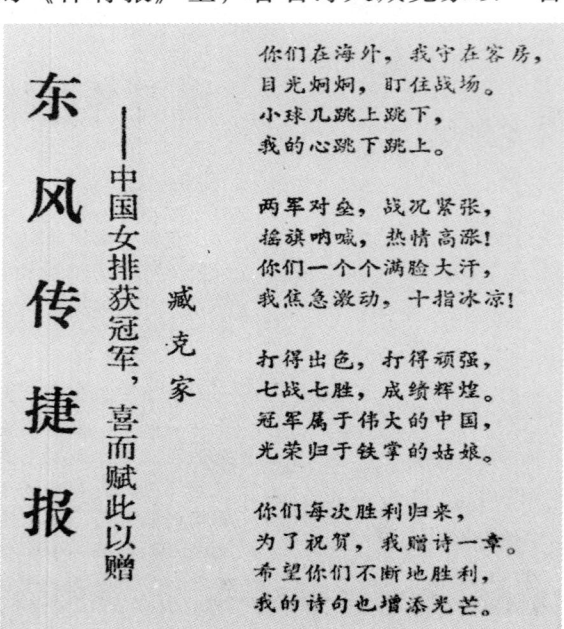

1981年11月20日，《体育报》第三版刊发臧克家的诗

上，时任中共中央副主席的李先念同志与参加典礼的孙晋芳和郎平亲切交谈，赞扬女排姑娘的拼搏精神，并勉励她们戒骄戒躁，继续为国争光。

国家体委于 1981 年 12 月 1 日作出决定，授予中国女子排球队"勇攀高峰运动队"的称号，并号召全国体育战线的工作人员、教练员、运动员向中国女排学习：

● 学习中国女排高度的爱国主义思想和勇攀世界高峰的雄心壮志。学习中国女排坚忍不拔、勇敢顽强的作风。学习中国女排善于学习、勇于创新的科学精神。学习中国女排同心协力、团结战斗的风格。

● 全国体育战线的同志都要以女排为榜样，振奋革命精神，发奋图强，艰苦奋斗，同心协力，团结一致，把足、篮、排三大球搞上去，把薄弱项目搞上去，为祖国争取更大荣誉。

● 各级体委要扎扎实实地组织学习中国女排的活动。要引导干部和运动员、教练员学习女排的英雄事迹和经验，联系实际，找出差距。在学习的基础上，制订各项工作计划。

1981 年 12 月 21 日，为纪念中国女排历史性突破，邮电部发行邮票"中国女排获第三届世界杯冠军"一套，共 2 枚，一为顽强拼搏，二为为国争光。第一枚主图为一位中国女排队员扣球的动作，第二枚主图为一位中国女排队员正在领取冠军奖杯的形象。

四、势如破竹　续写辉煌

1. 再次夺冠

1982 年 9 月，第九届世界女子排球锦标赛在秘鲁拉开战幕，这是一次规模巨大的世界性女子排球比赛。参加这次比赛的有 24 个代表队，美国、日本、苏联、古巴 4 个强队都来参加比赛，都想夺得这次比赛的冠军，都想打败上一年世界杯冠军的获得者中国队。中国队成了"众矢之的"，面临着严峻的挑战和考验。这次比赛的分组情况对中国也很不利，中国与古巴、美国、苏联分在一起。中国队打好了，就能顺利出线，夺

1982年9月25日晚，在秘鲁首都利马的"阿玛乌达"体育馆，中国女排登上了第九届世界女排锦标赛的冠军领奖台。发奖仪式后，郎平、孙晋芳、陈招娣手捧鲜花抱着奖杯沐浴在花雨之中

取冠军，如果打不好，则连前4名都进不了，夺魁也就更无望了。结果不出所料，在首场比赛中，中国队还是没有丢掉世界杯冠军的包袱，一开始打得过于谨慎、紧张，没有放开手脚，竞技状态不如美国队，技术水平没有得到充分发挥，竟以0∶3负于美国队。首战受挫后，队员们并没有丧失信心，通过认真地讨论和反思，她们找到了失利的根源，在思想上树立了必胜的信心，在战术上进行了重新布置，并且大胆起用新手。在舆论、形势对我们都很不利的情况下，女排健儿凭着一颗为国争光的赤胆忠心，凭着顽强的意志品质和平时练就出来的过硬功夫，放下包袱，轻装上阵，沉着、冷静、大胆、勇猛，硬是从困境中闯出一条通向冠军的道路，在剩下的所有比赛中，越战越勇，频频告捷，连续取得8场3∶0的战绩。最后，在1982年9月25日的决赛中，又一鼓作气以3∶0战胜了秘鲁队，再次荣获世界冠军。这次冠军的取得，充分表现了中华民族坚韧顽强、不屈不挠、勇于斗争、敢于胜利的精神风貌，又一次向全世界显示了中国女排的雄厚实力。

比赛结束第二天，国务院就给女排发去了贺电，全文如下：

中国女子排球队：

你们在第九届世界女子排球锦标赛中夺得了冠军，为祖国，为人民争得了荣誉，谨向你们表示热烈的祝贺。去年你们夺得世界杯冠军，鼓舞了全国人民奋发图强、振兴中华的爱国热忱。这次比赛，你们在党的十二大精神鼓舞下，表现了遇强不惧、百折不挠、团结一致、顽强拼搏的精神，对全国人民又是一个很大的鼓舞。希望全国人民向你们学习，都能以这种精神为全面开创社会主义现代化建设新局面而努力奋斗！

1982年9月27日的《人民日报》头版对女排再夺世界冠军进行了报道，在第4版用大量的版面全面介绍了各界对中国女排夺冠的祝贺和鼓励，并附上了中国女排所有成员的照片，自此，举国上下再次掀起学习"女排精神"的热潮。

1982年9月27日，《人民日报》头版

1982年9月27日,《人民日报》第四版

2. 三连冠

第九届世界女子排球锦标赛之后,中国女子排球队有 5 名老将退役,队伍实力有所下降。在 1983 年 11 月的亚洲女子排球锦标赛中,中国女子排球队以 0∶3 负于日本队,获得了亚军。这对连续两次赢得世界冠军的中国女排来说是一个不小的打击,给中国女排敲了警钟。而第二十三届奥运会又将到来,中国女排形势严峻,压力巨大。对此,中国女排是有清醒认识的。新陈代谢是必然规律,球队新老更替在所难免,老

的下去，新的上来，肯定有一个水平起伏的过渡阶段。只有突破技术上的薄弱环节和实现全队的整体配合，才能达到一个新的水平。她们在训练中克服困难，苦练基本功，并在实践中不断提高水平。1984年4月，女排访问了美国，取得了6胜1负的战绩。6月到苏联参加中、日、美、苏世界四强国际比赛，取得了6战全胜的好成绩，实力逐步提升。在两次出访中，既锻炼了新生力量，又看到了自己的优势，从而增强了必胜的信念，做好了迎战奥运会的准备工作。

1984年7月，第二十三届奥运会在美国洛杉矶举行。与两年前的世锦赛一样，中国女排在分组比赛中又负于美国队。但这并没有动摇中国女排争夺"三连冠"的信心，她们及时总结经验，认真作出部署，全队充分发挥高超的技术水平，团结奋战，在1984年8月7日的决赛中，直落三局，击败了东道主——世界上最强的美国队，首次捧得奥运会冠军的奖杯，实现了"三连冠"的宏愿。使中国女排成为世界排球三大赛中，继苏联男排和日本女排之后第三支获得"三连冠"的球队。

祖国的荣誉　民族的光彩——中国体育健儿在洛杉矶奥运会上（新华社新闻信息中心提供图片）

消息传到国内，举国上下一片欢腾。8月9日的《人民日报》即在头版头条进行了报道，还配上了中国女排领奖的照片。另外，一篇以《三连冠》为题目的报告文学也于当日第八版刊载，文中详述了中国女排"三连冠"的艰辛历程，并高度赞扬了中国女排的拼搏精神。

1984年8月9日，《人民日报》头版

1984年8月9日，《人民日报》第八版

奥运会期间，《新体育》杂志社写信请邓颖超谈谈女排获胜的感想，邓颖超很快回信，信上高度评价了中国女排的顽强斗志和拼搏精神，并勉励姑娘们戒骄戒躁，争取更大的成绩。回信全文如下：

中国女排全体队员同志们，尊敬的教练员同志们：

我满怀喜悦的豪情，热烈地祝贺你们夺得二十三届奥运会女排的冠军。同时也向在这届奥运会上各种运动项目取得优异成绩的男女体育健儿们表示祝贺！

我在电视机前全神贯注、心情激动地观看你们的比赛。你们高超的球艺、顽强的斗志、拼搏的精神，把我紧紧地吸引住了，使我和你们的心连在一起，同呼吸共喜悦。你们这次夺得冠军，实现了你们"三连冠"的愿望，为国争了光，为中华民族争了光，这不仅是你们的光荣，也是中华各族妇女的光荣，也是中国各族人民包括台湾海峡两岸各族人民和所有爱国侨胞的光荣。

在授奖仪式上，当你们站在授奖台上，祖国的五星红旗慢慢升起的时候，场上观众挥动着五星红旗，欢呼和喜悦，兴奋动人的情景，使国内外所有关心你们比赛的人们都感到做一个中国人无上光荣和自豪。洛杉矶的一位老华侨说出了大家共同的心声。他说："我花一百美元买了一张票子，百分之二十五看体育运动，百分之七十五看国旗。"他把你们的胜利和热爱我们祖国的心情紧密联系在一起。

你们取得"三连冠"的胜利，是来之不易的。我希望你们戒骄戒躁，虚心向各国运动员学习，把"三连冠"作为争取新胜利的起点，为祖国、为民族争取新的胜利，为推动世界排球的发展，为发展同各国运动员和各国人民的友谊而努力。

中国女排为我们树立了一个很好的榜样，我们要向中国女排学习，为我们四化建设，努力作出自己的贡献。

邓　颖　超
一九八四年八月十一日[①]

[①] 邓颖超：《邓颖超文集》，人民出版社1996年版，第339—340页。

当时美国报纸也称道中国女排"有智有勇",华文报纸的头号标题是:"中国女排封后,打遍天下无敌手","在1.2万名美国观众的'USA'狂呼声中,中国女排镇定自若,气度恢宏,力挫美国队"。一份由台湾出资在洛杉矶出版的报纸,形容我女排"攻击如火药,挡网密不透风,强龙压地蛇,直落三局定乾坤"。连一向不服输的日本队总教练也评论说:"中国女排实在太了不起了,向世界证实她们是最好的。"

女排的影响也波及了海外华人。在女排奋勇夺得"三连冠"后,回国途经新加坡、香港时,队伍未到,邀请女排吃饭的餐厅已排起队来。在香港,霍英东将整支队伍带到自己的超市,让代表团成员每人随意挑选一样东西。在国内物质尚极度贫乏的时代,谁都没见过那么大的超市。女排姑娘们都不约而同地挑了绒毛玩具,这在当时内地还是从未见到过的稀罕物。

在国庆35周年游行时,国家为了宣传和表彰女排"三连冠"的辉煌成绩,特意给女排单独安排了一辆花车,两名教练和所有队员都站在车上,作为民族英雄接受山呼海啸式的欢呼——这也是中国运动员首次获得的荣耀。

3. 四连冠

1985年11月,第四届世界杯女子排球赛在日本拉开了战幕。中国

参加第四届世界杯女排赛的中国女排合影(新华社新闻信息中心提供图片)

女排奥运会夺冠后，队伍又一次进行了调整，"三连冠"的老队员只剩下5名，在新老更替的情况下要继续保持荣誉，困难很大。但中国姑娘们全力以赴，力挫群雄，以7战全胜的成绩蝉联冠军，荣获"四连冠"。其中以3∶1击败世界劲旅古巴队是本次比赛的焦点之战，世界排坛为之轰动。国际排联主席阿科斯塔赞扬中国与古巴的比赛是国际排球史上很少见的、令人鼓舞的好球赛。接着中国队又以3∶0战胜苏联、秘鲁和韩国等强队。最后一天的对手是实力相对较弱的日本队，中国姑娘势如破竹，以15∶8、15∶5、15∶6连下3局，最终站到了最高领奖台。这是继苏联男队之后，国际排坛的第二个"四连冠"。

在这次世界大赛中，中国队邓若曾获"优秀教练员奖"，郎平获"最佳选手奖"及"优秀选手奖"，杨锡兰获"最佳二传手奖"及"优秀选手奖"，郑美珠获"优秀选手奖"。

这次夺冠，祖国和人民同样给予了极大的关注。在比赛第二天的《人民日报》头版就以"中国女排蝉联世界杯赛冠军"进行了报道。同日的《解放军报》也以《"三连冠"后雄风

1985年11月21日，《人民日报》头版

1985年11月21日，《解放军报》头版

不减,中国女排又登世界杯赛冠军台》为题刊登了中国女排夺冠的消息,并在旁边配发了评论员文章《拼搏精神再放光彩》。

4. 五连冠

1986年,屡建战功的主攻手郎平退役,获得"四连冠"的老队员只剩1人,获得"三连冠"的老队员只有3人。排坛老将张蓉芳出任教练。这支新老结合的队伍,能否继续保持世界冠军的荣誉,为国际排坛所瞩目。

为迎接第十届世界女子排球锦标赛,中国女排做了充分的准备。三四月份,女排出访了欧洲,在捷克斯洛伐克举行的"解放杯"国际女排邀请赛中,以5战5胜不失一局的成绩夺魁;在意大利访问期间,与意大利国家队交锋2战2胜。5月,中国举办了"海鸥杯"和"黄河杯"国际女排邀请赛,中国、古巴、日本、苏联四强参赛。在沈阳举行的"海鸥杯"赛中,中国女排0:3负于古巴队,获亚军,移师西安再战"黄河杯",中国队以3:1击败古巴队夺杯。实战锻炼了队伍,使队员的信心倍增,对争夺"五连冠"打下了良好的思想、技术基础。1986年八九月间,第十届世界女子排球锦标赛在捷克斯洛伐克隆重开幕,中国女排以全胜的纪录再夺桂冠。整个比赛仅负两局,以较大的优势荣获"五连冠"。在本届锦标赛上,张蓉芳获得"最佳教练员奖",杨锡兰获得"最佳运动员奖"和"最佳二传手奖",杨晓君获得"最佳一传手奖"。

五、女排精神　时代旗帜

早在1964年,周恩来总理就邀请日本教练大松博文来我国训练女排。贺龙副总理曾说过:"三大球不翻身,死不瞑目。"中国女排的胜利,使老一辈无产阶级革命家的遗愿开始变为现实,极大地鼓舞了亿万中国人民的爱国主义热情和为中华而献身的精神。

中国女排的胜利,打开了我国体育事业向"三大球"金牌进军的第一个突破口。它向全世界表明,中国运动员不仅可以在小球上取胜,而且有能力在大球上夺得世界冠军。女排的胜利,不但在体育界引起了轰动,而且在社会各界也引起了强烈的反响。

女排夺冠之后，《人民日报》在社论中发出了"学习女排，振兴中华"的号召，让中国女排赢得荣誉的同时也成为国人的榜样。女排姑娘们克服重重困难，秉承"顽强拼搏、为国争光"的信念和决心，也激发了中国人的无限自豪。邓小平同志曾高度评价"女排精神"和中国乒乓球队的经验，他说："这是不可低估的精神力量，是对社会主义精神文明的贡献。"社会主义精神文明是推动社会主义物质文明建设的动力，在那个社会主义经济建设激情燃烧的岁月，"女排精神"被各行各业的劳动者和建设者们所学习、实践和发扬，也被赋予了鲜明的时代特色。

中国社会学学会副秘书长王春光曾经指出：女排曾是推动改革开放的"精神力量"，他说，在当时"女排精神"对国人的影响力最为明显的是，全国各行各业掀起了一股学习热潮。

在女排首次夺冠的当年，《人民日报》上的一篇报道反映了那个时代的面貌：

到11月28日为止，上海自行车行业提前33天完成全年生产370万辆自行车的任务。广大职工正以中国女排为榜样，决心抓紧今年最后一个月，再增产40多万辆自行车；中国女排夺得冠军的喜讯传到天津利生体育用品厂，工人们欢欣鼓舞，他们生产的金杯牌手缝足球和篮球已被国际足联和篮联批准为国际比赛用球，工人表示，一定要像中国女排队员那样，艰苦努力，尽快生产出具有80年代水平的排球来；北京大学1万多名学生和教师在校内运动场举行庆祝会，学生会主席在发言中表示，北大学生要以中国女排为榜样，把激发出的爱国热情用到学习中去，用到努力攀登科学文化高峰上去！

12月4日的《体育报》报道：中国女排夺得首个世界冠军的胜利，在全国人民中引起了巨大反响。到年底，中国女排收到贺信、贺电和各种纪念品达3万多件，仅郎平一人就收到3000多件。北京商标一厂、无锡钟表厂等生产单位的职工在信中表示，要"学习女排精神，保证完成和超额完成生产任务"。

"女排精神"同样成就了中国体育另一位杰出的领军人物——袁伟民。在1984奥运会上实现"三连冠"后，高层领导也注意到了女排姑娘的教练袁伟民。据前国家体委主任李梦华回忆，有一次时任总书记的胡耀邦同志接见他,把袁伟民也叫去了。当着李梦华的面,胡耀邦说,袁伟民做出了那么大的成绩,说明这个人是很有才能的,可以提拔当主任!不久,中央组织部就开始来考察袁伟民,很快,新的任命就下来了:袁伟民从国家女排主教练被破格提拔为国家体委副主任,后升任主任,直到2004年雅典奥运会后退休,袁伟民为中国体育事业作出了巨大的贡献。

当1981中国女排击败日本第一次获得世界冠军的时候,还有一位年逾七十的老人流泪了,他就是1932年代表中国参加过奥运会的大连理工学院体育教师刘长春。在中国女排获得冠军的当晚,老人喃喃地对孩子们说:咱们离奥运金牌不远了,自己会看到这一天。

女排的"五连冠"同样激发全国人民的健身热情,一首由王凯传作词,马丁作曲的以排球为题材的歌曲"大家都来打排球"传遍中国,歌曲节奏简洁、明快,充分表达了排球运动带给人们的激情与喜悦。

 来——我们大家都来打排球
 球儿它闪耀着洁白的光
 吸引着男女老幼
 它悄悄拨亮了一双双眼
 砰砰砰砰砰暖在心头

 来——我们大家都来打排球
 球儿它牵动多少爱
 深深在胸中奔流
 球儿它传遍了一双双手
 砰砰砰砰砰鼓起劲头

 来——我们大家都来打排球
 球儿它拨动着心弦
 召唤着知音朋友
 它把那动人的拼搏之歌
 砰砰砰砰砰留在心头

来——大家都来打排球①

中国女排的胜利，承载着中国几代人的梦想；"五连冠"的辉煌，铸就了中国体育全面走向世界的基石；女排"奋勇拼搏，勇攀高峰，为国争光"的精神，已成为我国社会主义建设事业的强大推动力。

相关链接：

女排"五连冠"成员名单

1981年　第三届世界杯　日本

主教练：袁伟民

队　员：孙晋芳、郎平、梁艳、张蓉芳、陈亚琼、周晓兰、杨希、朱玲、曹慧英、陈招娣、周鹿敏、张洁云

1982年　第九届世锦赛　秘鲁

主教练：袁伟民

队　员：孙晋芳、郎平、梁艳、张蓉芳、陈亚琼、周晓兰、杨希、曹慧英、陈招娣、杨锡兰、姜英、郑美珠

1984年　第二十三届奥运会　洛杉矶

主教练：袁伟民

队　员：张蓉芳、郎平、朱玲、杨锡兰、周晓兰、梁艳、姜英、侯玉珠、苏惠娟、李延军、杨晓君、郑美珠

1985年　第四届世界杯　日本

主教练：邓若曾

队　员：郎平、姜英、梁艳、杨晓君、杨锡兰、郑美珠、侯玉珠、

---

① 国家体育总局体育文化发展中心编制：《中国体育名歌名曲（精选）》，中国唱片深圳公司2008年7月。

殷勤、林国清、李延军、苏惠娟、巫丹

1986年 第十届世锦赛 捷克斯洛伐克

主教练：张蓉芳

队　员：杨锡兰、杨晓君、郑美珠、梁艳、苏惠娟、殷勤、侯玉珠、巫丹、姜英、刘玮、李延军、胡小凤

6

零的突破：
彻底甩掉"东亚病夫"帽子

    1979年10月25日，国际奥委会执委会在日本名古屋举行会议，作出了《恢复中华人民共和国在国际奥委会中的合法权利》的决议，这为中国竞技体育全面走向世界打开了大门。改革开放初期，我国各行各业取得的腾飞为体育事业全面、快速发展奠定了良好的基础，提供了可借鉴的思路。在体育战线，"奥运战略"的制定和实施更成为我国体育事业勇攀高峰的制度基础和体系保障。1984年的第二十三届奥运会，成为蓄势待发的中国体育人向世界证明自己的最好舞台。许海峰的"枪声"实现了中国奥运历史上金牌零的突破，也打响了中国健儿走向世界的第一枪。特别是中国代表团在本届奥运会上获得的15枚金牌，及金牌榜排名第四的优异成绩，确立了中国竞技体育在国际竞争中的地位，标志着中国跨入了世界竞技体育强国的行列。体育战线的重大成就，为祖国争得了荣誉，极大地激发了人民群众的民族自豪感和自信心，鼓舞了海内外中华儿女的爱国热情，扩大了中国的国际影响。

一、屈辱的奥运历史

    中国作为世界大国，自现代奥林匹克运动诞生之日起，就与她结下了不解之缘。1894年国际奥委会在筹备第一届奥运会之际，希腊王储和近代奥运会的发起人顾拜旦，代表国际奥委会给当时的清政府发出邀请函，邀请中国政府派团参加奥运会，但由于当时的闭关锁国政策，清政府没有给予明确答复，从而失去了中国参加第一届奥运会的机会。1904年以后，奥林匹克运动逐渐为一些有识之士所关注，国内的一些报纸杂志开始对其进行报道，奥林匹克精神开始在华夏大地上传播。1913年由中国、日本、菲律宾发起，在菲律宾马尼拉举行了首届远东奥林匹克运动会（后改称远东运动会），是奥林匹克运动在亚洲的拓荒之举。1915年国际奥委会承认远东体协的合法身份，并邀请中国参加下届奥林匹克运动会和奥委会的会议。

1922年，中国人王正廷当选为国际奥委会委员。在1924年中华全国体育协进会成立后，中国陆续加入了田径、游泳、体操、网球、举重、拳击、足球、篮球等8个国际单项体育联合会。在1924年第八届奥运会上，中国3名运动员参加了网球表演赛，但预赛即遭淘汰。尽管他们是自行去参赛的，但这却是中国人首次出现在奥运会的赛场上。1928年第九届奥运会在荷兰阿姆斯特丹举行，受中华体育协进会的指派，当时正在美国斯普林菲尔德学院留学的宋如海由美国乘船前往荷兰，以观察员的身份出席了赛会。这是中国首次正式派人参与奥运会。

1931年中华全国体育协进会被国际奥委会承认为"中国奥林匹克委员会"。1932年第十届奥运会，中国派出由刘长春等6人组成的代表团参加。其中，唯一一名运动员刘长春参加了100米、200米的比赛，但在预赛中分别位居小组第五、第六名，未能取得决赛权。刘长春是中华民族第一位参加奥运会正式比赛项目的运动员，可以说是中华民族走向世界体育运动的先驱者，对中国体育的发展影响深远，它的意义已经远远超过了一位运动员参加奥运会本身。见证并参与这一历史时刻的张伯苓提笔激动地写下："智力竞新，强国之鉴"。

1936年第十一届奥运会在柏林举行，中国派出了由140人组成的代表团，共参加了篮球、足球、游泳、田径、举重、拳击、自行车等7个项目的比赛。其中撑竿跳选手符宝卢取得复赛权。同时，为了宣传中国民族传统体育，中国还派出11人的武术表演队，他们多次表演，轰动了欧洲。

1948年第十四届伦敦奥运会，中国派出33名男运动员参加了篮球、足球、田径、游泳和自行车等5个项目的比赛，但都未能取得名次。

新中国成立之后，原中华全国体育协进会改为中华全国体育总会，并行使中国奥委会的权力。1952 年第十五届奥运会在芬兰的赫尔辛基举行，尽管当时中国奥委会未得到国际奥委会的认可，但在芬兰等友好国家的斡旋下，新中国还是获得了参加本次奥运会的资格，但当 40 人的代表团赶到赫尔辛基时，大会已进行了 10 天，只有吴传玉参加了 100 米仰泳比赛。这是新中国的五星红旗第一次在奥林匹克体育场上升起。

1954 年，国际奥委会在雅典召开年会，会上委员们以投票的方式承认了中华全国体育总会为中国奥委会，确立了中国奥委会在国际奥委会中的地位。与此同时，国际奥委会却仍然保留了台湾的"中华民国奥委会"资格，并允许这两个奥委会同时参加接下来的第十六届奥运会，还规定两个代表团分别使用"北京中国"和"台湾中国"的名称。面对国际奥委会的错误决定，中国奥委会致电国际奥委会表示严正抗议，坚决反对国际奥委会搞"两个中国"的阴谋，并在电文中明确表示：如果允许台湾参加，新中国将拒绝参加本届奥运会。最终，中华全国体育总会于 1956 年 1 月发表声明，宣布拒绝参加第十六届奥运会。

1958 年 8 月 19 日，鉴于国际奥委会的少数人坚持"两个中国"的政策，中国奥委会宣布退出国际奥委会，自此，新中国中断了与国际奥委会的联系。

直到 1979 年，国际奥委会执委会在名古屋会议中恢复了中华人民共和国在国际奥委会中的合法席位，决定中华人民共和国奥林匹克委员会的名称为"中国奥林匹克委员会"，而设在中国台湾省台北市的奥委会的名称为"中国台北奥林匹克委员会"。随后，中国代表团两度参加了 1980 年和 1984 年冬季奥运会。特别是在 1984 年第二十三届洛杉矶奥运会上，阔别夏季奥运会赛场 32 年的中华人民共和国代表团再次以崭新的精神风貌登上历史舞台。

当时正值中国改革开放初期，我国各行各业取得的腾飞为体育事业全面、快速发展打下了良好的基础，提供了可借鉴的思路。在体育战线，"奥运战略"的制定和实施更成为我国体育事业勇攀高峰的制度基础和体系保障。国际奥委会也给予中国更多的关注和支持，1982 年 3 月 30 日，国际奥委会主席萨马兰奇访问我国，邓小平会见了萨马兰奇一行。邓小平同志在与部分领导同志谈话中指出：体育是社会主义精神文明的重要方面，要进一步研究，提出方针，制定规划。1983年9月16日，国际奥委会授予荣高棠银质"奥林匹克勋章"，这是中国人首次获得"奥林匹克勋章"。

在这几年的一系列重大国际比赛中，中国运动员也已经具备了与世界强手争金夺银的实力，并取得了许多优异的成绩：1982年10月22日，中国体操运动员李宁在南斯拉夫举行的第六届世界杯体操赛中，独得6枚金牌；同年11月19日，中国体育代表团在印度新德里举行的第九届亚运会上，获得61枚金牌、51枚银牌、41枚铜牌，金牌数居首位；1984年5月1日，阎红、徐永久在挪威卑尔根举行的国际竞走邀请赛中，分别以21分40秒3和21分41秒的成绩打破女子5公里竞走世界纪录，阎红在丹麦哥本哈根体育协会竞走公开赛中以45分40秒的成绩打破女子10公里竞走的世界纪录；6月10日中国运动员朱建华在联邦德国举行的埃伯斯塔特国际跳高比赛中以2米39的成绩刷新世界纪录，这是他在12个月内第三次打破男子跳高世界纪录。

以上成绩的取得为中国重返奥运会大家庭奠定了良好的基础，蓄势待发的中国体育人终于有机会向世界证明自己的强大实力。

1984年7月28日至8月12日，第二十三届奥运会在美国洛杉矶举行，有140个国家和地区的7800多名运动员参加，共设21个比赛项目（221个单项）和2个表演项目，是历届奥运会规模最大的一次。这是中国体育代表团在1979年恢复了中国在国际奥委会的合法席位后首次组团参加，代表团共353人，其中运动员225人。这样大型的代表团全面参加奥运会，以前还未有过，因而引起世界各国的瞩目。中国人民及海外华人也在期待着一个伟大时刻的到来。

二、许海峰的第一枪

1984年7月29日这一天，是一个载入史册的日子。

洛杉矶普拉多射击场，是一个历史性标记的地点。

许海峰，在这一天成为一个响亮的名字。

根据比赛日程,这届奥运会上第一个决出金牌的项目,是男子自选手枪慢射。两个中国人参加了这项比赛——王义夫和许海峰。

由于当时苏联抵制在美国举办的奥运会,没有派队参赛,几乎一直被苏联垄断的射击比赛显得悬念重重,备受关注。中国射击队当时成绩最好的是王义夫,他也被列为夺冠的热门,而许海峰则无人问津,甚至他的主管教练都没有到洛杉矶。许海峰根本也没想到自己会拿到这枚金牌,在后来许海峰的谈话中也证实了这一点:"我那时26岁,算老队员了,但训练才一年,去洛杉矶奥运会前,根本没敢想拿金牌,更别提什么'历史第一金'了。"

开幕式那天,许海峰没有出现在入场的队伍当中。不是他不爱热闹,而是想让自己最大限度的平静。

所以比赛前一天,许海峰早早就睡了,而且不像其他第一次参加重大比赛的运动员那样紧张兴奋,他睡得特别好。第二天一大早他就起来了,因为驻地离奥运村有87公里的路程,要坐1个小时15分钟的车。到了场地以后,许海峰把枪和子弹都仔仔细细地擦了一遍。因为当时比赛的子弹是1975年生产的,弹头都已经氧化而呈现白色。后来,他才知道,擦子弹会影响射击的精度。

比赛开始了。前两组发挥很好,都是97环,这是一个非常不错的成绩;在第三组的第八发,许海峰只打出8环,他马上选择了休息,一个人在门口坐了将近半个小时,这就是后来被媒体盛传的"失踪"。回来后许海峰手感也逐渐找回,以93环结束了这一组的比赛;第四组比赛同样以93环结束。这时候,许海峰身后的记者也开始多了起来,每当许海峰回头,就有记者照相。这时候许海峰也意识到,自己的成绩不错。第五组,许海峰打出了95环。此时,前五组共50发子弹的总成绩为475环,平均成绩是每组95环,这是一个相当不错的成绩。如果他能在最后一组也就是第六组保持这个水准,那么他将获得冠军。

"是不是会夺冠?"这时候,拿金牌的念头才第一次从许海峰的脑海里跳出来。然而就在这最后一组的前3枪里,许海峰竟然打出6环、7环、8环的成绩,形势急转直下,突然变得对他极为不利。他又打出了4发子弹,但似乎还是没有找到感觉。

许海峰静静地站在靶位上，一动不动。就剩最后 3 发子弹了，但就是不见他举枪击发。

1 分钟，2 分钟，3 分钟，时间一点一点地溜走，距离比赛结束越来越近，但许海峰还是像一尊石像一样站在靶位上，没有一点举枪击发的意思。

所有的人都开始着急了。中国队的教练和官员们悄悄聚集到了他的身后，手心都捏出了一把汗。

14 分钟过去了。只见许海峰慢慢抬起头，调整了一下呼吸，举起了手里的枪。

9 环！不错的成绩，看台上传出一阵低低的骚动声。

10 环！在他身后的教练不自觉地抹了一下额头，他的心里非常清楚，瑞典的斯坎纳克尔和王义夫都已经打完了全部子弹，以 565 环和 564 环暂时排在第一和第二位。此时，许海峰的成绩是 556 环，也就是说，如果下面的一枪是 10 环，中国人将实现"零"的突破。

第 60 枪，最后一枪。许多中国人甚至闭上了眼睛。

10 环！这是让 10 亿中国人激动不已、欢呼雀跃、永远铭记的一个 10 环。

许海峰刚走下赛场，中华全国体育总会副主席黄中忘情地扑上去，双臂紧紧地抱住他，狂吻着他的脸，连声说："谢谢你，小伙子！你为中国立了一大功呀！我 30 年的梦想实现了。"说罢，老泪纵横。32 年前的 1952 年，新中国首次参加了第十五届奥运会，由于当时国际奥委会中少数人的阻挠，国际奥委会在开幕式前两天才向中国发出邀请，黄中当时出任中国代表团团长。直到这时，许海峰才意识到，金牌到手了！但他还是不敢确信，所以就一直等裁判验靶纸。等了半小时，裁判长宣布比赛结果，他悬着的心才放了下来。

与此同时，许海峰的队友王义夫获得了一块铜牌，但谁也没有料到的是，偏偏就是这块铜牌给洛杉矶奥运会的组委会出了一道难题。当时，组委会没有预料到两名中国选手同时获奖，只在射击场上为中国队准备了一面国旗。组委会只好派专人火速飞奔总部再找一面五星红旗。推迟了一个多小时，颁奖典礼终于举行了。

国际奥委会主席萨马兰奇先生亲自为许海峰颁奖（官天一　摄）

  为许海峰颁奖的，是当时的国际奥委会主席萨马兰奇，他激动地说："今天是中国体育史上伟大的一天。我很荣幸，在奥运会的第一天将第一枚金牌发给中国运动员。"中国奥运历史也就此翻开崭新的一页。同时值得一提的是，这也是萨马兰奇当选国际奥委会主席之后，为奥运会选手颁发的第一块金牌。奥运会后，许海峰将这第一枚金牌及比赛使用的手枪捐献给国家，陈列在中国革命博物馆（现为中国国家博物馆）。

  1984年7月29日，在这一天，中国人实现了奥运会金牌"零"的突破，许海峰将中国人半个多世纪对奥运梦想的追逐终于变成现实。在此之前，现代奥运已有88年的历史，已经产生的2500余枚金牌无一属于中国人。半个多世纪过去了，许海峰的神枪击碎了刘长春的遗憾，打破了中国在奥运会上金牌"零"的纪录，写下了辉煌光彩的一页。许海峰一下子成为全球华人心目中的英雄，他的名字被无数人深深牢记。在洛杉矶7月的阳光下，升起第二十三届奥运会上第一面胜利者的旗帜，是中华人民共和国的五星红旗；奏起的第一支胜利者的歌曲，是中华人民共和国国歌。在奥运会上实现金牌"零"的突破，洗刷"东亚病夫"的屈辱，是全世界华人半个多世纪的梦想。

海外媒体惊呼:"这是中国5000年历史的一个壮举"、"奥林匹克舞台上,出现了一个新的体育大国——中国"。

赛后第二天,也就是北京时间1984年7月31日的《人民日报》,在头版以《奥运会开赛第一天传来"零的突破"喜讯 我国运动员夺得两枚金牌》进行了报道,并配发了以《历史性的突破》为题的短评,阐述了中国人民对奥运金牌的渴望以及夺取这枚金牌的价值和意义。

在7月31日的《中国青年报》上,记者毕熙东的一篇《别了,零》,全文刊发250字,一扫"文化大革命"时期的八股论调,字句铿锵凝炼,满篇诗意豪情,高亢激荡,犹如大河奔流,有对历史的回顾,有对未来的憧憬。《别了,零》真正表达了改革开放后的中国人民在新长征的路上面向世界、面向未来的进取精神。

是我们,是我们中国人夺得了本届奥运会第一枚金牌!半个多世纪来背着奥运会"零"的包袱的中国人,从此可以扬眉吐气了!

年轻的中国运动员许海峰、曾国强用百步穿杨的绝技和力举千钧的气概,把零的耻辱甩进了太平洋,实现了几代人的夙愿,结束了"万

1984年7月31日,《人民日报》头版刊登的报道

1984年7月31日,《人民日报》头版刊登的短评《历史性的突破》

马齐喑究可哀"的局面,开创了中国人夺取奥林匹克金牌的历史。这是响亮的序曲,是更伟大胜利的前奏。

当地的一家报纸评论说:"中国人刚一回到奥运会,就迈出当仁不让的步伐,令人不安。"为什么不安?因为他们目光依旧。要知道当今的中国已跨入了"不拘一格降人才"的时代。

自豪吧,健儿们!自豪吧,青年们!自豪吧,炎黄子孙!因为今天,我们当之无愧地向全世界说:"别了,零!"

自从许海峰实现中国奥运金牌"零"的突破后,中国军团一发不可收拾。4个小时后,曾国强夺得了52公斤级举重比赛冠军。

7月30日,吴数德力夺56公斤级举重比赛金牌。7月31日,李玉伟击落男子50米移动靶标准速金牌,陈伟强摘得举重60公斤级桂冠。

8月1日,姚景远摘取了举重67.5公斤级金牌。8月2日,在女子小口径标准步枪比赛中,巾帼英雄吴小旋成为我国第一位女子奥运会冠军。8月3日,苏州姑娘栾菊杰"扬眉剑出鞘",连闯3关杀出重围,一剑封喉,成为第一个获得女子花剑冠军的亚洲人。

8月4日,李宁一人独得男子自由体操、鞍马和吊环3块金牌。楼云获得跳马冠军。马燕红获得了女子体操高低杠冠军。

8月7日,中国女排干净利落地以3:0击败东道主美国队,夺得冠军。之后,周继红摘取了女子跳台跳水的金牌。

短短16天之内,第一次全面出征奥运会的中国,在所参加的16个大项的比赛中,共夺得金牌15枚、银牌8枚、铜牌9枚,另外还获得14个第四名,9个第五名,7个第六名,8个第七名,8个第八名。金牌总数仅次于美国、罗马尼亚和联邦德国,位居第四,取得了具有历史意义的重大突破。从此,中国人一举摆脱了"东亚病夫"的形象,开始迈向奥运的荣誉之路。

许海峰的第一枪,直到20年后的2004年,仍然没有从人们的记忆中抹去,"零"的突破继续激励着一代代运动员努力拼搏,为国争光。

为纪念这一具有历史意义的伟大突破,弘扬奥林匹克精神,为中国奥运兵团出征雅典壮行,中国奥委会标志特许产品——《中国奥运金牌零的突破二十周年》金银纪念章于2004年7月29日限量隆重发行。

三、中国体育全面走向世界

许海峰的"枪声"实现了中国奥运历史上金牌"零"的突破,也打响了中国健儿走向世界的第一枪。特别是在洛杉矶奥运会上获得的15枚金牌,及金牌榜排名第四的优异成绩,确立了中国竞技体育在国际竞争中的地位,标志着中国跨入了世界竞技体育强国的行列。

从1894年,国际奥委会在筹备第一届奥运会时向清政府发出邀请,到中国运动员获得第一枚奥运金牌,时间整整过去了90年。在此前的近一个世纪中,中国与奥运会虽然缘分不浅,却总是有花无果。1984年洛杉矶奥运会,中国代表团最终拿到了15枚金牌。中国重返奥林匹克大家庭后,第一次亮相就令世界刮目相看。

随后,中国运动员再接再厉,在改革开放创设的大好局面下,在继续坚持和完善奥运战略与"举国体制"的前提下,竞技体育水平实现了跨越式发展。除了1988年汉城奥运会失利以外,在1992年巴塞罗那、1996年亚特兰大、2000年悉尼及2004年雅典奥运会中分别获得16枚、16枚、28枚和32枚金牌,金牌总数逐届增加,金牌榜排名不断上升,特别是在北京奥运会上,更是以51枚金牌、100枚奖牌的成绩获得金牌总数第一,成为名副其实的世界竞技体育强国。

中国代表团在第二十三届洛杉矶奥运会上取得的辉煌胜利,已远远超越了一般体育金牌的意义,极大地振奋了民族精神,在海内外引起了强烈的反响。这些成就证明了20世纪80年代前后,体育决策层所制定的以奥运战略为中心、竞技运动优先、全国一盘棋这一体育战略思想与决策的成功。同时,它也成为改革开放以来中华民族奋起的象征和最激动人心的事件。

此时,距中美"乒乓外交"已经过去了13年,距邓小平访美已经过去了4年。尽管中国已经在1978年进行了改革开放,尽管中国已经开始全面了解世界,但是,让世界全面了解认识中国的渠道却仍然不多。

因此,1984年洛杉矶奥运会,成为改革开放后的中国向世界展示自己积极、健康形象的一次历史性机会。尽管,中国的运动员仍然承担着沉重的政治使命，但是重在参与的奥林匹克精神，使得中国人以及中国社会重新融入国际社会，并获得尊重和认可。

1984年是中国的奥运年，许海峰、李宁、中国女排成为新的社会明星、偶像，奥运冠军既成为社会各界学习的榜样，也成为新的流行元素。在1985年到来的时候，奥运冠军的挂历进入了中国社会的千家万户。民众靠社会自觉而非政治强制，把奥运带入了社会记忆的深处，这些都是在新的历史时期才会发生的事情。尽管此后，中国继续参加奥运会，拿下的金牌也过了百枚，但是，1984年洛杉矶奥运会所带来的振奋情绪是无法比拟的。①

对内来讲，许海峰的奥运金牌成为提升中国人民族自豪感和自信心的催化剂。那个时候国内正在热播电视连续剧《霍元甲》，大街小巷都在传唱"昏睡百年，国人渐已醒……"。改革开放所带来经济、社会、民族精神复兴的气象，与当时的流行元素产生了共鸣，摆脱"东亚病夫"的形象，"睡狮猛醒"成为国人急切的期待。而许海峰射落的中国奥运首金正是在这一时刻横空出世。

对外来讲，奥运金牌给国人带来的不止是欢乐，它还是中国运动员全面进军世界体坛的一个标志，也是中国向世界证明自身实力的一个亮点。尽管，今天的人们开始越来越淡化金牌的价值，越来越强调奥运的精神实质。但是，在当时那个时代，作为一个重返奥林匹克大家庭的新成员，那种急于展示自己和证明自己的愿望可想而知，那种对金牌的渴望可想而知，因此，许海峰首枚金牌的意义非凡。

许海峰的这一枪也使得国家给予体育工作前所未有的重视。1984年10月5日，洛杉矶的硝烟刚刚散去两个多月，中共中央就下发了《关于进一步发展体育运动的通知》，给洛杉矶奥运会后中国体育的进一步改革发展指明了方向。这就是，在胜利面前要保持清醒头脑，正视我国体育事业与世界发达国家之间还有很大差距，为了缩短这一差距，一方面，必须坚持普及与提高结合的方针，采取有力措施，发展城乡体育活动，努力提高人民健康水平，重点抓好学校体育；另一方面，要大

---

① 于德清：《中国奥运首金与民族复兴之志》，2008年7月29日《珠江晚报》。

力建设好高水平运动队，改革训练和竞赛体制，积极发展体育科学，搞好项目的战略布局，集中力量发展优势项目，争取在今后的重大国际比赛中，夺取更优异的成绩，在20世纪内把我国建设成为体育强国。

为此，国家体委于1984年11月和1986年4月先后下发了《关于贯彻执行中共中央〈通知〉的意见》、《关于体育体制改革的决定（草案）》两个文件。以这两个文件为核心，确立了以社会化为突破口、以竞赛和训练改革为重点的新的改革思路与"以革命化为灵魂，以社会化和科学化为两翼，实现体育腾飞"的新的战略指导思想。这是继1980年前后制定奥运战略以来，国家体育决策层为保持体育发展的良好势头，进一步推动奥运战略实施而制定的新的发展战略。

这在当时国家经费投入不足，而群众对在重大国际赛事上夺牌的热情又很高的形势下是明智而最优的选择。①

金牌"零的突破"奠定并突出了竞技体育在社会主义精神文明建设中的重要作用。20世纪80年代以来的中国竞技体育的发展实践表明，只有充分认识竞技体育在社会主义事业中的作用和意义，将发展竞技体育看成是提高人民群众物质文化生活水平，弘扬爱国主义精神，促进民族凝聚力的大事，才能更好地促进社会主义精神文明建设。

1984年洛杉矶奥运会上中国健儿取得历史性突破后，邓小平同志在与部分领导同志谈话中指出：现在看来体育运动搞得好不好，影响太大了，是一个国家经济、文明的表现，它鼓舞了这么多人，吸引了这么多观众、听众，要把体育搞起来②。中共中央下发的《关于进一步发展体育运动的通知》指出："中国体育代表团在第二十三届奥运会上取得了优异成绩，这是具有历史意义的突破，并且表现了良好的比赛风格和道德风貌，获得运动成绩和精神文明双丰收，它标志着我国已开始全面登上世界体育舞台，踏上了建设体育强国的新里程。体育战线的重大成就，为祖国争得了荣誉，极大地激发了人民群众的民族自豪感和自信心，鼓舞了海内外中华儿女的爱国热情，扩大了我国的国际影响。"这

---

① 杨文轩、卢元镇、胡小明：《改革开放以来中国体育理论与实践的发展》，《华南师范大学学报（社会科学版）》2003年第4期。
② 何立波：《情系体育运动的邓小平》，《党史博览》2008年第8期。

些论述充分体现了党和国家对发展我国竞技体育事业的重视和肯定，进一步明确了竞技体育在社会主义建设事业中的地位和作用。

许海峰及中国代表团的优异表现也极大地推动了奥林匹克运动在中国的开展。1985年6月3日，国际奥委会中国委员何振梁在东柏林举行的第九十届国际奥委会代表大会上当选国际奥委会执行委员会委员，这是中国代表首次当选国际奥委会执委。

1986年2月10日，国际奥委会决定授予中国国务院副总理万里金质"奥林匹克勋章"，授予黄中银质"奥林匹克勋章"，授予中国奥委会"奥林匹克奖杯"。

1987年2月11日，国际奥委会决定授予李梦华、陈镜开银质"奥林匹克勋章"。李宁当选为国际奥委会运动委员会委员，成为唯一的亚洲委员。

1989年8月29日，中国奥委会主席、国际奥委会执委何振梁在第九十五届国际奥委会大会上当选为国际奥委会副主席。他也是当选国际奥委会副主席的第一位亚洲人。

综上所述，许海峰的第一金和中国体育代表团在第二十三届奥运会上取得的优异成绩，是具有历史意义的突破，它标志着我国已开始全面登上世界体育舞台。

相关链接1：

与"第一金"有关的奥运邮票

1979年11月26日，国际奥委会通过表决，恢复中国在国际奥委会上的合法席位。为了纪念这一重要时刻，1980年12月26日，我国发行了J62《中国重返国际奥委会一周年》纪念邮票一套，共5枚，总面值90分，影写版，齿孔度11.5×11，规格30mm×40mm，设计者为卢天骄。邮票图案分别是"射击"、"体操"、"跳水"、"排球"和"射箭"。但是，回顾历史，这套邮票本来不是专门纪念重返奥委会而设计的。

1980年7月，第二十二届夏季奥运会在苏联首都莫斯科举行，中国代表团准备参加这届奥运会，但因为当时苏联正入侵阿富汗，中国和一些国家及地区抵制了该届奥运会。由于事出突然，原本由卢天骄设计的"第二十二届奥运会"邮票图稿改成了《中国重返国际奥委会一周年纪念》邮票。

当时我国的一些运动项目已经达到了世界先进水平，特别是邮票上所展示的 5 个运动项目均已进入世界前列，这些项目肩负着中国奥运突破的重任，在邮票上集中展示，也是一种期待。令人惊叹的是，这些项目在 1984 年的第二十三届奥运会中，果然大放异彩，因此，这套邮票也似乎有着天才般的预见性。其具体表现为：首先，在 1984 年洛杉矶奥运会上打破中国奥运史上金牌"零"的突破的项目，正是排列在这套邮票首位的"射击项目"，甚至连"男子手枪"这个项目也与比赛实际一模一样。另外，邮票上所展示的女子排球、女子体操、女子跳水等项目也都在这届奥运会中取得金牌。《中国重返国际奥委会一周年》这样一套充满悬念的奥运邮票，引领着广大集邮爱好者透过邮票画面，去了解更多的奥运历史。

1984 年 7 月 28 日，中国体育代表团参加了洛杉矶奥运会，这是新中国成立以来，自 1979 年重返奥运会之后，首次派出大型体育代表团参加夏季奥运会的角逐。为此我国发行 J103《第二十三届奥林匹克运动会》纪念邮票一套，共 6 枚，总面值 130 分，影写版，齿孔度 11.5×11，规格 38.5mm×31mm，设计者为卢天骄。同日，还发行志号为 J103M 的同名小型张一枚，影写版，齿孔度 11.5×11，规格 96mm×70mm，面值 2 元，设计者也是卢天骄。邮票图案分别为"射击"、"跳高"、"举重"、"体操"、"排球"、"跳水"等 6 个项目的运动员技术动作展示，这 6 个项目也是当时中国的拳头项目。同时还发行了《走向世界》邮票小型张一枚。

而我国体育健儿果然不负重望，在该届奥运会上取得了 15 金 8 银 9 铜的优异成绩，震惊了整个世界。与 J62《中国重返国际奥委会一周年》纪念邮票相似的是，这套邮票也产生了许多与其后的奥运会结果惊人的巧合：首先，登上这套邮票的 6 个运动项目全部获得了奖牌，除男子跳高获得的是铜牌外，其余 5 项均为金牌。当然，巧合还有很多细节：第一枚"射击"邮票画面是一位女子射击运动员，而在本届奥运会上我国的吴小璇夺得了一枚射击金牌，同时也成为我国第一位女奥运冠军；第三枚邮票画面是一名男子举重运动员，而吴数德在 56 公斤级举重比赛中正巧为我国夺得一枚金牌；第四枚是体操中的鞍马项目，也是一个男子项目，面值为 10 分，而李宁在鞍马决赛中也得到了满分"10 分"；第五枚邮票，是"女子排球"的图案，而女排所得的金牌又恰好是我国整个所得金牌 15 枚中的倒数第二位。最后一枚是"跳水运动员"，而周继红在跳水比赛中为中国夺得的也是最后一枚金牌。如此的巧合，也成为中国奥运历史的一个花絮。

J62《中国重返国际奥委会一周年》和 J103《第二十三届奥林匹克运动会》两套奥运邮票均出自女邮票设计家卢天娇女士之手。同时，两套奥运邮票第一枚又都以"射击"作为画面，第一个射击画面成就了中国奥运史上的第一位金牌"零"的突破奥运冠军，而第二个射击画面成就了中国奥运史上的第一位女冠军。这一系列的巧合让人特别感兴趣，也为中国奥运邮票平添一份奥秘。

相关链接 2：

20 世纪 80 年代中国体育大事记（1980—1989 年）

1980 年

1 月 7 日　全国体育工作会议在北京举行。会议总结了新中国成立 30 年来体育工作的基本经验，提出：提高人民健康水平，提高运动技术水平和建设精神文明，把体育事业搞上去，更好地为实现社会主义现代化服务。

2 月 12 日　中国体育代表团参加在美国普莱西德湖举行的第十三届冬季奥运会，这是中国首次参加冬季奥运会。

8 月 29 日　中国乒乓球队参加在香港举行的第一届世界杯男子单打乒乓球赛，郭跃华获得冠军。

1981 年

4 月 13 日　中国乒乓球队参加在南斯拉夫举行的第三十六届世界乒乓球锦标赛，获得全部 7 项冠军，创世界乒乓球赛 55 年历史的新纪录。

10月1日　中国奥委会副秘书长何振梁当选为国际奥委会委员。

11月7日　中国女子排球队参加在日本举行的第三届世界杯女子排球赛，获得冠军，袁伟民获"最佳教练员"奖，孙晋芳获"最佳运动员"、"优秀运动员"和"最佳二传手"奖，郎平获"优秀运动员"奖。

12月1日　国家体委授予中国女排"勇攀高峰运动队"称号。

1982年

1月　《中国大百科全书·体育》编写工作完成，这是中国第一次编写体育方面的百科全书。

3月30日　国际奥委会主席萨马兰奇访问我国，邓小平会见了萨马兰奇一行。邓小平同志在与部分领导同志谈话中指出："体育是社会主义精神文明的重要方面，要进一步研究，提出方针，制定规划。"

5月4日　国务院常务会议通过任免事项，任命李梦华为国家体委主任。

8月10日　首届全国大学生运动会在北京举行。

10月22日　中国体操运动员李宁在南斯拉夫举行的第六届世界杯体操赛中，独得6枚金牌。

11月19日　中国体育代表团在印度新德里举行的第九届亚运会上，获得61枚金牌、51枚银牌、41枚铜牌，金牌数居首位。

1983年

9月2日　国家主席李先念为第五届全运会"振兴中华火炬接力"点燃火炬。

9月15日　邓小平同志为第五届全运会题词："提高水平，为国争光"。

9月16日　国际奥委会授予荣高棠银质"奥林匹克勋章"，这是中国人首次获得"奥林匹克勋章"。

9月18日　第五届全运会在上海举行，2人3次打破两项世界纪录，全运会期间还召开了群众体育工作先进集体、先进工作者表彰大会。

10月23日　在第二十二届世界体操锦标赛中，中国体操队首次获得男子团体冠军。

10月28日　国务院批转国家体委《关于进一步开创体育新局面的请示》。

1984 年

2月4日　国际奥委会决定授予中国奥委会主席钟师统银质"奥林匹克勋章"。

5月1日　阎红、徐永久在挪威卑尔根举行的国际竞走邀请赛中，分别以21分40秒3和21分41秒的成绩打破女子5公里竞走世界纪录。阎红在丹麦哥本哈根体育协会竞走公开赛中以45分40秒的成绩打破女子10公里竞走的世界纪录。

5月7日　中国羽毛球队在马来西亚吉隆坡举行的国际羽毛球团体锦标赛中，首次获得女子团体冠军（尤伯杯）。

6月10日　中国运动员朱建华在联邦德国举行的埃伯斯塔特国际跳高比赛中以2米39的成绩刷新世界纪录，这是他在12个月内第三次打破男子跳高世界纪录。

7月28日　中国体育代表团参加在美国洛杉矶举行的第二十三届奥运会，射击运动员许海峰为中国获得奥运会第一枚金牌，本届奥运会中国共获得15枚金牌、8枚银牌、9枚铜牌，获金牌数列第四位。

8月14日　邓小平同志与部分领导同志谈话中指出"现在看来体育运动搞得好不好，影响太大了，是一个国家经济、文明的表现，它鼓舞了这么多人，吸引了这么多观众、听众，要把体育搞起来。"

10月5日　中共中央发出《关于进一步发展体育运动的通知》。

1985 年

4月2日　全国体委主任会议在北京举行，会议围绕贯彻《中共中央关于进一步发展体育运动的通知》，深入研究了体育改革问题。

6月3日　国际奥委会中国委员何振梁在东柏林举行的第九十届国际奥委会代表大会上当选国际奥委会执行委员会委员。这是中国代表首次当选国际奥委会执委。

7月9日　国家体委批准授予乒乓球、羽毛球、田径、举重4个项目的42名运动员国际级运动健将称号，这是我国第一批国际级运动健将。

7月31日　首届国际足球16岁以下柯达杯世界锦标赛在北京、天津、上海、大连4个赛区举行。在此期间邓小平同志指示"我们中国足球运动要搞上去，要从娃娃和少年抓起"。

1986年

1月24日　为纪念1985年国际青年年，国际奥委会奖给中国两名最佳男女运动员郎平和童非各一枚奖章，以表彰他们在1985年为世界体育运动发展所作的贡献。

2月10日　国际奥委会决定授予中国国务院副总理万里金质"奥林匹克勋章"，授予黄中银质"奥林匹克勋章"，授予中国奥委会"奥林匹克奖杯"。

3月15日　全国体总常委会、中国奥委会执委会在北京召开联席会议，会议选举李梦华为全国体总主席和中国奥委会主席。

4月21日　经国务院批准，从1988年起，每4年举办一次城市运动会。1988年第一届城市运动会由山东省承办。

9月2日　中国女子排球队参加了捷克斯洛伐克举行的第十届世界女子排球锦标赛，获得冠军，至此，中国女排创"五连冠"历史纪录。

9月20日　第十届亚运会在汉城举行，中国体育代表团共获94枚金牌、82枚银牌、46枚铜牌，金牌总数列第一位。

1987年

2月11日　国际奥委会决定授予李梦华、陈镜开银质"奥林匹克勋章"，李宁当选为国际奥委会运动委员会委员，成为唯一的亚洲委员。

5月1日　全国拳击比赛在南京举行，108名运动员参加了12个级别的比赛。这是中断27年后举办的，新中国成立以来规模最大的一次比赛。

5月18日　第五届世界羽毛球锦标赛在北京举行，中国队荣获男、女单打，男、女双打和混合双打5项冠军。

11月20日　第六届全运会在广州举行，共有18人打破15项世界纪录。

1988 年

2 月 13 日　李琰在第十五届冬季奥运会上，夺得表演项目短道速度滑冰女子 1000 米金牌、500 米和 1500 米铜牌，并打破女子 1000 米、1500 米短道速度滑冰世界纪录。

5 月 5 日　中国、日本、尼泊尔 1988 年珠穆朗玛/萨迦玛塔峰联合登山队 12 人登上了顶峰，并实现了会师，双跨越的壮举，12 名登顶队员中有中国的次仁多吉、李致新、大次仁、仁青平措 4 人，次仁多吉创造了在顶峰停留 98 分钟的最高纪录。

5 月 11 日　邓小平为《中国体育报》题写报名。

6 月 26 日　第一届世界反对在竞技中使用兴奋剂的常设会议在加拿大召开，中国成为第一个《国际反兴奋剂宪章》的成员国。

9 月 12 日　第二十四届奥运会在汉城开幕，中国体育代表团获得 5 枚金牌、11 枚银牌、12 枚铜牌。

12 月 29 日　国家主席杨尚昆任命伍绍祖为国家体委主任。

1989 年

4 月 7 日　中国奥委会和中国台北奥委会同时宣布两岸奥委会达成协议，今后台体育代表团队将以中华台北，Chinese Taipei 中英文名称参加在大陆举行的各种国际性比赛。

4 月 15 日　中国奥委会全体委员会在北京召开，选举何振梁为中国奥委会主席。

5 月 30 日　国家体委公布《关于我国运动员创造的世界纪录、亚洲纪录和全国纪录管理办法》。

8 月 29 日　中国奥委会主席，国际奥委会执委何振梁在第九十五届国际奥委会大会上当选为副主席。何振梁是当选为国际奥委会副主席的第一位亚洲人。

7

体育彩票：
社会力量助推体育的重大举措

改革开放 30 多年来，中国体育彩票的发展从无序到有序，从分散到整合，从粗放到严谨，从小规模到大范围，我们走过的是一条前进之路，发展之路。体育彩票对社会生活产生了一定的影响，对体育事业起到了很大的推动和促进作用。

回顾历史，中国体育彩票伴随着国家的改革开放不断深化，一步步成长，既是改革开放的产物，又是解放思想的结果。尽管体育彩票的发展历程不长，但在促进社会和谐发展方面发挥了重要作用，也让我们领略到改革开放带来的翻天覆地的变化，科学发展探索结出的硕果。然而，同国外先进国家相比，我们还存在很大的差距。展望未来，我们应当再接再厉，采取有力措施，加快前进步伐，让体育彩票为中国体育事业，为国家经济增长作出更加卓有成效的贡献。

一、体育彩票历史溯源

最早的竞猜型体育彩票出现于 1922 年，英国利物浦的"小森林队"邀请球迷对足球赛的比分下注。大约 10 年后，这种做法传入瑞典，1934 年瑞典发行了第一张乐透型体育彩票，主要是基于足球比赛。下注者事先竞猜哪个队获胜或哪场比赛的比分为零。通过运用自己的比赛知识，参加者在足球彩票单上下单注或多注。最早开展足球彩票的几个国家是：瑞典、瑞士、芬兰、意大利、西班牙和匈牙利。

解放前中国的体育彩票是随着西式赛马产生的。当时主要在上海、天津、武汉等大城市进行。马票的种类分"摇彩"、"位置"、"连位"等。

二、新中国体育彩票发行历程

新中国成立后，赛马被停止，彩票在中国沉寂了半个世纪之久。党的十一届三中全会以来，随着我国改革开放不断深入，人们的思想观念和思维方式发生了很大变化。在这种大环境下，原国家体委便着手探讨在我国发行体育彩票的问题，尝试通过发行体育彩票筹集部分体育事业发展资金。1984年11月，福建省发行了体育设施建设彩票，江苏、广东、河北、天津、贵州、四川、浙江等省市也相继发行了地方性体育彩票。1985年广东为举办第六届全运会在全省公开发行运动会奖券。1989年第一次在全国范围内发行体育彩票，为第十一届亚运会筹集资金。体育彩票经过体育界的有识之士的不断探索和共同努力，其特殊的社会意义和经济效益终于得到了认可。截至1992年，经国务院批准，国家体委先后发行了第六届全运会、第一届东亚运动会、第一届农运会、第十一届亚运会等阶段性体育彩票，筹集了上述运动会所需的部分经费。中国体育彩票经历了从无序到有序、从分散到统一的过程。

1994年4月5日，国家体委体育彩票管理中心正式成立，经中国人民银行批准，国家体委主任伍绍祖于1994年7月签署了国家体委《第20号令》，并予以颁布实施。

中国体育彩票是为筹集体育事业发展资金发行的，印有号码、图形或文字，供人们自愿购买并按照特定规则获取中奖权利的书面凭证。体育彩票不计名，不挂失，不返回本金，不计付利息，不能流通使用。中国体育彩票的销售方式主要有两种，规模销售即开型体育彩票方式和电脑辅助销售传统型体育彩票方式。1994年以后，各省市纷纷成立了分中心，建立了全国公开发行的销售网络。自此，中国体育彩票业开始走上了统一发行、统一印制、统一分配和集中管理的规范化道路。为了纪念这一段历史，国家体委体育彩票管理中心于1998年年初发行了一套编号为9802J30ESB的"中国体育彩票四周年纪念彩票"（即开型），全套15枚。除首枚主图为中国体育彩票标志外，其余14枚均为这4年间中国体育彩票公益金资助过的14项国际国内重大赛事的会徽和吉祥物。其中包括著名的第三届亚洲冬运会、第一届世界龙舟锦标赛、第四十三届世界乒乓球锦标赛、第八届全运会等。至1994年，我国共有28个省、自治区、直辖市发行过地方体育彩票，出现了发展体育奖、有奖纪念卡、奖券、彩券、彩票等不同名称，有数百个品种，上千枚单票，图案选择也多种多样，其中的珍稀票品不胜枚举，市场价格居高不下，如《中山市体育基金奖券》（3枚）市价约350元，《上海振兴体育事业基金奖券》约300元，《重庆足球彩票》（2枚）约200元，《三明市体育彩票》约200元。这些彩票都十分值得人们投资收藏。

2008年8月10日，一张2008年8月8日8时8分8秒打印的北京奥运会开幕日收藏彩票出现在互联网上，要价88888.88元。这张彩票是体育彩票的七星彩，已开过奖，票面上光数字8就有10多个，是历史上最罕见的"奥运彩票"。

三、中国体育彩票发行法律规范

由于彩票显而易见的筹资功能，人们纷纷猜测今后会不会有更多的行业发行自己的彩票。对此，财政部明确表示，彩票的发行与一般商业活动有很大的区别，不适合普通的机构和个人经营。正因为如此，世界各国的彩票都是由政府或政府授权的机构发行和垄断经营。我国现行的彩票管理制度规定，彩票发行批准权集中在国务院。目前，经国务院授权民政部、国家体育总局分别发行"中国福利彩票"和"中国体育彩票"。除这两种彩票外，未经批准，任何地区、部门、机构、个人一律不得发行彩票，之所以作出这种规定，主要是由彩票的社会公益性目的所决定的。发行彩票是政府为满足特定的社会公共需求所采取的一种辅助性集资手段。

财政部曾在2007年11月发布《关于加强彩票发行销售管理，促进彩票市场健康发展的通知》，要求各级彩票机构应建立彩票发行销售异常情况报告制度，建立应急处理机制。通知指出，中国福利彩票和中国体育彩票是经国务院批准发行销售的国家彩票。未经批准，任何彩票不得上市发行销售。通知要求，各级彩票机构应重点加强对固定返奖类彩票游戏、在线即开型彩票游戏和快速开奖类彩票游戏的销售管理。

随着福利彩票和体育彩票发行方式不断更新，发行规模不断扩大，有力地促进了社会福利事业和体育事业的发展。2008年8月7日，国务院下发了《关于进一步规范彩票管理的通知》，进一步明确了发行彩票是国家筹集公益资金的一种重要手段，应加强对彩票市场的监督管理，规范彩票发行和销售行为，适当扩大彩票发行规模，支持社会保障事业。2009年4月22日，国务院第58次常务会议通过了《彩票管理条例》，彩票发行与管理有了更加坚强的法规保障。目前，传统型彩票全部采用电脑辅助销售，因为电脑彩票具有分散、安全、快捷、公平和避免浪费的特点。销售系统与国际接轨，产品结构多元化，游戏规则符合国际化。从1994年至今，全国体彩销量稳步上升，截至2010年年底，中国体育彩票累计销量3645亿多元，筹集公益金1134亿多元，为国家公益事业和体育事业作出了重要贡献。

中国体育彩票的发行与销售遵循公开、公正和公平的原则，遵守统一发行、统一印制、统一销售，定额度、定区域、定规程和严令禁止违纪违规，严格审计，严肃处理违纪违规的工作方针。国家体育总局下设体育彩票管理中心，为全国体育彩票的唯一发行组织。经国家体育总局批准销售体育彩票的省、自治区、直辖市及计划单列市体育局，经当地人民政府批准，可设立相应的体育彩票销售管理机构。

中国体育彩票在销售时须公布中奖办法，开奖时有公证人员监督，公开进行。中国体育彩票收益金由各级体育彩票管理机构的财务部门设立专项账号统一管理，专项用于发展体育事业，并定期向社会公布使用情况，接受公众监督。体育彩票的收益金任何部门、单位和个人，不得以任何理由留用或挪用。体育彩票的发行、销售及有关经济活动必须接受同级政府审计部门的审计监督。中国体育彩票历经风风雨雨，从早期开发到规模发行的中期发展阶段，在筹集体育经费方面发挥着越来越重要的作用。

2008年7月19日,全国第六届彩票收藏交流会暨山西福利彩票收藏展在山西长治举行,展出各类彩票1万余张,见证了随着我国彩票业的迅猛发展,一个巨大的市场被开拓出来。当越来越多的人们把玩彩作为一种奉献爱心、赢得快乐的休闲娱乐活动的时候,很多相关行业也被带动起来了。其中,围绕彩票的发行而兴起并不断发展的彩票收藏(也称为集彩)活动,就是其中之一。

彩票收藏已经被社会大众广泛接受,而且已经成为一个独立的收藏门类,其前景也被人看好。彩票虽小,却是博大精深。欣赏每张体育彩票,仿佛徜徉历史的长河;追忆往昔岁月,不得不为体彩的快速发展而感到自豪。从最初发行的集资奖券到体育彩票,正是中国历经改革开放的辉煌年代,而每张精彩的体育彩票,记录下这个时代很多的精彩瞬间。尽管在国内已经有20年的发展,但彩票在中国依然是新生事物,尤其目前对彩票发行国家有绝对的垄断地位,这就确定了彩票的发行、收藏渠道单一,发行品种不可复制,这都促使彩票收藏者的人数快速增长。

中国的彩票作为新兴的大众收藏品,已逐渐显示出了巨大的收藏潜力。彩票收藏跟邮币卡收藏一样具有文化内涵。人们通过集彩,既了解彩票发行的历史,又可饱览祖国的大好河山、各地风景名胜,还可以领略五千年博大精深的中华文化艺术,了解改革开放以来我国取得的伟大成就等。可以说,集彩是一项健康有益的文化娱乐活动,通过集彩,人们可以了解历史文化、学习科学知识、接受爱国主义教育。

目前,彩票发行已经遍布城乡,购买和收集彩票的人越来越多。据初步统计,我国目前彩票收藏队伍达80多万人,各地彩票展和彩票收藏活动此起彼伏,彩票收藏市场不断得到拓展,彩票收藏热在全国范围内不断掀起。

四、中国体育彩票对社会的贡献

体育彩票自发行之日就确立了"取之于民、用之于民"的宗旨和"公平、公正、公开"的原则。多年来,体育彩票始终坚持"严格管理、以人为本、科学规范",不断扩大发行量,提高筹资效益,为公益事业作出了卓越贡献。

1. 促进我国竞技水平提高,全力支持2008年北京奥运会

举世瞩目的2008年北京奥运会圆满成功,中国体育彩票发挥了巨大作用,以体育彩票为代表的公益金倾情投入27.5亿元,代表全国体彩彩民向北京奥运会献上一颗赤诚的爱国之心。自2001年开始,彩票公益金设立专项资金支持北京奥运会的建设和筹办。每一个奥运冠军金牌的获得,都有体育彩票的功劳。体育彩票已经筹集的640多亿元公益金中,有40%用于"奥运争光计划"。从青少年运动员的培养,到运动员、运动队的器材、训练、比赛、科研经费的保障,从各省综合性体育场馆的建设到各种大型体育赛事的举办,体育彩票公益金为"奥运争光计划"立下了汗马功劳。遍布北京及全国各地的奥运场馆建筑中,有体育彩票公益金的资助。

2. 增进全民健康,建设"健身路径",支持全民健身计划

在体育彩票已经筹集的1100多亿元公益金中,有60%用于全民健身计划。小到公园路旁的一个个健身路径,大到31个省、自治区、直辖市同时举行的元旦新年登高活动,包括各省不断举办的各种类型的体育活动,体育彩票充分体现了"取之于民,用之于民"的宗旨,为全民健身运动的开展作了巨大的贡献。无论是在城市还是在乡镇,无论是在清晨还是在傍晚,都可以看到在色彩斑斓的健身器材上锻炼的人群。10余万条健身路径建在了民众的身边。它像一处处健身的绿荫,让数亿民众从中受益。

3. 促进社会保障事业发展,创造就业机会

老人们的笑脸,映衬出晚年的幸福安康。以应对人口老龄化所带来的养老需求的社会保障基金,体育彩票公益金已成为其重要的资金来源。2007年体育彩票有38.1亿元用于补充社会保障基金。体育彩票的发行是一个复杂而庞大的工作,从印制、宣传、发行到销售、兑奖等环节都需要大量的人员参与,这为人们提供了大量的就业机会。截至2004年年底,全国共有近5万个销售终端,按每个终端两名销售人员计算,全国共有彩票销售大军近10万人。正是这些不畏寒暑、兢兢业

业的销售员，撑起了体育彩票每年数百亿元的销售额。

4. 大力支持教育事业，培养公益意识

购买体育彩票、支持公益事业、奉献一份爱心的高尚道德思想已经渗透到每一位彩民心中。人们乐于通过这种透明度高、参与性强的方式加入为社会和他人奉献的行列。"幸运富翁"用自己特有的方式回报着社会。除依法纳税外，用奖金捐助失学儿童、资助希望小学、捐建健身设施、赞助网点建设的善举比比皆是。从2005年开始，中国体育彩票与中国扶贫基金会合作，设立"中国体育彩票新长城助学基金"，每年出资超过40万元，资助贫困大学生的学习生活。同时，经国务院批准，以体育彩票为重要组成部分的彩票公益金在2007年年底前安排3亿元，资助中西部22个省、市普通高中家庭经济贫困学生，资助名额为30万人，每人每年受助1000元。

5. 支持医疗卫生事业，设立红十字医疗救助基金

利用彩票公益金设立"红十字人道主义医疗救助基金"、"农村和城镇医疗救助基金"，大力支持我国的医疗卫生事业。以体育彩票公益金为重要组成部分的彩票公益金3.37亿元，支持中国红十字会人道主义救助工作，其中备灾救灾1.219亿元、卫生救护师资培训3700万元、中华骨髓库建设1.779亿元。"十一五"期间，彩票公益金将有6.97亿元用于救灾、备灾、造血干细胞库捐献者检测以及红十字救护培训项目。

6. 促进社会主义新农村建设，建设文化广场

一块混凝土球场，配备一副标准篮球架和两张室外乒乓球台，体育彩票公益金大力推动社会主义新农村建设，在农村建设经济、实用的小型公共体育健身场地和设施。到2010年年底，全国已建成农民体育健身工程231306个。

7. 建设学生校外活动场所，促进青少年健康成长

从2000年至"十五"计划末期，以体育彩票为重要组成部分的彩票公益金，每年安排20亿元专项资金用于青少年学生校外活动场所建设和维护工作。截至2006年3月，中央扶持项目已实施5批，共计912个，完成建设项目总体规划的82.6%。已建成的校外活动场所共计接待 2000 万人次开展活动，成为促进未成年人全面发展的实践课堂和加强思想道德建设的重要平台。

8. 促进相关产业的发展

体育彩票的发行拉动了内需，增加了税收，带动了相关产业的发展。以 2001 年为例，中奖百万元以上者 817 个，支付奖金 27.24 亿元，其中 500 万元大奖 354 个，支付奖金 17.7 亿元。据有关部门的一项调查，70% 以上的彩票中奖者所得奖金直接用于消费，其中用于购房占 15%、安排生活占 10%、家庭装修占 8.9%、购车占 5%、旅游占 3%、办婚事、上学等占 3%，而另外 30% 左右的人把奖金用在股市、商业投资或其他消费上。中奖者已经成为消费的新生力量，直接拉动内需。体育彩票所带来的隐形效益同样十分巨大。以每个网点每年发传单 300 张计算，全国一年可发 1000 亿张。首先获益的是广告、印刷业。因彩票的大范围宣传、大量的招贴画、彩票用纸、彩票印刷品等使相关企业业绩增长 4.2%。现在以彩票报道为主的报纸、杂志、书刊等数不胜数，仅彩票指南类书籍就有上百种之多。大范围的宣传需投入大量的经费，据了解，各省市 2001 年投入体育彩票宣传费占总销售额的 1.2%，全年总投入 1.6 亿余元。由于大众关注彩票，媒体加大了报道，电视台以黄金时间开办开奖节目，报纸开设彩票专版。全国现约有 5000 万彩民，这样广泛的受众群体令电视、报刊的收视（阅读）率大大增加，媒体广告相应攀升，其业绩大约增加 1.63%。同时，由彩票刺激消费而联动的通讯业、保险业、交通业、旅游业、服务业等也相应受益。广告、电视、报纸、网络等新闻媒体、策划、电子信息、出版、印刷等行业也在体育彩票的快速发展中找到了新的增长点，"多赢"的局面带来的是体育彩票与众多社会资源的有效结合。作为"朝阳产业"的体育彩票已成为刺激内需的有效途径之一。

9. 体育彩票已成为真正意义上的国家彩票

2008 年，是中国社会各界广泛参与民生行动的一年，中国体育彩票更是走在了关注民生、支持公益的前列。在 50 年罕见的雨雪冰冻灾害面前，全国体彩人众志成城抗天灾，保证了体彩销售的稳定与增长，与此同时，体彩人纷纷向灾区人民捐款捐物。汶川大地震发生后，国家体彩中心第一时间向中国红十字会紧急捐款600万元，之后各省市彩票中心也相继向灾区献出爱心，捐款最终累计超过1700万元。作为"最大慈善家"的彩民也慷慨解囊，为灾区捐款捐物。大灾面前，中国体育彩票用实际行动诠释着大爱。灾区重建，依然有中国体育彩票一如既往的奉献。经国务院批准，国家体彩中心销售的即开型彩票"顶呱刮"被赋予赈灾内涵，从2008年7月1日起至2010年12月31日两年半的时间内，其销量的10%都会专项用于支援汶川地震受灾地区的重建。从1994年开始在全国统一发行至2010年年底，体育彩票累计贡献公益金1134亿多元，全部用于支持体育事业和社会公益事业。体育彩票已经成为我国筹集公益事业发展资金的重要渠道，为祖国经济社会和谐发展贡献着巨大力量。成为中国民生先锋是对中国体育彩票的肯定，中国体育彩票不仅仅支持中国体育事业，体育彩票公益金绝大部分用在了社保基金、青少年学生校外活动场所建设和维护、红十字会人道主义救助事业、残疾人事业、教育事业、地方农村医疗救助、城镇医疗救助等民生方面。随着体彩公益金越来越多的支持国家公益事业，中国体育彩票已成为真正意义上的"国家彩票"。

8

《中华人民共和国体育法》：中国体育走向法制化道路

作为新中国第一部体育基本法，《中华人民共和国体育法》（以下简称《体育法》）于1995年10月1日起实施。这是中国体育发展史上的里程碑，标志着我国体育事业的发展逐步走上依法治理的道路。它表明了国家发展体育事业的基本态度，确立了国家发展体育事业的基本方针、任务和原则，为依法管理体育事业和促进体育发展提供了重要依据。体育事业第一次有了国家法律层次的立法保证。

"增强人民体质"是体育工作的根本要求，也得到了国家法律层面的保障。1995年6月20日，国务院颁布了《全民健身计划纲要》，为我们展现了一幅与实现社会主义现代化目标相配套的系统工程和面向21世纪的发展蓝图。这项由国家宏观领导、社会多方支持、全民共同参与的体育健身工程，实施之后在神州大地深入人心。十余年来，我国的群众体育事业取得了世人瞩目的成就。城乡居民的体育与健康意识显著增强，群众广泛参与的健身活动普遍展开，国民体质状况不断改善，具有中国特色的全民健身体系正在构建与形成。

展望未来的体育事业，北京奥运会成功举办之后，我国的体育制度建设和体育管理的现代化必将有新的突破，推动我国法制环境的改善和依法治国的进程，推动社会主义物质文明和精神文明建设。

1995年——中国体育走向法制化的元年，标志着中国体育事业的发展进入到了有法可依的阶段。1995年8月29日，全国人大常委会第十五次会议通过了《中华人民共和国体育法》，自 1995 年 10 月 1 日起实施。同年 6 月 20 日，国务院正式批准和颁布了《全民健身计划纲要》，并在全国组织实施。2009 年，国务院颁布了《全民健身条例》，并于 2009 年 10 月 1 日起实施。其中每年的 8 月 8 日被规定为"全民健身日"。《全民健身计划纲要》描绘了一幅国民体育的蓝图，《体育法》和《全民健身条例》则为这幅蓝图的实现提供了法律法规保证。二者蕴涵了同一个精髓，这就是全体国民被摆在我国体育事业的主体和核心位置，体育是公民的权利，并已成为国民精神文化生活的重要组成部分。

在依法行政、依法治体的历史新阶段，中国体育事业积极、稳定发展。继《体育法》、《全民健身计划纲要》之后，《奥林匹克标志保护条例》、《公共文化体育设施条例》、《反兴奋剂条例》、《全民健身条例》等一系列重要体育法律法规和政策相继颁布实施，体育法规体系逐步形成。这些规范体育管理、保障体育权益的法律法规成为中国体育全面发展和成熟壮大的重要保障。

一、《体育法》引领中国体育事业步入依法治理新轨道

1.《体育法》的诞生

社会主义民主法制建设的进程对加强体育法制建设提出必然要求，是《体育法》应运而生的重要背景。作为新中国第一部体育基本法，这是中国体育发展史上的里程碑，标志着我国体育事业的发展逐步步入依法治理的道路。

制定《体育法》是体育战线酝酿已久和普遍关注的一件大事，是我国体育事业不断发展和社会主义法制建设日益加强的必然产物。1978 年年底，党的十一届三中全会在深刻总结社会主义建设经验教训的基础上，确立了把党和国家工作重点转移到以经济建设为中心的现代化建设上来的指导方针，提出了加强社会主义民主与法制建设的任务和要求。在这一新的历史时期，如何加强体育工作的管理，加强体育事业的发展，成为摆在体育战线面前的一个重要问题。因此，1980 年召开的全国体育

工作会议根据邓小平同志关于加强法制建设的论述和形势发展的要求，首次提出了制定《体育法》的设想。1983年，在国务院批转国家体委《关于进一步开创体育工作新局面的请示》中，再次提出着手制定《体育法》的问题。1984年，我国体育健儿在第二十三届奥运会上实现"零"的突破后，体育工作得到国家和社会的更大关注，全国人大常委会委员长彭真同志专门指示国家体委，要抓紧起草《体育法》。

与此同时，国家体委积极组织力量，收集和翻译各国体育法律资料，为体育立法进行各种准备，逐步将制定《体育法》纳入体育工作的重要日程。1988年6月，国家体委正式成立《体育法》起草领导小组和工作小组，开始了《体育法》的研究制定工作，并于1992年3月将《体育法（草案）》呈报国务院。

在党的十四大明确提出建立社会主义市场经济体制之后，国家体委按照社会主义市场经济要求，对《体育法（草案）》做了进一步修改，并于1994年3月再次呈报了《体育法（草案送审二稿）》。1995年6月2日，国务院第三十二次常务会议原则通过了《体育法（草案）》，提请全国人大常委会审议。同月下旬，第八届全国人大常委会第十四次会议对《体育法（草案）》进行初次审议后，于8月29日第十五次会议再次审议并进行表决，全票通过了《体育法》。国家主席江泽民于同日签署第五十五号主席令，公布该法于1995年10月1日起施行。至此，经过多年努力，历经25次重大修改的《体育法》终于诞生。

《体育法》的颁布和实施凝聚了体育界和司法界的心血和智慧，它表明了国家发展体育事业的基本态度，确立了国家发展体育事业的基本方针、任务和原则，不但规定了各级政府、社会团体、部门和单位在发展体育事业中的责任、权利和义务，也规定了发展体育事业的各种保障条件和法律责任，为依法管理体育事业和促进体育发展提供了重要依据。体育事业第一次有了国家法律层次的立法保证。

2. 体育法制工作被列入重要议事日程

《体育法》颁布实施后，我国的体育法制建设日益得到加强，体育法制工作被列入重要议事日程。1996年4月，国家体委召开了新中国成立以来的首次全国体育法制工作会议，确定了体育法制建设分三步走的目标。1997年的全国体委主任会议，把体育法制工作作为会议的两大主题之一，作了专门部署。接着国家体委又专门下发了《关于加强体育法制建设的决定》等等。

2002年7月22日，中共中央、国务院专门下发了《关于进一步加强和改进新时期体育工作的意见》（中发［2002］8号）。《关于进一步加强和改进新时期体育工作的意见》把"坚持依法行政，加强体育工作的法制建设"和"加强法制建设，将体育工作纳入法制轨道"明确作为各级党委和政府的任务。随后湖南、山东、山西、江苏、四川等省也先后下发了贯彻执行中央8号文件的意见，并且都将"坚持依法行政，加强体育法制建设，将体育工作纳入法制化轨道"写入了意见中，这表明体育法制建设在体育改革与发展中显示出日益重要的作用，已被体育行政部门乃至各级党委、政府列入重要议事日程。

近些年来，体育法制工作的领域不断扩大。与此同时，全国各地的体育法制机构也得到了加强，全国逾2/3的省区市体育局设有政策法规处，专门负责体育法制工作。

3. 体育立法工作取得进展，体育法规体系逐步形成

自1995年《体育法》颁布实施后，国家和地方体育立法数量增长较快，体育政策法规不断完善。特别是近年来，围绕全面建设小康社会的奋斗目标，国家体育行政机构按照科学发展观的要求，更加重视社会管理、公共服务方面的立法，不断加大立法力度，重视提高立法质量。

强化体育权利的保护。体育立法在立法内容和侧重点上都实现了观念上的转变，体现了法治精神，主要表现为加强了对公民体育权利保护的立法。从1997年至今有关公民体育权利方面的专门立法有20多项。在实施《全民健身计划纲要》方面，2001年国家体育总局制定了《〈全民健身计划纲要〉第二期工程（2001—2010年）规划》，保证全民健身计划有步骤地推进。在公民体育权利物质保障方面，2000年国家体育总局发布了《中国体育彩票全民健身工程管理暂行规定》，对国家用体育彩票公益金援建社区体育设施提供了法律保障；2003年6月26日，国务院正式颁布了《公共文化体育设施条例》，该条例的颁布实施，为促进全民健身活动的开展奠定了重要的法律基础，为促进公共体育设施建设，满足

人民群众日益增长的体育需求,增进人民身体健康,提高全民族身体素质提供了重要的法律保障。此外,在加强对普通公民体育权益保护的同时,特别加强了对特定群体体育权益的立法保护。如1999年国家体育总局公布了《关于加强老年人体育工作的通知》,2000年国家体育总局、民政部等14部门联合公布了《关于加强社区残疾人工作的意见》,保障了老年人、残疾人的体育权益。[①]

地方体育法规快速发展。我国"中央统一领导和一定程度分权相结合,多极并存、多类结合"的立法体制获得了进一步的发展和完善。中央体育法规在不断完善和加强的同时,地方体育法规也获得了快速发展。从立法数量上看,1995年至2005年,省级地方人大和政府颁布地方性体育法规和地方政府规章76件。一些地方在新形势下修改、补充和完善了原有的规章和条例,不但适应了行政审批制度的改革,而且明确了体育主管部门的监管责任。2003年出台的《湖北省武术活动管理暂行规定》是全国第一部有关武术的地方政府规章;《江苏省体育经营活动监督管理规定》使当地管理体育经营的政府规章从无到有;2007年3月1日,全国省会城市首部综合性地方体育法规《成都市体育条例》正式实施。这些法规针对实际需要和亟待解决的问题,涉及体育经营、全民健身、体育竞赛、体育设施、实施《体育法》等诸多方面,使体育管理的具体操作有法可依。

体育行政权逐步弱化。依法治国方略的确立,摒弃了把法律、立法仅当做执行政策或实现某一具体目标的法律工具主义的观念和做法,要求政府要依法行政。2003年,第十届全国人大常委会第四次会议通过《中华人民共和国行政许可法》,对行政许可的范围、原则、主体、程序以及监督、法律责任进行了规定,对行政部门的行政行为进行了规范。在贯彻实施《行政许可法》中,全国各级体育行政主管部门对体育行政许可和非许可审批行为的实施作了明确的规定。2006年4月,为适应新形势的需要,根据《行政许可法》和国务院行政审批制度改革的总体要求,结合政府职能转变和推进依法行政等实际工作,国家体

---

① 郭春玲、张彩红:《我国体育立法回顾与述评》,《西安体育学院学报》2008年第3期。

育总局在2003年废止129件规章和规范性文件的基础上,对1980年以来国家体委及国家体育总局发布的规章和规范性文件再次进行清理,废止了41件规章和规范性文件。

体育立法国际化趋势加强。2001年中国正式加入世界贸易组织,国际体育合作与发展的法律行为调整、国际体育纠纷的解决等使得国际体育立法成为我国体育立法活动中的重要内容。而2008年北京奥运会的筹备和举办则对我国体育立法活动进一步产生了巨大的影响,强调了我国体育立法与国际体育立法的统一性。我国先后出台了《奥林匹克标志保护条例》、《反兴奋剂条例》等一系列专门针对国际体育事务的规范,这些对中国与世界体育交流与融合,对中国体育事业的国际化发展提供了国内法保障。2004年3月1日,国务院颁布的《反兴奋剂条例》正式实行,履行了中国政府的国际义务和对国际组织的承诺,使我国成为世界上为数不多的、以国家专门立法的形式规范反兴奋剂事务的国家之一,在国际上引起了较大反响。通过这一条例,中国政府向全世界表明了反兴奋剂的严肃态度和严正立场,既体现了对国际社会反兴奋剂工作的支持,也树立了中国政府良好的国际形象。

4. 体育执法工作不断加强,体育法的贯彻实施日益深入

在立法提速的同时,体育法贯彻实施工作也在日益加强。我国各级体育管理部门的执法制度逐步建立,体育行政执法工作在探索中不断推进,全国人大、国务院有关部门和各级地方人大、政府普遍开展体育法执法检查;体育法制宣传得到进一步重视,体育法制观念日益深入人心;体育法学研究更加活跃,为体育法制理论建设奠定了坚实基础。

体育法颁布实施后,全国人大教科文卫委员会相继组织了对浙江、福建、江西、广东、广西等地的体育法执法调研,并于2001年12月组织了对北京、四川、湖南三省市的第一次体育法执法检查。这次体育法执法检查,检查组的总体印象是:体育法颁布施行以来,各级政府及各级体育行政部门对体育工作给予较高重视,体育法制建设实现了历史性的突破,促进了体育事业的发展,促进了体育运动的普及与提高,增强了人民体质。

从1997年起,福建、陕西、北京、广东等省区市体育行政部门会

同当地人大和政府加强了体育法的执法监督检查。1998年9月22日，全国人大教科文卫委员会和国家体育总局就进一步做好体育法贯彻执行工作发出通知，要求各地进一步加强体育法执法监督检查工作。

随着政府职能的改革和转换，体育行政部门依法行政的自觉性不断增强，依法行政越来越成为体育行政部门的一项重要职责。目前绝大多数省级体育行政部门获得了经当地政府法制部门培训考核后确认的行政执法主体资格。一些地方行政部门还逐步建立健全了体育执法机构和制度，并进行了有益的探索，取得了一些成功的经验。如河北省制定并实施了体育部门错案和执法过错责任追究暂行办法、体育行政执法检查程序、体育行政处罚听证制度、体育行政复议制度和体育行政执法人员工作制度，形成了较为完善的执法制度体系。其他地区也根据当地的情况和特点，日益强化了行政执法素质，提高行政执法水平。[①] 另外，司法部门也受理和裁决了一些体育诉讼纠纷。

体育法律法规贯彻实施日益深入。在规范政府部门、基层单位和社会各方面的体育行为，解决体育场地设施保护等实际问题，进行市场管理，调整各种体育权益关系和解决各种体育纠纷，以及保护奥林匹克知识产权等各个方面，都发挥了积极的作用。

二、《全民健身计划纲要》加速群众体育事业发展

增强人民体质是体育工作的根本要求。为不断满足人民群众体育健身需求、促进体育事业协调发展和社会和谐，1995年6月20日，国务院颁布了《全民健身计划纲要》，为我们展现了一幅与实现社会主义现代化目标相配套的系统工程和面向21世纪的发展蓝图。这项由国家宏观领导、社会多方支持、全民共同参与的体育健身工程，实施之后在神州大地深入人心，也得到世界许多国家人士的好评。十余年来，我国的群众体育事业取得了世人瞩目的成就。城乡居民的体育与健康意识显著增强，群众广泛参与的健身活动普遍展开，国民体质状况不断改善，具

---

① 孙继斌：《体育与法制越走越近：来自全国体育法制工作座谈会的报道之一》，2002年11月27日《法制日报》。

有中国特色的全民健身体系正在构建与形成。

在法律保障方面，全国各地就全民健身的专门立法越来越多。截至目前，全国共颁布专门的全民健身地方性法规和地方人民政府规章20余部。2007年，国务院将《全民健身条例》列为当年立法工作计划。

1. 中国政府高度重视全民健身工作

中国政府以维护和保障最广大群众的根本利益为己任，关心人民群众的体质和健康，高度重视群众体育工作的开展。国家发展体育事业，开展群众性体育活动，增强人民体质，是中国宪法确定的体育工作根本任务，是中国政府长期坚持的体育工作基本方针。

在毛泽东、邓小平等老一辈领导人长期关怀体育工作的基础上，全民健身工作得到了党的几代领导集体的高度重视。江泽民同志指出，体育工作很重要的问题是增强人民体质，必须把12亿人民的体质搞上去，并亲笔题词："全民健身，利国利民；功在当代，利在千秋"。2008年9月，胡锦涛同志指出，要实现竞技体育和群众体育协调发展，进一步推动我国由体育大国向体育强国迈进。胡锦涛同志还特别强调："要继续发展群众体育事业。体育是人民的事业。要着眼于满足人民群众体育需求，加强城乡体育健身场地和设施建设，健全群众体育组织，完善全民健身体系，为人民提供更多更好的体育公共服务，让人民分享体育发展成果、享受体育带来的健康和快乐，形成健康文明的生活方式。"[①]

1993年起，制定全民健身计划被列入我国国家体育行政部门的议事日程。经过广泛的调查和深入的论证，《全民健身计划纲要》数易其稿，最终形成由国务院颁发的法规性文件。全民健身计划集中体现了党和国家全心全意为人民服务的根本宗旨，集中体现了全国各族人民要求发展体育事业、增强人民体质的共同愿望，是坚持增强人民体质这一体育工作的根本任务，坚持群众体育与竞技体育协调发展这一体育工作的基本方针，坚持体育与经济、社会协调发展重要思想的实际体现和伟大实践。

《全民健身计划纲要》是一项中华民族体质建设的宏伟规划，是国

---

① 胡锦涛：《在北京奥运会、残奥会总结表彰大会上的讲话》，2008年9月30日《人民日报》。

家支持、全民参与、依托社会的跨世纪的全民健身系统工程。它把一切为了人民的利益，服从、服务于社会发展全局作为开展全民健身工作的出发点和落脚点；把动员和引导广大人民群众积极参加体育锻炼、普遍增强人民体质作为开展全民健身工作的核心和主题；把深化体育改革、大力推进体育社会化进程、探索新时期体育管理体制和运行机制以及处理好改革、发展与稳定的关系，作为推行全民健身计划的一条主线；把加快发展我国全民健身事业、逐步建成有中国特色的全民健身体系作为推行全民健身计划的突出特色，是中国新时期群众体育工作的纲领性文件。

《全民健身计划纲要》主要包括5个部分，分别总结分析了中国群众体育发展面临的形势；提出了到2010年要努力实现体育与国民经济和社会事业的协调发展，全面提高中华民族的体质与健康水平，基本建成具有中国特色的全民健身体系的奋斗目标；确定了以全国人民为实施对象，以青少年和儿童为实施重点和对各类群众体育的发展要求；从多个方面提出了实施全民健身计划的主要对策措施；划分为两期工程的实施步骤并明确了实施的组织方式。①

为切实加强对全民健身工作的领导，中国体育行政部门在实施《全民健身计划纲要》的过程中，采取了一系列强有力的措施，加大对群众体育工作的领导力度。中国政府在加强全民健身组织领导工作的同时，不断加大投入，为群众体育发展提供必要的资金保证。《中华人民共和国体育法》明确规定，县级以上人民政府要将体育事业经费、基本建设资金列入本级财政预算和基本建设投资计划，并随着国民经济的发展逐步增加对体育事业的投入，确保体育事业经费随着财政收入的增长逐步增加。各级体育行政部门还应采取多种措施，多方筹集全民健身事业经费。其中，中国政府结合市场机制发行的中国体育彩票，为积累群众体育事业所需资金起到了重要作用。

---

① 中华人民共和国年鉴编辑部：《中华人民共和国年鉴（2006）》，中华人民共和国年鉴社2006年版，第883页。

2.《全民健身计划纲要》的整体推进与分步实施

全民健身计划是一个全面加强群众体育工作的系统工程,既在时间进程上分步推进,又在全国范围内各地区、各行业系统、不同人群普遍展开,使全民健身计划得以有计划、有步骤地整体推进,逐步实施。

《全民健身计划纲要》起草人之一董新光教授在接受记者采访时表示:"《全民健身计划纲要》作为一个国家性的群众体育发展规划,为我国群体事业的发展提供了一个系统完整的空间,一个广阔深入的空间。这个特征集中表现在《纲要》确定的奋斗目标是:要基本建成一个有中国特色的全民健身体系。而不是办一两件事,搞一两次活动,它是一个历时16年的宏伟的社会系统工程。"

按照《全民健身计划纲要》的部署,全民健身计划从1995—2010年分为两期工程实施。第一期工程自1995—2000年,目标是到20世纪末建立起具有中国特色的全民健身体系的基本框架。第二期工程自2001到2010年,目标是再经过10年的努力,把全民健身工作提高到一个新的水平,基本建成具有中国特色的全民健身体系。根据《全民健身计划纲要》的分步实施要求和各阶段重点任务,国家体育行政部门进一步制订了各个阶段的工作方案和实施计划。

《全民健身计划纲要》的实施,受到了全国各级政府、各级各类组织和广大人民群众的普遍欢迎与响应。因此,全民健身计划在中国的普遍推行,也就是各地区、各部门结合自身特点创造性地实施与发展的过程。在全民健身计划的实施过程中,全国各级地方政府,普遍结合本地经济、社会和群众体育发展的基本情况,制订了全民健身计划实施意见和工作方案,建立了全民健身领导或协调机构,开展了声势浩大的宣传发动和规模盛大的健身活动,全方位推进全民健身事业的发展。

各个行业、系统也都结合各自特点和需要,积极响应和认真贯彻落实《全民健身计划纲要》。国务院的教育、卫生、科技、文化和农业、民族、民政、公安等各个行政部门和各类经济管理机构,工会、共青团、妇联等人民团体、各类行业协会以及中国人民解放军,纷纷制定了贯彻《全民健身计划纲要》的相关实施文件,有针对性和富有特色地开展全民健身活动,成为我国全民健身事业发展中不可缺少的重要内容。

3. 全民健身配套法规逐步完善

《全民健身计划纲要》颁布实施不久，党和政府就明确提出了"依法治国，建设社会主义法治国家"的基本方略，使中国社会主义法制建设进入一个新的发展阶段。为保证《全民健身计划纲要》落到实处，除了《中华人民共和国体育法》对它的法律保障和分阶段实施的法规外，中国各级政府还不断加强全民健身相关法规的制定，一套比较完善配套的全民健身法规体系正在逐步形成。更为关键的是，《全民健身条例（征求意见稿）》已经由国务院法制办公布。

有关体育改革与发展的综合性法规，对全民健身计划的实施和全民健身的各项工作进行了总体性规定。国家体育总局2000年制定的《2001—2010年体育改革与发展纲要》，明确提出"充分重视群众体育工作，全面落实全民健身计划。切实把工作重点放在增强人民体质这项基本任务上"。中共中央、国务院2002年下发《关于进一步加强和改进新时期体育工作的意见》，明确提出"大力推进全民健身计划，构建多元化体育服务体系"的任务要求，指出要继续实施《全民健身计划纲要》，开展全民健身活动，增强人民体质，是体育工作的根本任务，体育工作一定要把提高全民族的身体素质摆在突出位置。

在开展各类人群体育工作方面，《体育法》或《全民健身计划纲要》对青少年儿童、职工、农民、老年人、妇女、残疾人等各类人群的体育工作都有所规定。中国政府又根据需要，针对某些人群的体育工作制定了一些规章或规范性文件。如国家体育总局于1999年10月下发的《关于加强老年人体育工作的通知》，2000年8月，民政部、国家体育总局等有关部门共同制定了《关于加强社区残疾人工作的意见》。[①]

在全民健身基本制度建设方面，《体育法》和《全民健身计划纲要》明确规定了国家实施体育锻炼标准、体质监测、体质测定、社会体育指导员等制度，中国政府又分别制定有关这些体育制度的单项法规。教育部和国家体育总局于2002年制订了《学生体质健康标准（试行方案）》，国家体育总局等八部委于2003年联合发布了《普通人群体育锻炼标准》

---

① 中华人民共和国年鉴编辑部：《中华人民共和国年鉴（2006）》，中华人民共和国年鉴社2006年版，第888页。

(试行)。在《全民健身计划纲要》颁布前,为适应社会体育指导工作职业化的需要,由国家体育总局组织研制、国家劳动和社会保障部发布的《社会体育指导员国家职业标准》于2001年8月在全国实施,建立起具有中国特色的社会体育指导员职业资格证书制度。"社会体育指导员技术等级制度"也成为全民健身的一项重要工作制度。

在全民健身物质条件保障方面,《体育法》和《全民健身计划纲要》对体育资金、体育物资、体育场地设施等内容有着非常明确的规定,包括对违法或侵权追究法律责任的规定。同时,中国政府还制定了专门性法规予以保障,其中《公共文化体育设施条例》规定了公共体育设施的性质及服务宗旨,从体育设施的规划、建设、使用、管理及维护的各个环节,明确了政府的责任,对相关部门提出了要求。为了加强对体育彩票及其援建设施的管理和监督,国家体育总局从1999到2003年,先后发布了《体育彩票财务管理暂行规定》、《中国体育彩票全民健身工程管理暂行规定》等文件。2009年4月22日,国务院常务会议审议并原则通过《彩票管理条例(草案)》,彩票行业逐步走向法制化,体育彩票在全民健身物质条件保障方面的作用将会更加稳固。

《全民健身计划纲要》颁布实施10多年来,中国各地的体育立法步伐不断加快。在全民健身立法方面,一方面在地方《体育条例》、实施《体育法》等综合性体育立法和有关体育场馆保护、体育市场与经营活动管理等法规中,包括对全民健身有关内容的规范;另一方面,还制定了一些专门为全民健身或实施《全民健身计划纲要》的法规。比如,《上海市市民体育健身条例》、《江苏省全民健身条例》等。[①]

三、辉煌体育大国背后有"法"助推

体育的精神与法律的精神高度契合,有着天然联系,都是人类社会文明的产物,都追求公正、公平、公开的精神,具有积极、崇高的价值取向。法律就是社会行为规则,而规则恰恰是体育的重要生命线。从这

---

① 中华人民共和国年鉴编辑部:《中华人民共和国年鉴(2006)》,中华人民共和国年鉴社2006年版,第889页。

层意义上说，体育也应当是最讲法治的。体育在给人民群众带来健康、带来愉悦的同时，也因其特定的价值取向，承载着公众的精神寄托。

加强体育法制建设，其作用不仅仅局限于体育的发展，更对健全社会法制、维护社会秩序、净化社会风气、促进社会和谐具有重要意义。国际体育交往的过程，实际上就是我们在国际体育的平台上，适应法律、适应制度、不断磨合、加快融合的过程。在实现这一任务目标的过程中，体育法制建设必将扮演重要角色，承担重要使命。2008年北京奥运会成功举办，必将使我国的体育制度建设和体育管理的现代化有新的突破，必将推动我国法制环境的改善和依法治国的进程，推动社会主义物质文明和精神文明建设。

1. 健身法规出新，彰显社会进步

随着经济社会的发展，人们对健身的需求越来越高，这已经成为社会发展的一个明显标志。而《全民健身条例》的颁布与实施更是反映了时代的进步与发展。

2008年11月6日，国务院法制办公布了《全民健身条例（征求意见稿）》，广泛征求公众意见。从《中华人民共和国体育法》、《公共文化体育设施条例》到《全民健身条例》，普通民众的健身权利逐步得到法制保障。全国政协委员、国家体育总局副局长胡家燕说，体育的出发点和落脚点是满足人们不断增长的体育需求，出台《全民健身条例》，是切实履行政府公共职能、服务大众、改善民生的需要。

《全民健身条例（征求意见稿）》中，凡是关于群众健身切身利益的问题，都得到体现。如对场地设施就有具体、详细的规定：政府投资兴建的公园、广场等公共场所，应当为公众进行全民健身活动提供场地、器材等必要条件；不需要专人管理、维护的公共体育设施应当向公众免费开放；学校体育场馆开放等等。在相关法律保护下，普通民众可以将全民健身作为一种法定权利，更加积极地投身到健身活动中来，逐步实现使我国从一个竞技体育大国到一个综合性体育强国的历史跨越。

《全民健身条例（征求意见稿）》以满足人民群众的健身需求为出发点，以构筑体育健身服务体系为宗旨，充分体现了立法服务人民的宗旨。共有六章，分别对健身活动、场地设施、保障服务、法律责任等进行了

细化，对健身难和健身贵的问题都有所涉及。在中关村一家咨询顾问有限公司工作的张辉对《全民健身条例（征求意见稿）》非常认同。他说，《全民健身条例（征求意见稿）》透露出一个非常人性化的理念，那就是"安全健身"。如专业性强、技术要求高、直接关系人身安全的体育项目需要审批，鼓励投保意外伤害险，对事故责任的坚决追查，这些无一不体现出对健身者的关怀，这样的全民健身彰显了以人为本的理念。[①]

2009年，国务院正式颁布《全民健身条例》，并于2009年10月1日起实施。《全民健身条例》的颁布与实施，使我国体育法规建设取得重大进展。

2. 奥运推动我国《体育法》修订进程

随着我国体育事业的迅速发展和我国社会主义市场经济体制的逐步完善，我国体育事业发展中也出现了一些新情况和新问题。如与体育事业快速发展的形势相比，我国体育法律法规的数量尚显不足；部门规章和法规性文件效力不高，执行难度较大；各地体育立法状况不平衡，有些地方尚无一部地方性体育法规和政府规章；体育违法案件和现象查处不力；学校体育场地和学生体育活动时间未能保证；将体育场地改为集贸市场、城市绿地和房地产开发的现象仍较多等。适时修订《体育法》和其他体育法规，继续做好体育普法的宣传教育，加快配套立法进程，建立健全体育法规体系，完善和强化体育执法监督检查制度，提高执法效果，日益受到社会广泛关注。

在我国从体育大国迈向体育强国之时，体育法作为我国体育领域的基本法，目前正根据体育事业发展的需要，进行修订的各项准备。体育法的修订是"十一五"规划期间我国体育法制建设的一项重大工作。为适应体育发展的实际需求和顺应现代法治的发展趋势，抓住2008年北京奥运会形成的全社会关注体育的难得契机，我国有关部门正在做好法律修订立项的前期论证和调研，加快推进《体育法》的修订。

在加快《体育法》修订工作步伐的同时，国家体育总局还提出，要做好《体育法》配套立法工作。随着市场经济体制的建立和日益完

---

① 部国华：《健身法规出新　彰显社会进步》，2008年11月21日《中国体育报》。

善，体育事务更多地需要政府法制工作提供法律保障。做好体育法配套立法工作，既要积极建立、完善与国际通行规则相协调的体育法规体系，又要及时做好现行体育法规的清理工作。立法要着眼于立法项目出台的社会效果，着眼于行使体育社会管理职能、服务社会经济整体发展，真正为提高全民身体素质服务，为推动体育事业发展服务。

中国法学会体育法学研究会副会长于善旭说，奥运会已经并将进一步对中国体育法制建设形成有力的推动和深远的影响。比如北京奥运会所透射的现代法治信息，为依法治体理念在中国的广泛传播创设了有利的环境，促进了体育工作者和全社会体育法律素养的提高。随着北京奥运会对中国体育发展形成的全面促进，各种新的体育法制需求也相应提出。

总体来说，我国的体育法制建设仍然处在起步阶段。伴随体育社会化和法治化进程的推进，以 2008 年北京奥运会的成功举办为契机，对于广大体育工作者而言，不断增强体育法制观念，完善体育法制构架，保障和促进体育事业稳定、健康地发展，任重而道远。

相关链接 1：

《体育法》颁布 10 年带来山西省体育巨变

体育，能给人带来无穷的激情，有时却也成为生活之中的烦恼。从 20 世纪 80 年代末到 90 年代初，各地的不少体育场变成了一股经商风的猎物。今天这个体育场被人家盖了楼，明天那个体育设施被改作了集市贸易场所；再有几天学校的操场没有了，变成了家属楼……群众通过各种方式反映，媒体向社会呼吁，但作用微乎其微，占就占了，改作其他用途就改了，连个合理的说法都讨不到。

此种情况终于得到了改变。影响最大的是太原市万柏林体育场。因市政建设修路，该体育场被占去 13 亩的地方。得知情况后，省人大、省政协和省体育局等有关方面立即组成检查组，几次到现场监督过问此事，直到当地政府按照《体育法》的有关条例作出了补偿同样面积的承诺。还有长航基地、朔州、灵石县、夏县等地相继发生侵占体育场地的情况后，省体育法规部门都及时派人或下文件到当地政府，要求整改，收到了较好的效果。

一样的情况，为什么会有两种结果？关键是1995年10月1日国家开始实施了《体育法》。

在《体育法》颁布前，山西省没有一部体育方面的地方性法规和政府规章，地方体育立法几乎为零。《体育法》颁布后，省人大常委会分别于1996年、2000年、2002年公布实施了《山西省体育设施管理条例》《山西省体育经营活动管理条例》《山西省全民健身促进条例》三部地方性法规。同时，在省政府的支持下，山西省一支高素质的体育执法队伍也建立起来了。这些法规和执法队伍的出现，使山西省体育的健康可持续发展有了最坚实的支撑点。体育法规部门的人说：过去看到体育设施被侵占想管管不了，只能干着急、干生气；现在有法了，也就有底气了，不管对谁，都有理可讲。前几年，垣曲县、昔阳县等地相继出现了要改变当地体育场和门球场的情况，收到群众的举报后，体育法规部门迅速出动，使问题得到了合理解决。

2005年8月，太原市杏花岭体育局和太原市体育局执法队联合执法，对当地的体育经营无序状态进行整顿，查处了十几家无证经营户，赢得了社会的赞扬。山西省的做法得到了国家体育总局的充分肯定，省体育局多次被评为全国体育法制工作先进单位。

（根据2005年10月11日《山西日报》）

相关链接2：

《体育法》相关案例

案例一，2003年3月19日，全国男排联赛第十轮河南队主场对四川队的比赛中，四川队因对裁判判罚不满在第五局中退出比赛，从而使得中国男排联赛首次出现球队罢赛的场面。3月21日，中国排球协会公布了对四川男排罢赛的处罚结果，四川队遭受了中国男排联赛史上最重的处罚。根据《中国排球协会排球竞赛纪律规定》的相关规定，给予四川前锋股份男排俱乐部处以罚款3万元，取消四川男排当年联赛所有剩余轮次的比赛资格，这也就意味着四川男排已经提前降级。主教练周建安也被处以罚款和停赛 1 年的重罚。

——《中华人民共和国体育法》第三十四条明确规定：体育竞赛实行公平竞争的原则。体育竞赛的组织者和运动员、教练员、裁判员应当遵守体育道德，不得弄虚作假、营私舞弊。《体育法》第四十九条明确指出：在竞技体育中从事弄虚作假等违反纪律和体育规则的行为，由体育社会团体按照章程规定给予处罚。

案例二，2005 年 6 月 24 日，国家体育总局在官方网站上对湖北省女子举重队集体使用违禁药物和在兴奋剂检查中集体作弊的事件进行了通报。湖北省体育局重竞技管理中心教练员刘少军自 2004 年 12 月开始组织、指使湖北女子举重队 6 名运动员集体使用违禁药物。在接到兴奋剂检查通知后，湖北省体育局重竞技运动管理中心副主任兼主教练奚汉祥和刘少军策划、指使另外 6 名运动员携带事先准备好的伪造身份证件，以冒名顶替的方式接受了兴奋剂检查。对此，国家体育总局决定取消湖北省举重队（含男、女）参加十运会的比赛资格（其他运动员可以个人名义参赛），取消湖北省体育代表团参加十运会体育道德风尚奖的评选资格；中国举重协会决定对奚汉祥、刘少军给予终身取消教练员资格的处罚，对集体使用违禁药物的 6 名运动员以及参与集体作弊的另外 6 名运动员给予停赛两年的处罚，对湖北省举重队给予停止参加国内外比赛 1 年的处罚。

——《中华人民共和国体育法》第三十四条明确规定：在体育运动中严禁使用禁用的药物和方法。

案例三，据悉，从 2004 年到 2008 年上半年，全国工商行政管理机关共查处侵犯奥林匹克标志专有权案件 2800 多起，罚款 2000 多万元。保护奥林匹克商标专用权，对于北京奥运会的成功举办也具有不可低估的影响力。

——《中华人民共和国体育法》第三十五条明确规定：在中国境内举办的重大体育竞赛，其名称、徽记、旗帜及吉祥物等标志按照国家有关规定予以保护。

（根据 2008 年 12 月 16 日《中国体育报》）

相关链接 3：

20 世纪 90 年代中国体育大事记（1990—1999 年）

1990 年

1月28日　中共中央总书记、国家主席江泽民看望国家体委集训队的运动员、教练员。

2月21日　中共中央总书记、国家主席江泽民为体育工作题词："发展体育，振兴中华。"

2月21日　国家体委公布《国家体育锻炼标准测验规则》和《国家体育锻炼标准评分表》。

4月13日　中国兴奋剂检测中心以优异成绩通过国际奥委会的资格考试，成为国际奥委会批准的世界第一流实验室。

5月25日　第十六届国际羽毛球男子团体锦标赛（汤姆斯杯）和第十三届国际羽毛球女子团体锦标赛（尤伯杯）在东京举行，中国男、女双获团体冠军。

6月4日　中共中央办公厅、国务院办公厅发出《关于全党全社会都要关心、支持办好第十一届亚运会的通知》。

9月13日　反映我国56个民族传统体育的志书《中华民族体育志》出版。

9月22日　第十一届亚运会在北京举行。37个国家和地区的代表团参加了入场式。中国体育代表团获得金牌183枚、银牌107枚、铜牌52枚，金牌、奖牌总数、总分均列第一位，并创一项世界纪录、30次亚洲纪录、96次亚运会纪录。

10月　世界女子国际象棋冠军赛八强赛在苏联举行，中国选手谢军获得第一名，这是中国棋手在世界大赛中取得的最好成绩。

1991 年

1月3日　第六届世界游泳锦标赛在澳大利亚佩斯举行，中国队获8枚金牌、3枚银牌、2枚铜牌。

1月3日　中日梅里雪山联合登山队17名队员（中方6人，日方

11人）在3号营地全部遇难。

2月26日　中国奥委会全体会议在北京举行。会议决定中国向国际奥委会申请在北京举办2000年第二十七届奥运会。

3月18日　获国务院批准，并成立申办委员会。

5月20日　全国体育工作会议在北京召开。会议讨论通过了《中国体育发展与改革纲要》、《体育事业十年改革规划和"八五"计划》、《中华人民共和国体育法》3个草案。

6月26日　国家体委颁发新修订的《各项目运动员技术等级标准》，自1992年1月1日起执行。

7月8日　国家体委、国家教委联合下发《体育运动学校办校暂行规定》、《三年制中等体育学校教学计划》、《体育运动学校学生学籍管理办法》。

9月26日　世界女子国际象棋冠军赛决赛在菲律宾举行，中国选手谢军战胜苏联棋手马亚·奇布尔达尼泽，成为新的世界冠军，打破苏联女棋手垄断41年的局面。

10月12日　首届世界武术锦标赛在北京举行，41个国家和地区的440名选手参赛。

10月13日　中国体育科学学会组织工作座谈会在贵阳召开，会议提出"科技兴体"，把振兴体育转移到依靠科技进步和提高体育队伍素质的轨道上来。

1992年

1月15日　中国兴奋剂检测中心通过国际奥委会医学委员会年度考试，保持承担各类国际体育比赛中兴奋剂检测资格。

3月9日　"世界体育奖"创立100周年纪念、颁奖仪式在美国洛杉矶举行，中国游泳运动员林莉获此奖项。

4月7日　世界水下活动联合会执委会决定，将第一枚世界优秀运动员奖章授予多次创造蹼泳世界纪录的中国运动员郑世玉。

5月30日　江泽民主席签发中央军委命令，授予速滑运动员叶乔波"体坛尖兵"荣誉称号。

6月9日　国家体委、全国体总、中国奥委会在人民大会堂举行纪念毛泽东同志"发展体育运动，增强人民体质"题词40周年大会。会上表彰了48个全国群众体育先进单位。

6月22日　全国足球工作会议在北京召开，会议强调：解放思想，加快改革，真抓实干，开创我国足球运动新局面。

7月8日　中国奥委会反兴奋剂委员会在北京成立。

7月24日　第二十五届奥运会在西班牙巴塞罗那举行。中国体育代表团参加了本届奥运会25个项目中20个项目的比赛，获得16枚金牌、22枚银牌、16枚铜牌。

9月3日　第九届伤残人奥运会在西班牙巴塞罗那举行。中国代表团获得11枚金牌、7枚银牌、7枚铜牌，8人14次破7项世界纪录。

10月6日　第三届"中国十大杰出青年"评选揭晓典礼在北京举行，速滑运动员叶乔波名列"十杰"之首。

1993年

3月10日　海峡两岸联合登山队攀登珠穆朗玛峰。5月5日登顶成功。

3月29日　国家主席江泽民签署中华人民共和国主席令（第2号），任命了新的国务院成员，其中任命伍绍祖为国家体委主任。

7月12日　我国第一个社会体育科学研究所在天津体育学院成立。

8月25日　中共中央总书记、国家主席江泽民在大连接见中国田径队，对马俊仁教练率领的辽宁女子中长跑队"坚韧不拔，锲而不舍，艰苦奋斗，勇攀高峰"的精神给予高度评价。

9月4日　第七届全运会主火炬点燃仪式在天安门广场举行。中共中央总书记、国家主席江泽民点燃圣火。

9月4日　第七届全运会在北京召开。全运会分北京赛区和四川赛区，四川赛区于8月15日至24日在成都举行。全运会45个代表团共10510名运动员参加43个项目的比赛，共有4人4次创4项世界纪录。

10月10日　首届中国体育用品博览会在西安举行，200余个厂家参展。

1994 年

1 月 18 日　中共中央总书记、国家主席江泽民为第五届全国大学生运动会题词："发展学校体育运动，促进社会主义文明建设"。

2 月 1 日　第十四届杰西·欧文斯国际奖颁奖仪式在美国纽约举行，中国女子田径运动员王军霞获此殊荣，她是亚洲和中国第一位获此奖者。

3 月 4 日　经中央机构编制委员会批准，国家体委乒乓球管理中心成立，相继成立了冬季运动管理中心，航空无线电模型、射击射箭、自行车、摩托运动、水上、足球、网球、武术、棋类、登山、拳击、桥牌等运动管理中心和社会体育指导中心。这是国家体委实行体育体制改革的重大举措。

3 月 29 日　国家教委、国家体委、共青团中央联合发出通知，在全国青少年中开展到阳光下、到操场上、到大自然中去陶冶身心的活动。

4 月 5 日　经中央机构编制委员会批准，国家体委成立体育彩票管理中心。

5 月 5 日　体育基金筹集中心成立。

5 月 7 日　中国跳水名将、洛杉矶奥运会跳水冠军周继红入选国际游泳联合会评选的"国际水上名人堂"。她是第一位获此荣誉的中国人。

10 月 2 日　第十二届亚运会在日本举行，42 个国家和地区的 7300 余名运动员参加，中国运动员共获 125 枚金牌、83 枚银牌、58 枚铜牌。

11 月 4 日　国家人事部、国家体委下发《体育教练员职务等级标准》和《关于〈体育教练员职务等级标准〉若干问题的说明》的通知。

1995 年

2 月 10 日　中国选手孙彩云在德国国际室内田径赛上先后以 4 米 12、4 米 13 和 4 米 15 破室内撑竿跳高世界纪录，这是当年 1 月 27 日以来，孙彩云连续 5 次打破此项世界纪录。

2 月 18 日　第十七届世界大学生冬运会在西班牙举行。中国队获得 3 枚金牌、4 枚银牌、3 枚铜牌。

2 月 27 日　国家体委发布《禁止在体育运动中使用兴奋剂的暂行

规定》。

3月1日　以"加快体育产业化步伐，促进体育事业发展"为主题的全国体委主任会议在北京召开。

3月27日　国家体委发布《对使用兴奋剂运动员的教练员处罚暂行办法》。

5月1日　第四十三届世界乒乓球锦标赛在天津举行。99个国家和地区的634名运动员参加了比赛，中国队获全部7枚金牌。

5月2日　国际奥委会在医学委员会主席梅罗德发电传祝贺中国兴奋剂检测中心圆满完成国际奥委会1995年度复试。

5月15日　国际奥委会主席萨马兰奇向全国政协副主席霍英东、原中国奥委会副主席栗树彬、著名跳高运动员郑凤荣授予银质"奥林匹克勋章"。

5月16日　中国奥委会与国际奥委会在北京举行工作会议，双方就重大问题达成共识，期间，萨马兰奇对中国提出的"全民健身计划"和"奥运争光计划"给予了高度评价。

6月16日　国家体委下发《体育产业发展纲要》。

6月20日　中共中央总书记、国家主席江泽民为《新体育》创刊45周年题词："胜不骄，败不馁"。

6月22日　国务院发布《全民健身计划纲要》。

8月29日　第八届全国人大常委会第十五次会议全票通过了《中华人民共和国体育法》，当天，国家主席江泽民签发中华人民共和国主席令，宣布《中华人民共和国体育法》自1995年10月1日起实行。

10月22日　第三届全国城运会在南京举行，49个代表团参赛，进入决赛的运动员3344人，共产生218枚金牌。中共中央总书记、国家主席江泽民为本届运动会题词："发展城市体育事业，提高中华民族素质"。

11月5日　第五届全国少数民族运动会在云南昆明举行。党和国家领导人江泽民、李鹏、乔石、李瑞环为民运会题词。江泽民的题词是："发展民族体育运动，促进两个文明建设"。

1996 年

1 月 22 日 以科技兴体为主题的全国体委主任会议在北京召开。

2 月 4 日 第三届亚洲冬季运动会在哈尔滨举行,中共中央总书记、国家主席江泽民出席并宣布运动会开幕,中国代表团以 15 枚金牌列金牌总数第一位。

3 月 9 日 国务院批准发行 1996 年、1997 年度体育彩票。

3 月 21 日 中国人民解放军总参谋部、总政治部、国家体委在人民大会堂隆重举行纪念贺龙诞辰 100 周年座谈会。

3 月 27 日 国家体委、国家教委、卫生部、国家民委、国家科委联合发出通知,要求全社会都来关心青少年身体健康。

4 月 30 日 第三届全国工人运动会在北京举行,本届运动会的主题是:参与、健身、团结、进步。运动会设 11 个比赛项目,分 15 个赛区在 17 个城市和基层进行,541 支队伍 7000 名运动员参赛。中共中央总书记江泽民为本届运动会题词:"大力开展职工体育运动,促进经济发展和社会进步"。

5 月 10 日 第四届全国残疾人运动会在大连举行,中共中央总书记、国家主席江泽民为大会题词:"平等、参与、自强、共进"。本届运动会共有 75 人 105 次超 41 项世界纪录。

7 月 20 日 第二十六届奥运会在亚特兰大举行,中国体育代表团获得 16 枚金牌、22 枚银牌、12 枚铜牌,金牌榜上排名第四位。

8 月 15 日 第十届伤残人奥运会在亚特兰大举行,中国代表团获得 16 枚金牌、13 枚银牌、10 枚铜牌,并获 11 项世界纪录,金牌榜名列第九位。

8 月 31 日 中宣部、国家体委、卫生部、民政部、公安部、国家中医药管理局、国家工商管理局联合下发《关于加强社会气功管理的通知》。

9 月 18 日 经全国哲学社会科学规划领导小组批准,体育学被正式纳入由国家统一规划、管理的哲学社会科学学科领域,列为国家一级学科。

11 月 3 日 第三届全国农民运动会在上海举行。

1997 年

1 月 13 日　以加强体育法制建设为主要议题的全国体委主任会议在北京举行。

1 月 22 日　国家体委下发《关于加强体育法制建设的决定》。

4 月 2 日　国家体委、国家教委、民政部、建设部、文化部联合下发《关于加强城市社区体育工作的意见》。

8 月 16 日　中共中央总书记、国家主席江泽民为体育工作题词："全民健身，利国利民，功在当代，利在千秋"。

8 月 28 日　中共中央总书记、国家主席江泽民在天安门广场亲自点燃了第八届全运会"奔向新世纪"火炬。

9 月 10 日　党和国家领导人江泽民、李鹏、刘华清、胡锦涛等在北京展览馆参观"辉煌的五年——十四大以来我国经济建设和精神文明建设成就展"时，观看了体育成就展区。

10 月 12 日　中共中央总书记，国家主席江泽民在上海接见全国群众体育先进代表，他指出：为人民服务，为增强人民体质服务，是党和国家对体育工作的基本要求。体育事业是群众的事业，广泛开展群众参与的体育活动，是我们体育工作的重点。

10 月 14 日　全国群众体育先进表彰大会在上海举行，2994 个单位获全国群众体育先进集体称号，1987 人获全国群众体育先进个人称号。

1998 年

1 月 12 日　全国体委主任会议在北京召开。会议主要议题是高举邓小平理论伟大旗帜，认真学习贯彻党的十五大精神，深化体育体制改革，把建设有中国特色社会主义体育事业全面推向 21 世纪。

2 月 1 日　国际奥委会决定授予李铁映、徐寅生银质"奥林匹克勋章"。至此，中国共有 19 人获"奥林匹克勋章"。

3 月 10 日　根据国务院机构改革方案，国家体委改组为国家体育总局，4 月 6 日正式挂牌。

4 月 21 日　北京大学登山队唐元新、张春柏、高永宏一举登上海拔 8201 米的世界第六高峰——卓奥友峰，实现了国内大学生攀登 8000

米高峰"零的突破"。

6月24日　国家体育总局公布《1997年中国成年人体质监测结果报告》，中国成年人体质达到合格以上标准的占71.4%。

7月21日　体操运动员桑兰在友好运动会上受重伤，运动员伤残问题引起各方面关注。

8月　范志毅、孙继海、杨晨、李金羽等足球运动员相继进入欧洲高水平足球赛场。大连万达队第四次获得全国足球甲A冠军。

9月28日　国家队运动员伤残保险协议正式签订实施。

10月12日　中国女队谢军、诸宸、王频、王蕾在第三十三届国际象棋奥林匹克赛中首次获得团体冠军。

10月15日　由万名太极拳爱好者组成的方阵在天安门广场表演了24式太极拳，并首次通过卫星向世界转播，成为中国武术史上最壮观的一幕。

11月25日　北京市向中国奥委会正式递交2008年夏季奥运会的申办书。

12月6日　第十三届亚运会在泰国举行。由822人组成的中国体育代表团参加了24个大项的比赛，共获得129枚金牌、77枚银牌、68枚铜牌，实现了金牌和奖牌总数第一，中国香港特别行政区获得5枚金牌、6枚银牌、6枚铜牌。

1999年

1月6日　中国奥委会在北京举行全体会议，审议并批准了北京市政府关于举办2008年奥运会的申请。中国奥委会和北京市官员4月赴瑞士洛桑，向国际奥委会递交申请报告。9月申办委员会在北京成立，并举行第一次会议，标志着北京申办工作正式启动。

5月　在国际体育记者协会组织的评选中，中国体操运动员李宁和其他国家的24名运动员一起，被评选为20世纪最佳运动员。

第三届世界杯女足赛6月至7月在美国的7个城市举行，中国队获得亚军，取得参加历届杯赛的最好成绩。

第六届全国少数民族传统体育运动会于8月和9月分别在拉萨和北京举行，西藏自治区首次举办全国性综合运动会。全国34个代表团的

8500 余人共参加 13 个项目的比赛和 150 多个项目的表演。

8月　在西班牙塞维利亚举行的第七届世界田径锦标赛上，中国选手刘宏宇获得女子竞走 20 公里金牌。这是自 1993 年以来中国选手夺得的第一个田径世界冠军。

姚明走进 NBA：
世界更加关注中国

当今世界竞技体育飞速发展，作为社会窗口行业的运动员队伍也正在吸引着公众的目光，而作为广大青少年心中的偶像和楷模，体育明星的公共影响力也正在日益增强。

2006 年，姚明和著名演员施瓦辛格（曾任美国加州州长）、拳王阿里等人，光荣地成为了全球奥林匹克运动特别形象大使。同年的 9 月，姚明联手 NBA 著名球星魔术师约翰逊充当爱心大使宣传预防艾滋病。作为 NBA 休斯顿火箭队的一名出色的中锋，姚明正在为全世界更多的人所知。他的表现在国内、国际上产生了重大的影响，成为世界各大传媒争相报道的对象。而伴随着他名气的逐渐攀升，他的公众影响力也在逐渐显现。

一、姚明现象

综观当今世界体坛，体育明星的社会文化影响日趋显著。从姚明现象来看，它既属于一种体育现象，也属于一种商业现象和社会文化现象，从某种意义上讲姚明是一个代表中国由体育大国向世界体育强国迈进的体育符号。如果被视为一种效应，姚明所代表的是一支在中国势不可挡的营销力量，对经济活动更多的介入体育作出了很大的贡献；如果被视为体育文化使者，姚明是一座中国和美国之间的篮球桥梁，对中西体育文化的有机融合起到了媒介的作用，对我国社会文化产生了深远的影响；如果被视为一个典范，姚明在进入 NBA 后的爱国精神、行为表现，影响了许多炎黄子孙，为爱国主义教育作出了自己应有的贡献。姚明就其国内外球场上顽强拼搏和球场下的行为表现，已经使其成为世界体坛最具有明星气质的运动员之一，同时也成为中国与世界体育、文化、经济紧密互动的催化剂。

在现代社会，体育运动已经不是一种孤立的社会文化活动，体育运动与人类社会广阔的社会实践活动有着千丝万缕的联系。当"小巨人"姚明走出国门，在 NBA 休斯顿球场亮相并投中第一个球时，他给予世界一个证明，证明中国人也能够与世界篮坛最优秀选手较量。"小巨人"姚明凭借 2.26 米的身高、过人的天赋和随和、幽默的性格，感染着每一个身边的人。正是姚明身上所表现出的品质，使其赢得了与世界著名企业麦当劳等跨国公司签订的价值不菲的广告合同。

姚明作为一名篮球运动员在社会层面上造成了一定深度和广度的影响。姚明的成功，让我们看到体育明星的社会文化影响越来越显著，体育明星对社会发展和人民生活的重要价值。

二、成 长 历 程

1980 年 9 月 12 日，姚明出生于上海市。姚明的父母都是篮球运动员，父亲姚志源身高 2.08 米，曾效力于上海男篮；母亲方凤娣身高 1.88 米，是 20 世纪 70 年代中国女篮的主力队员。

在姚明的 4 岁生日时，他得到了第一个篮球；6 岁时看美国哈里篮球队在上海表演，知道了 NBA。9 岁那年，姚明在上海徐汇区少年体校开始接受业余训练。由于从小受到的家庭熏陶，他对篮球的悟性逐渐显露出来。5 年后，他进入上海青年队，17 岁入选国家青年队，18 岁穿上了中国篮球国家队队服。

在 18 岁入选中国国家篮球队之后，姚明的表现进一步成熟。2000 年奥运会期间，姚明平均每场拿下 10.5 分和球队最高的 6 个篮板、2.2 次盖帽，他平均每场 63.9% 的投篮命中率也无人能比；在 2001 年的亚洲篮球锦标赛上，姚明每场贡献 13.4 分、10.1 个篮板和 2.8 次盖帽，投篮命中率高达 72.4%，帮助中国队夺得冠军；在美国当地时间 2002 年 6 月 26 日的选秀大会上，休斯顿火箭队顺利挑到了姚明，他也成为 NBA 历史上第一个在首轮第一位被选中的外国球员。姚明加盟休斯顿火箭队，是继王治郅和巴特尔之后第三位登陆 NBA 的中国球员。

姚明作为专业球员和后来的职业球员，取得了一系列优秀成绩。1997 年，以姚明为主力的中国青年男篮获亚洲青年男子篮球锦标赛冠军。1998 年，姚明作为主力的上海队获全国男篮甲 A 联赛第五名；4 月入选国家队，进入中国篮球明星队；同年 5 月赴美国印第安纳波利斯参加耐克夏令营的篮球训练。1999 年 5 月，姚明入选蒋兴权执教的国家男篮；同年 5 月，获 99 赛季全国男篮甲 A 联赛最有进步球员奖；8 至 9 月，参加在日本举行的亚洲男子篮球锦标赛，与全队配合重新夺回亚洲男篮锦标赛冠军宝座。2000 年 3 月，姚明参加 1999—2000 年全国男篮甲 A 联赛，与队友合作使上海东方队获得第二名；获 1999—2000 赛季全国男篮甲 A 联赛篮板、扣篮、盖帽 3 个单项奖。2000 年 9 月，姚明参加在悉尼举行的第二十七届奥运会男篮比赛，与队友合作获第十名；9 月，又参加悉尼奥运会，并去美国职业篮球联赛（NBA）选秀。2001 年 4 月，姚明参加 2000—2001 年全国男篮甲 A 联赛，与队友合作协助上海东方队获得第二名。2002 年，姚明参加世界男子篮球锦标赛，中国队获得第十二名；他所在的上海东方队获得中国男篮甲 A 联赛冠军；他入选世界男子篮球锦标赛最佳阵容；6 月，成为 NBA 状元秀；10 月，与队友合作获亚运会男子篮球亚军。2003 年 10 月 1 日率领中国男篮拿到亚锦赛冠军，同时获得雅典奥运会入场券。

在国内，姚明身上有很多荣誉光环："全国十大杰出青年"、"感动中国十大人物"、"全国劳动模范" 等等；2008 年 8 月 6 日在北京参加奥运圣火传递，8 月 8 日担当 2008 年北京奥运会开幕式中国体育代表团旗手。

在国外，姚明是美国 NBA 的著名中锋，也是有名的广告人、国际体育巨星，自从担任联合国的环保大使后，姚明一直在保护环境方面尽自己最大的努力，他对环境保护的热衷得到了联合国环境规划署的肯定。

对于姚明在环保方面做出的种种不懈努力,我们并不陌生,从姚明向全世界宣布"今后,我本人在任何时间、任何情况下都拒绝食用鱼翅。为了我们的未来,请和我一起来保护濒临灭绝的野生动物",到在浙江拍摄婚纱照时关注景区的可持续发展;从姚明成为联合国环境卫士之后发出"我将和世界上其他国家的年轻人一起努力,倡导他们种树,使用节能灯,收集雨水,让他们也成为自己社区的环境卫士",到姚明入住奥运村时不乱扔手里的矿泉水瓶,姚明对于环保的亲力亲为,令人尊敬。

现代奥林匹克运动更强调体育对于环境的干预和改善,更关注绿色体育在民间的发展。如果说体育能改变生活,那么体育对于环境的促进和改善更有紧迫的意义,从这点上说,姚明的明星效应的影响内涵,将会因为环保元素的嵌入而更富有社会文明的进步意义。

无论是演艺还是体育,做一位明星也许不难,但是要做一位热心社会环保等公益事业的明星很难,因为一旦有了环保承诺,树立了环保意识,就要时时处处约束自己,检点自己的言行,就要放弃生活中很多的物质享受,姚明愿意这样做。

三、姚 明 效 应

1. 对中国篮球市场文化的影响

姚明可以称为中国的"名片",是中国面向美国、面向世界的一个活广告。姚明给世界展现着13亿中国人的自强不息的精神和涵养,是传递中国信息的良好载体。《休斯顿纪事报》评论道:"姚明的背后,是一个迈着大步走向政治、经济改革的中国,是一个加入世贸组织、开放的中国。"对于许多普通的美国人来说,姚明代表了自中国加入世贸组织之后一个更开放的中国形象。姚明为中国篮球市场的发展起到了催化剂作用。由于姚明在NBA的出色表现,使得我国中央电视台及各地市电视台转播NBA的次数大幅增加,姚明在国内人气指数大大提高。国内外电视台对其进行独家访问、专题报道,一些知名网站和报纸杂志开设了专题栏目,每日不断推出姚明的最新动态。现代篮球运动已不再是一项单纯的体育项目,已上升为一种高度职业化、商品化的体育产业，形成了极具文化特色的篮球市场。随着国内外一些赞助商与姚明签约广告形象代言人，也从侧面宣传了篮球运动，普及了篮球运动，提高了篮球运动的影响力，同时也开发了篮球市场。短短几年里，国内篮球用品消费呈直线上升趋势。由于姚明在休斯顿火箭队的地位日益巩固以及出色的表现，使得与火箭队有关的运动服、运动鞋及相关体育用品的销量占了中国国内篮球市场消费相当大的比例。从另一个角度看，姚明在最有影响力的NBA赛事中的亮相，间接地拉近了中国和世界各国人民的距离，而姚明在全明星投票中连续两次名列第一，使我们感觉到世界球迷，尤其是国内篮球爱好者对篮球活动参与的热情和对篮球狂热的程度，使更多的青少年投入到这项运动之中，享受篮球运动所带来的快乐。

2. 促进中西体育文化的交融

体育明星以其鲜明的形象性和巨大的感召力，影响着中西文化的交流，体育明星是促进中西体育文化交融各自民族文化的代表。东西方体育文化存在着相当大的差异，表现在地理位置、环境和社会背景的差异，这种差异直接影响着各国的体育文化的交流。姚明所体现出的集体主义精神，在美国深受欢迎。他的无私，其实代表了中国社会长期形成的一种文化精神。东方与西方文化的融合很可能会成为世纪的决定性焦点。姚明去美国打球，为美国人民开启了一扇进一步了解改革开放30年的中华民族所取得伟大成就的窗户，具有重要的文化交流意义。从1971年美国乒乓球队首次访华到姚明加盟NBA，中、美两国的交往在不断加深。在美国的华人，甚至很多亚洲人，都将姚明当做民族英雄一样看待。在美国人眼中，亚洲人身材矮小，不适合从事竞技体育运动，尤其像篮球这样非常倚重身高的体育项目，更是亚洲人的禁区。但姚明的出现打破了美国人的惯有思维，使他们彻底改变了对亚洲人的看法，也将他们的目光从李小龙、成龙、李连杰等主演的电影中的武打场面中转到现实世界，看到真正强壮而灵活的中国篮球运动员。姚明加入NBA可以说是中西体育文化的最好桥梁。《美中晚报》称：姚明在赛场上体现了亚洲人的新形象，即高大、强壮、勇敢、智慧。姚明可能影响美国整整一代人，对未来中美关系的健康发展将产生很大作用。姚明的这些影响使他顺理成章地成为在美华人和亚洲人心目中的偶像。所有这些，都大大提高了姚明在中美两国的知名度，在某种意义上说，姚明已成为对美国球迷和美国朋友很有吸引力的一位来自民间的亲善大使。姚明现象让中国体育和篮球在世界范围内扩大了影响和地盘，姚明的出现也改变了一些美国社会总把中国人与开餐馆和简单低值劳动联系在一起的看法。

体育明星作为各自民族文化的代表，在大众传媒和视觉文化的影响之下，以其鲜明的形象性和巨大的感召力，影响着文化的交流与渗透。中国的体育文化已经逐步地被美国的人们所接受，也进一步说明了姚明对中西体育文化的融合作出了很大的贡献。

姚明与大鲨鱼奥尼尔的对决

3. 助推我国大众体育发展

大众体育事业的发展规模和发展水平是体育事业发展规模和发展水平的基本标志。大众体育事业是社会主义精神文明建设的重要组成部分，是社会主义现代化建设的重要方面，也是全面建设小康社会的重要内容。繁荣发展大众体育事业，对于满足人民日益增长的体育需求，增强人民体质，促进人的全面发展；对于提高人民生活质量，促进社会主义和谐社会建设和社会全面进步，具有不可替代的作用。人的身体及其体力，是人的德行、智力、才华的物质基础。体育运动能够完善人的身体素质，提高人的体力，对构成综合国力诸要素中的人，给予明显体力支持，大众体育是增强综合国力的重要力量。姚明在竞技篮球运动方面的成绩给了我国许多青少年很大的鼓舞和激励，促使越来越多的人参加到体育运动中来，助推我国大众体育发展。

新闻媒体对姚明加入 NBA 后引起的"姚明热"给予的关注，在社会上产生了广泛效应，对人们的体育观念、体育参与意识和体育消费产生了积极影响。

4. 对中国高校篮球文化的影响

姚明现象扩大了我国高校篮球高水平运动队人才基础，为我国高校篮球高水平运动队的发展产生了积极的影响。首先，姚明现象促进了高校篮球运动的发展，他在 NBA 赛场上的表现直接牵动着当代高校年轻篮球运动爱好者的心，促进了高校课外篮球活动形式的多样化，丰富了校园文化。如校园开展的由耐克、阿迪达斯、肯德基冠名的 3 人制篮球比赛。其次，提高了篮球运动在高校的影响力，大大增加了高校篮球人口数量。部分高校自发组织了球迷协会，大学生在课余时间更多的是谈论姚明在 NBA 的表现。一些专业人士对美国篮球有了更深刻的了解，看到了中国篮球与美国篮球之间差距的实质：教练员、运动员只有具备较高的文化素质才能把握一流的技战术规律，综合素质才能得到不断提高，才能实现篮球水平质的飞跃。

5. 巨大的商业价值

"如果姚明在 NBA 打球打到 38 岁，他可以有 2.7 亿美元至 2.9 亿美元的收入，除去所得税和 NBA 球员基金，姚明的实际收入约为 1.8 亿美元。这一收入还不包括姚明获得的场外赞助、广告等巨额商业收入。这一价值按目前的国际商品价格，相当于中国出口了 102 万吨大米，或 46 万吨钢材，或 239 万台电视机，或 630 万辆自行车，或 98 万吨原油……"中国商务部跨国研究中心研究员马宇曾用数字来衡量姚明的商业价值。

姚明的商业价值仍在逐渐扩大。1997 年，NBA 总裁大卫·斯特恩曾预言中国将来有可能超过美国成为世界第一大篮球市场。NBA 的商业游戏规则和所有的其他体育项目一样，NBA 是体育，是娱乐，更是商业。NBA签下了姚明,也就是签下了中国数亿观众。作为美国四大联赛之一的NBA,这么多年来一直没有停止过创造有影响力的偶像,其中在NBA历史上最成功,并将NBA推向辉煌的是迈克尔·乔丹。乔丹退役后,对NBA影响很大,这几年NBA一直处在找不到一个有影响力的偶像困境中。同样,NBA在欧洲一直做不起来,而随着亚洲市场的发展,特别是中国市场的一枝独秀,NBA利用中国市场只是刚刚开始打开,远没有完全打开的时机,实现其主要战略目标,扩大篮球球迷的基数。正是姚明和赞助商等合作伙伴助推NBA打开中国这一重要的篮球亚洲市场的速度。

明星运动员,特别是在国际体坛取得成绩的运动员将会为企业的品牌在国际上奠定自己的地位推波助澜。体育明星是一种无形的资产,而体育用品面对的主要是体育爱好者,选择他们熟悉的体育明星作为品牌代言人,不仅能为企业带来巨大影响,对体育明星而言也是一个长远的战略性投资。因此,通过中国文化的特殊魅力,运动项目的吸引力,造就更多像姚明一样的体育明星,产生新一轮的中国运动风,使其影响范围更宽更广,波及的面更大。企业可借助的有形的、无形的资本越多,能够获得的商业价值就越大,就能够形成一个良性的企业运营机制,并带动相关产业的发展。世界体育用品市场上的体育用品多为"中国制造",就目前看,中国已成为体育用品的世界加工基地。但是在世界的市场上,"中国品牌"却寥寥无几,中国体育产业如何在世界体育品牌中确立自己的形象和地位,"姚明品牌"的形成过程及经验就是最好的参考书。

6. 体育精神再现——姚明慈善赛

2008年6月,姚明在休斯顿与火箭队一起举行新闻发布会,宣布为帮助四川地震灾区校园重建而成立姚明基金会,具体的主要援助对象是四川汶川大地震的灾区儿童,建设符合抗震要求的高质量学校。

姚明参与了很多慈善活动,主要有特奥会、中华骨髓库、"CBA与我共成长"以及"2007姚明·纳什慈善之旅义赛"等。"义赛"是姚明进入NBA5年来,首次以自己的名义举办大规模、参赛球员、出席嘉宾规格都很高的慈善比赛。

NBA从1991年开始的"仲夏夜之梦慈善赛"是颇具影响力的慈善

赛事，赛事每年夏天都会在洛杉矶举行，主办者"魔术师"约翰逊届时会邀请一些有名的球星参加，所得门票收入全部用于当地学校设立奖学金。其他小规模的篮球慈善赛更是很多。慈善赛的形式也不仅仅是篮球赛。奥尼尔发起的拳击慈善赛帮助那些有意为护理事业作出贡献的孩子；莫宁举办的"莫宁高尔夫慈善赛"已经办了11届，所募集到的资金捐给生病的孩子及家庭；麦蒂为休斯顿地区的学校建设筹款的棒球慈善赛已经连续办了3年……而在中国，专门的体育慈善赛还几乎没有。

目前我国慈善事业还在探索阶段，慈善机构数量太少，慈善捐赠水平较低，法规尚不完善等问题较多，但可喜的是，国内明星组织成立的专业慈善机构越来越多，姚明慈善基金的成立是否能给予国内慈善事业更多启示？

7. 我国体育产业国际化的策略选择

我国体育产业国际化的策略选择之一是借助明星运动员打造国际知名品牌。品牌不仅代表产品名称，更重要的是代表产品的质量、款式和企业的信誉。任何一种品牌一旦得到公众的认可，就拥有了广泛而忠实的消费群体，它的市场主导地位即被确立，可以说，品牌的树立带给企业的效益是巨大的、长久的、不可估量的。

通过明星效应增强企业的国际竞争力是企业在国际竞争中保持长期优势并获得稳定利润的有效手段。国际知名的明星运动员作为体育文化的一种载体，可以成为企业理想的国际推广策略或广告。我国体育用品企业想要在国际竞争中占有一席之地，就必须积极推广名牌战略，树立强烈的品牌意识，尽快建立起产品技术开发中心，研发出具有自主知识产权的核心技术和主导产品，打造自己的国际知名品牌。

因此，通过中国文化的特殊魅力，运动项目的吸引力，造就更多像姚明一样的体育明星，产生新一轮的中国运动风，使其影响范围更宽更广、波及的面更大。企业可借助的有形的、无形的资本越多，能够获得的商业价值就越大，就能够形成一个良性的企业运营机制，并带动相关产业的发展。

10

北京奥运会：
中国进一步走向世界的新起点

　　成功举办北京奥运会是我国从体育大国迈进体育强国的新征程。进入新世纪，党和国家再次支持北京市申办 2008 年第二十九届夏季奥运会，13 亿中国人民又一次向国际社会表达了举办奥运会的热切期望。2001 年 7 月 13 日，国际奥委会作出决定，将第二十九届奥运会举办权授予中国北京。

　　北京奥运会是奥林匹克史上的光辉一页。45 亿不同肤色、不同语言、不同国家和地区的观众共同分享北京奥运会的快乐。来自 204 个国家和地区的 1 万多名运动员挑战极限、攀跃新高，刷新了 38 项世界纪录、85 项奥运会纪录，多个国家和地区实现了奥运会金牌和奖牌零的突破，奏响了更快、更高、更强的奥林匹克乐章。

　　北京奥运会是中华民族伟大复兴征程上的一次历史性跨越，也是我们沿着中国特色社会主义道路奋勇前进的又一个新的起跑线。奥运的成功举办标志着中国迎来又一个历史节点，它提交了一个时间坐标，告诉人们如何在新起点继续复兴征程。它让人们从一场体育盛会，看到一个国家发展开放的步伐，看到一个民族文明进步的历程。

　　国运兴、体育兴。随着改革开放和社会主义现代化建设不断推进，中国大踏步迈入世界体育大国行列。13 亿中国人民用真诚感动了世界。2008 年 8 月 8 日，当北京奥运会火炬在国家体育场上空熊熊燃起的时候，我们可以告慰无数为中华体育发展呐喊、奋斗过的志士仁人，中华民族的百年期盼终于实现了。

在中华民族伟大复兴的征程中，北京奥运会是永恒的经典、历史的丰碑。中华民族曾有过辉煌的历史、骄人的文明，也曾遭受磨难、饱受屈辱，但不屈不挠的追求中华民族伟大复兴的梦想和步伐从来没有停止。新中国成立，中国人民结束了"东亚病夫"的历史。伴随着改革开放的进程，中国人民昂首进入奥林匹克舞台，呕心沥血，不负众望，向全世界奉献了一届成功的奥运会。正如北京奥运会开幕式上展现中华民族五千年灿烂文明的"中国画卷"那样，中华民族有灿烂的过去，有辉煌的今天，也必定有光明的未来。

当我们回望这一属于世界之巅的历史丰碑时，我们更难忘怀的是奥运申办的艰辛与欣喜、奥运筹办的努力与付出、奥运举办的成功与伟大。

一、体育大国的新征程

1908年，中国人就发出了中国要参加奥运会、举办奥运会的第一声呼唤。新中国成立后，我国体育事业进入蓬勃发展的新时代。早在改革开放初期，邓小平同志就明确表示，中国不但要参加奥运会，而且可以承担举办奥运会的义务。1991年，党和国家作出决策，支持北京市申办2000年第二十七届奥运会。尽管当时未能获得举办权，但中国人民向国际社会表达了举办奥运会的热切期望。

进入新世纪，党和国家再次作出决策，支持北京市申办2008年第二十九届奥运会，13亿中国人民又一次向国际社会表达了举办奥运会的热切期望。2001年7月13日，国际奥委会作出决定，将第二十九届奥运会举办权授予中国北京。在那个激动人心的历史性时刻，全体中华儿女迸发出共同的心声：中华民族的百年期盼就要实现了。①

1. 蒙特卡洛——开放的中国盼奥运

能够在中国有朝一日举办奥运会，是几代中国人近100年矢志不渝追求的梦想，更是推崇世界和平、倡导体育强国的党和国家领导人、老

---

① 胡锦涛：《在北京奥运会、残奥会总结表彰大会上的讲话》，2008年9月30日《人民日报》。

一辈革命家邓小平的美好心愿。为此，他心系奥运，多次思考决策，抓住时机竭力推动这一伟业的实现。

早在1979年2月，在国际奥委会解决我国台湾地区参赛问题之前，邓小平同志就提出了我们要适时举办奥运会的问题。当时我们正埋头研究解决重返奥林匹克大家庭的最佳途径。小平同志明确指出，在国际奥委会解决我国台湾地区参赛问题后，中国不但要参加奥运会，而且可以承担在中国举办奥运会的义务。[①]

1990年7月3日上午9时许，一辆中型面包车缓缓驶进位于北四环路的国家奥林匹克体育中心，在刚刚竣工的田径场南侧停了下来。早已等候在这里的时任国家体委主任伍绍祖、北京市常务副市长张百发迎上前去。这时，时刻关心着北京的城市建设、关注着北京即将举行亚运会的邓小平满面春风地走下面包车。

85岁高龄的邓小平身板很硬朗，精神矍铄。在工作人员的引导下，邓小平健步登上田径场南侧的高架桥，驻足眺望。盛夏的太阳火辣辣地烘烤着人们，但邓小平不畏烈日，兴致勃勃，平易近人的他一边仔细地观看，一边还适时地说上几句。伍绍祖、张百发你一言我一语地向邓小平介绍着体育中心和亚运村的情况。邓小平听着，连连高兴地点头。接着，他深思了一下，缓缓地一字一板地说："中国办奥运会的决心下了没有？为什么不敢干这件事呢？建设了这样的体育设施，如果不办奥运会，就等于浪费了一半。"

邓小平讲话带着浓重的四川乡音，陪同参观的伍绍祖和张百发认真地听着，高兴地笑了。因为这也正是他们想说的和想做的啊。他们连忙把邓小平这些意味深长的话一字不漏地记录下来，之后就此向中央有关方面作了汇报。

邓小平参观国家奥林匹克体育中心和亚运村的消息，在当时的北京亚运会组委会内部很快传开了，大家群情激昂。办完亚运会就要申办奥运会，既表达了老一辈无产阶级革命家多年的愿望，也是对来自中央和北京市有关部门参加亚运会组织筹备工作的同志们的激励和鞭策。至

---

① 张清：《申奥纪实：亲历中国重返奥运及两次申奥》，中国社会科学出版社2008年版，第52页。

此，历史掀开了崭新的一页。举办奥运会对中国来说已经不是可望不可即的海市蜃楼。中国不仅能够办好亚运会，而且有条件、有能力举办奥运会。①

1991年2月22日，北京市向中国奥委会递交了承办2000年第二十七届奥运会的申请书。同年12月4日，北京市奥申委代表向国际奥委会主席萨马兰奇正式递交了承办2000年奥运会的申请书。"开放的中国盼奥运"成为第一次申奥的口号。为申办奥运会，中国政府、人民和奥申委做了不懈的努力，海外侨胞、台港澳同胞和外国许多友好人士给予很大的支持。

1993年9月23日，在蒙特卡洛，国际奥委会第一百零一次会议通过投票表决：澳大利亚的悉尼主办2000年第二十七届奥运会。北京仅以两票之差与2000年奥运会主办权失之交臂！

第一次申办奥运会的北京虽然没有成功，但是中国依然看到了自己的力量和信心。1993年9月24日，《人民日报》发表评论员文章《坚定不移地走向世界》，文章中提到："得而不骄，失而不馁，这是中国人民应有的气度和风范。'风物长宜放眼量'，来日方长，后会有期。我们相信，在这个占有世界1/5人口，有960万平方公里国土和5000多年文明史的东方国家，奥运会五环旗高高飘起的日子，不会是很遥远的。同胞们，让我们为迎接这一天的到来继续努力！"

2. 历史瞬间——中国百年梦圆

北京以两票的劣势输给了悉尼，并没有影响中国参与奥林匹克事务的决心。1998年11月，国务院总理办公会议和中央政治局常委会先后对申办工作进行了研究，决定由北京再次申办2008年奥运会。当年11月25日，北京市正式向中国奥委会递交承办2008年奥运会申请书。

1999年4月7日，北京市市长刘淇和中国奥委会主席伍绍祖在洛桑向国际奥委会主席萨马兰奇正式递交了北京市申办2008年夏季奥运会的报告。同年9月6日，经党中央、国务院批准，由国家体育总局、北京市人民政府和国务院相关部门组成北京2008年奥运会申办委员会，

---

① 孟红：《邓小平情系奥运》，《北京文史》2008年第3期。

并在人民大会堂举行了第一次工作会议。北京申办 2008 年奥运会工作正式启动。

2000 年 2 月 1 日，北京 2008 年奥申委举行第二次全体委员会，表决通过确定了 2008 年奥申委会徽和奥申口号，奥申网站正式开通。奥申口号为：新北京、新奥运（英文为 New Beijing, Great Olympics）。同年 8 月 28 日，中国北京成为 2008 年第二十九届奥运会的候选城市之一。同时进入候选城市的还有：土耳其伊斯坦布尔、日本大阪、法国巴黎、加拿大多伦多。这标志着申办 2008 年奥运会工作从此进入"决赛"阶段。

北京时间 2001 年 7 月 12 日晚 23 时，奥运会申办工作即将"撞线"，在俄罗斯国歌与《奥林匹克颂歌》声中，国际奥委会第一百一十二次会议在莫斯科国家大剧院隆重开幕。北京——中华人民共和国的首都，即将在世界舞台的最前沿接受来自对手的强有力挑战。

北京时间 13 日下午 13 时，在位于莫斯科世界贸易中心的主会场，大阪、巴黎、多伦多、北京、伊斯坦布尔等 5 个申办城市将依次在全会上作最后的陈述报告，并由国际奥委会委员正式投票选举 2008 年夏季奥运会主办城市。投票采用逐轮胜出制，每轮得票最少的城市被淘汰出局。

19 时整，北京代表团庄重地步上了会议厅主席台，开始陈述，代表团成员每个人的眼中都流露出一种自信。

中国奥委会主席何振梁首先用流利的法语介绍了代表团的成员。中共中央政治局常委、国务院副总理李岚清代表中国政府作陈述，他强调，中国政府坚定支持北京申请举办 2008 年国际奥运会的立场，中国政府尊重并赞赏国际奥运会评估团所作的评估报告，在过去的半个世纪里，由于开展了全民健身运动及其他因素，中国人民的健康水平有了很大提高，中国已经成为世界上经济增长最快的国家之一。他承诺，如果 2008 年奥运会有盈余，中国将建立奥林匹克友谊基金会，来帮助发展中国家的体育事业发展。如果发生赤字将由中国政府承担。紧接着中国奥委会主席袁伟民、北京市市长刘淇、北京奥申委体育主任楼大鹏依次出场。作为北京申奥形象大使的邓亚萍、杨澜和悉尼奥运会射击冠军杨凌分别进行了充满激情的陈述。

22时,国际奥委会委员开始正式投票选举2008年夏季奥运会主办城市。仅仅5分钟后,第一轮投票就结束了,萨马兰奇宣布第一轮投票结果——大阪被淘汰了。国际奥委会迅速开始了第二轮投票。

又经过短暂而漫长的5分钟等待,一位委员拿到了一份统计投票结果,他的脸上露出了微笑,他仔细地将信封封上口,这个细小的动作意味着最后结果出来了!他站起身来向萨马兰奇走去,他将那个信封交给了萨马兰奇主席,萨马兰奇和他简单交谈了几句就拿起信封起身向发言讲台走去。

萨马兰奇拆开信封,庄严宣布:"2008年夏季奥运会主办城市是——北京。"

会场中一片沸腾!北京市市长刘淇和奥运射击金牌获得者杨凌率先跳起欢呼。中国代表团的成员们欣喜得狂呼出声,所有人都紧紧拥抱在一起,尽情宣泄心中的快乐和喜悦。

在这次投票中,第一轮(获得主办权需要52票)北京得44票,多伦多得20票,伊斯坦布尔得17票,巴黎得15票,大阪得6票(被淘汰)。第二轮(获得主办权需要52票)北京得56票,多伦多得22票,

中国申奥代表团欢呼胜利

巴黎得18票，伊斯坦布尔得9票。

"我们赢了！"瞬时，这一喜讯让中华大地沸腾了。欢乐被13亿倍地放大了！中国人的"奥运之梦"实现了！

历史的瞬间变成了永恒的欢乐。当北京申奥成功的消息传来，聚集在中华世纪坛的各界群众爆发出排山倒海的欢呼。40万北京群众自发来到天安门广场，欢庆申奥成功。党和国家领导人江泽民、李鹏、朱镕基、李瑞环、胡锦涛、尉健行当晚在中华世纪坛和天安门广场，与各界群众共庆这一喜悦的时刻。江泽民同志现场给远在莫斯科的李岚清打电话，热烈祝贺申奥成功。

当晚22时20分，江泽民同志在中共中央政治局委员、北京市委书记贾庆林的陪同下，来到中华世纪坛南端的圣火台前，与参加联欢活动的大学生、运动员、劳动模范及群众代表见面。站在被朵朵绽放的礼花围绕的主席台上，江泽民同志向全场群众发表讲话。他说，我代表党中央、国务院，对北京申奥成功表示热烈的祝贺！向全国人民为北京申奥所作的贡献表示感谢，向国际奥委会和各国朋友对北京申奥的支持表示感谢！全国人民将与首都人民一起奋发努力，扎实工作，把2008年奥运会办成功。江泽民同志欢迎世界各国朋友2008年光临北京，参加奥运会。

歌声激荡在中华儿女的心中，欢乐的歌舞直至午夜。经过百年的期盼，北京周口店追寻文明的燧火将与奥林匹亚的圣火汇合；浓缩千年沧桑的中华世纪坛，再次记载了中国民族史册上光辉一页。这个美好和永恒的夜晚已在无数中国人的心中定格。

3. 奥运筹办——中国优势成功彰显

奥运筹办的7年，中国政府和人民一起，认真履行向世界的庄严承诺，为举办一届"有特色、高水平"的奥运会、残奥会做出了艰苦卓绝的努力。7年筹办，中国人民以最大的热情，鼎力托举起当今世界规模最大的体育盛会；7年践诺，古老中华尽最大的努力，精心酝酿这全人类共叙友情、共享和平的节日盛典。

努力把2008年北京奥运会和残疾人奥运会办成一届"有特色、高水平"的奥运会，给中国和世界体育留下独一无二的宝贵遗产，加快我国体育事业的全面发展，满足广大人民群众日益增长的体育文化需求，并借此推动我国社会主义物质文明建设和精神文明建设的发展，是全党、各级政府和全国各族人民的一项共同任务。

2007年10月15日，胡锦涛总书记在党的十七大报告中明确提出"要办好2008年奥运会和残奥会"。国务院总理温家宝在十一届全国人大一次会议上作政府工作报告时指出："要扎实做好各项筹办和组织工作，加强国际合作，创造良好环境，确保成功举办一届有特色、高水平的体育盛会。"

符合人民利益，顺应群众意愿，集中力量办大事。与时俱进的社会主义体制让人深刻思考中国的制度文明。

"天更蓝、地更绿、水更清"是中国的承诺。北京奥运会开幕不久，联合国副秘书长兼环境规划署执行主任阿齐姆·施泰纳就评价："必须诚实地说，污染在中国是个大问题。但是，北京已经表明，环境问题能够被迅速解决。北京付出的努力给我非常深刻的印象。"付出努力的，不光北京。仅风沙源治理工程，就涉及北京、天津、河北、内蒙古、山西等5省区市的75个区县。协同优势收获硕果，至2007年，北京申奥时的7项绿化承诺全部提前实现。

奥运会是个系统工程。社会主义制度恰好拥有集中力量办大事、办难事、办好事的优势。抗震救灾曾让世界惊叹中国式救援、中国式帮扶的伟大力量。北京奥运会的筹办，再一次彰显了中国强大的组织能力、团结精神，让人们深刻思考中国的制度文明和制度优势。

北京市周边各省区市为北京奥运会、残奥会安全保卫、空气质量、交通保障等工作提供了全天候、全方位的有力支持。全国各行各业自觉服从和保证奥运大局，主动把困难留给自己，把方便让给奥运，凝聚成办好北京奥运会、残奥会的强大合力。举国上下同心同德、同舟共济，这是北京奥运会、残奥会成功举办的强大力量，也是我国改革开放和社会主义现代化事业不断前进的强大力量。

举办奥运，从一开始就强调两个方面：一是节俭办奥运，二是奥运促发展。在成立奥组委的同时成立监察委员会，奥运工程实行全程监察。张艺谋的开闭幕式创作团队中，驻有国家的专职审计人员，每花一分钱都有人盯着。"水立方"循环系统年均节水6万吨，"鸟巢""瘦身"计划节省上亿资金。

北京新建的地铁、轻轨、航站楼，首先让市民得实惠；环境保护力度空前，不只为办奥运，更着眼于人民群众的长远利益。"奥运会有助于承办城市提升现代化水平。"这是国际奥委会专家的研究结论，理由是国际奥委会对此实施的一系列参照标准"最先进"。

4. 众志成城——伟大民族力量的成功凝聚

现代奥运会第一次走进中国，注定要艰难许多。就在2008年奥运筹办进入冲刺时刻，一连串意外接踵而来。面对有意挑衅，理性反击；面对误解犹疑，诚恳以释。距奥运会开幕仅88天，汶川特大地震突然发生。人们不免有些担忧：北京奥运会是否会受影响？

"任何困难都难不倒英雄的中国人民！""不论遇到什么困难和挑战，我们都要顺应全国各族人民的共同心愿，履行我们作出的国际承诺，坚决办好北京奥运会。"这是大灾大恸面前的坚定回答。中国的伟大力量再次凝聚。

6月25日，胡锦涛总书记实地考察北京市奥运会配套交通设施，并亲切看望慰问工程建设者和技术人员。7月20日，他抵达青岛了解奥帆赛海域治理浒苔的情况；3天后，他冒着酷暑到国家体育总局训练局运动馆看望运动员、教练员。

7月26日，中央政治局举行第七次集体学习，内容是现代奥林匹克运动和办好北京奥运会。次日，中央政治局会议研究部署北京奥运会筹办最后阶段的重点工作。奥运临近，中央政治局9位常委的身影，出现在各承办和协办城市、奥运场馆、训练基地。

坚强领导凝聚力量。从两次申办，到7年筹办，不论遇到什么挑战，中国都执著地朝着既定目标进发。

这种力量的凝聚同样体现在火炬传递的点滴之中。2008年3月24日11时45分，希腊赫拉神庙遗址，北京奥运会圣火取火成功。3月31日上午，奥林匹克圣火抵达中国首都北京。中共中央总书记、国家主席胡锦涛在仪式上亲手点燃圣火盆，并宣布北京2008年奥运会火炬接力开始。

在火炬传递的每一片土地上，世界人民用他们的热情向人们诠释着奥林匹克精神，中华儿女更用他们的勇敢和智慧展示了中华民族的伟大力量。5月8日上午9时17分，北京奥运圣火顺利登上世界最高峰——

登山队员在峰顶展示"祥云"火炬、火种灯、中国国旗、奥运五环旗和北京奥运会会徽旗

珠穆朗玛峰,与环绕地球之巅的彩云交相辉映。

"点燃激情、传递梦想"的北京奥运火炬传递在世界五大洲和中国全境展开,是奥运史上传递线路最长、传递范围最广、参与人数最多的一次火炬接力活动。8月8日,经过2万多名火炬手、13.7万公里传递的圣火,点燃了北京奥运会主体育场上的主火炬。

二、奥林匹克史上的光辉一页

气势恢弘、精彩纷呈的北京奥运会,在奥林匹克史上写下了光辉的一页。

1. 奥运开幕——东方元素的文化盛宴

北京奥运会,是历史悠久的奥林匹克文化与源远流长的中华文明的伟大握手,是东方文明与西方文明的激情对话。

梦幻般的奥运会开幕式通过一幅"中国画卷",将"四大发明"等中华文化通过现代高科技手段一一呈现在世界面前，引起全世界的惊叹。从中国印到福娃，从祥云火炬到"金镶玉"奖牌，"中国元素"遍及奥运会场内外；从交换北京奥运会纪念章，到穿印有中国汉字的服装、起一个中文名字、学说中国话，"中国热"不仅席卷了奥运村，更席卷了全世界。

2008年8月8日，"鸟巢"的夜晚是奥林匹克运动的夜晚，也是中华文化的夜晚。在这个夜晚，世界看到了带着华夏礼乐遗韵的击缶而歌，看到了古老的日晷，看到了推动人类历史发展的四大发明——造纸术、火药、活字印刷、指南针，看到了戏曲、中国画、太极拳所承载的中国哲学，看到了丝绸之路的恢弘博大，看到了巨大的舞台上孔子的三千弟子手持竹简高声吟唱，看到了897块中国汉字字模块依次组成的3个"和"字……

中华民族千百年来"和为贵"的人文理念是中国文化的典型符号，在北京奥运会开幕式上高调"出演"，既向世界展示中国文字的魅力，也让世界看到"和"字文化散射的东方文明的价值追求。

和平，历来为中华民族所珍视。中国国家主席胡锦涛在奥运会开幕前夕接受外国记者采访时说，奥运会是和平与友谊的盛会，北京奥运会将向世界展示中国人民热爱和平的形象和决心。事实证明，北京奥运会做到了这一点。

一位日本政治家在看完开幕式后对中国记者说，"我没有想到中国人在这个上升时代表现出来的却是这样温和，似乎证明了中国的一句古话：四海之内皆兄弟也"，"中国是一个真正的大国，我感受到了"。马来西亚《东方日报》载文说，"和"字就是要告诉全世界人民，中国强大了，但中国追求的是和谐、共同发展与共同分享。[①]

以"和"为核心，五千年传承不断的中华文明，在其后的15天，通过更加丰富和细致的主题，从表演艺术到造型艺术、生活艺术，从宏大叙事到细节陈述，"中国"元素一一展陈：囊括京剧、川剧、越剧、昆曲、黄梅戏五大剧种7台大戏和若干著名剧目折子戏的"雅韵流

---

① 刘水明、王恬、辛本健：《友谊盛会 环球惊叹》，2008年8月25日《人民日报》。

芳——中华戏曲奥运展演"，33位中国戏曲梅花奖获得者轮番献艺，极度浓缩了中国戏曲文化的精华。奥运村的"中国故事"，剪纸、绘画、泥塑等东方艺术形式应有尽有，56个民族的智慧结晶济济一堂。500多个主题各异的文化广场，民族歌舞、美食小吃、手工制作精彩纷呈，各展所长。200户各持专长的老北京艺术家庭，"冯三杏面人、糖人"、"郝福田风筝"、"聚元号弓箭"、"赵永岐京剧泥塑脸谱"……民间艺人质朴的匠心令人驻足流连，他们是"绝活"，是"遗产"。① 民间文化交流，让中国人用生活细节言说中国文化的美，让中国故事被充分、具体、纵深地阅读。世界关注的不只是赛场和金牌，他们在认识今日的北京、真实的中国。

北京奥运会是契机与平台，把中国传统文化中的"天人合一"，以及"和平、和美、和谐、和合"，还有"和为贵"的思想融入现代奥林匹克精神。这是中国文化对奥林匹克文化的重大贡献。奥运会期间，世界文化的盛世图景在此隆重上演。"2008北京奥运会重大文化活动"汇集了五大洲的精彩艺术，从埃及开罗歌剧院的《阿依达》到美国百老汇音乐剧，从英国的莎拉·布莱曼到古巴芭蕾舞团的演出，接踵而至的各国艺术充分展示了中国改革开放进程中的生机与活力、热忱与友善、博大与包容。

北京奥运会是中国文化走向世界的平台，更是世界文化展示自我的舞台。中国文化和世界文化的沟通，东方文化和西方文化的交融，2008年的中国提供了一个起点，而不是终结。

2. 友谊盛会——奥林匹克永恒的主题

2008年8月24日，燃烧了16天的奥运圣火，在国家体育场缓缓熄灭。放飞梦想的"鸟巢"，用不舍的温情点亮告别的夜晚，为第二十九届夏季奥林匹克运动会画上圆满的句号。"同一个世界，同一个梦想"，北京奥运会展现了世界人民团结友谊的和谐图景，这是北京的光荣，更是奥林匹克的光荣。奥林匹克大家庭204个成员会聚的北京奥运会，成为现代奥运历史上参与面最广的一届奥运会。

---

① 刘琼等：《奥运启示录：中国故事，今天更动听》，2008年8月24日《人民日报》。

友谊，是奥林匹克的永恒主题。在奥林匹克的旗帜下，不同信仰、不同肤色、不同民族、不同国家的人们同台竞技。各国各地区人民沟通了心灵，加深了了解，增强了友谊。这样的美好景象，从运动员的友爱中可以看到：

在奥运会女子10米气手枪决赛的颁奖典礼上，俄罗斯和格鲁吉亚选手像朋友一样拥抱的情景，刹那间打动了全世界。

女子200米蝶泳决赛的泳池里，获得第三名的希佩尔主动与夺得冠军的中国选手刘子歌拥抱。赛后，身披五星红旗的刘子歌帮助希佩尔披好澳大利亚国旗，一起向观众致意。

当日本选手北岛康介站在领奖台上时，日本《读卖新闻》记者注意到，中国观众报以热烈掌声。而在日本国歌演奏期间，中国观众也都挥舞着中国国旗表示祝福。①

北京奥运会不仅会聚了全球最出色的体育精英同场竞技，吸引了几十万名世界各地的游客旅游、观赛，还因为100多位各国政要的出席而同时上演了一场令人叹为观止的外交盛典。仅北京奥运会开幕式当天，就有包括美国总统布什、俄罗斯总理普京、法国总统萨科齐、日本首相福田康夫在内的共86位国家和地区领导人及王室成员出席，如此众多的领导人齐聚奥运会开幕式也创下了奥运历史的新纪录。

从8月7日开始的5天里，中国国家领导人与各国政要分别进行了70余场会见。来自五大洲100多个国家的国家元首、政府首脑、王子、公主、部长陆续抵达北京，他们出席奥运会开幕式、闭幕式，观摩比赛为运动员们加油助威。其中最"大牌"的观众要数美国总统小布什，不仅他和他的夫人双双抵达北京，他的父亲，美国前总统老布什也来到北京，父子俩经常出现各个比赛场馆，客串起美国队拉拉队队长的角色。布什还是美国历史上第一位到境外出席奥运会开幕式的总统。

8月25日，联合国秘书长潘基文发表声明，热烈祝贺北京奥运会成功举行。潘基文说："这次盛会使全世界运动员和人民会聚一堂，共庆奥林匹克精神，展示合作与善意，并为推进国际社会的对话与互信、

---

① 白剑峰、王淑军：《我和你，永远一家人》，2008年8月24日《人民日报》。

促进国际和平与和谐提供了重要机遇。"

3. 志愿奥运——中国最好的名片

北京奥运会共有170多万名志愿者参与，创奥运史之最，也创下中国志愿者服务之最。随着奥运赛事的展开，共有约10万名赛会志愿者，40万名城市志愿者，100万名社会志愿者，20万名拉拉队志愿者投入到工作岗位中。无论是在奥运场馆还是城市街道，志愿者们身披"祥云"，周到服务，用他们的友善、热情和微笑给外国朋友们留下了美好的回忆。

北京奥运会志愿者的出色表现，令国际舆论感叹不已。特别是青年志愿者们在奥运会上的集体亮相，让国际社会看到了充满自信、充满活力的中国，看到了富有热情、尊重规则、充满人文情怀的新一代中国青年。于是一个新词——"鸟巢一代"随之而生："鸟巢"是北京奥运会的标志，而奥运会是当代青年的重要人生经历；奥运会展示了中国改革开放的巨大成就，当代青年是在改革开放中成长的一代；奥运期间，当代中国青年向世界展示了他们的风采，他们热情的笑脸和"鸟巢"都成了世界目光下的中国符号。

奥运志愿者用微笑和汗水展示着中国的热情和真诚。奥运会在拥有世界1/5人口的中国举办，是世界对中国的信任，也是中国对世界的奉献。当志愿者在开幕式之夜背对"鸟巢"服务时，在炎炎烈日下坚守城市志愿服务站点时，在社会的每个领域维护和谐安定时，他们用实际行动履行着国家和民族的责任，信守着心底的庄严承诺。志愿者向每一面国旗庄严致敬，向每一位宾客真诚微笑，向每一次拼搏由衷喝彩，将和谐与和平传递到每个人的心中。

志愿者的奉献精神，赢得了社会各界的真诚赞许。在奥运会开幕前夕，联合国秘书长潘基文专门致信全体奥运志愿者，充分肯定了志愿者的贡献，并勉励奥运志愿者传播志愿服务精神，带动更多的人加入志愿服务的事业当中。国际奥委会主席罗格先生在奥运会开幕式上的致辞特别提到："当我们把奥林匹克梦想变成现实之时……我们还要特别感谢成千上万无私奉献的志愿者，没有他们，这一切都不可能实现。"

志愿者是奥运会的另一道绚丽风景，他们遍布各个角落，成为北京的"形象大使"。外国媒体评价：这些志愿者让世界感受到了"中国微笑"。事实上，几乎每一名北京人都以真诚的微笑，为奥运会默默服务，被称为"民间外交官"。南非记者迈克拉维对此印象深刻："他们总是主动为你着想，而不是被动地向你提供服务。"迈克拉维曾想去一个体育场馆，志愿者不但耐心给予指点，还送他一张地图。如今，每当他看到这张地图，就仿佛看到了志愿者的笑脸。

美国《芝加哥论坛报》记者凯茜·伯根一个人到故宫游览，不小心迷路了。这时，她看见一名奥运志愿者，请求帮助找一名英语导游。她原本想，雇导游价钱肯定不低。结果，那位导游说："免费的。因为在开奥运会。"事后，这位记者写道："一个志愿者足以改变一个游客的感受，这是我从一周的各种经历中领会到的许多东西之一。"[1]

在感动中，志愿者在奉献；在感动中，志愿者心手相连；在感动中，志愿者共同超越；在感动中，志愿者绽放微笑！2008年，志愿者的微笑是中国最好的名片！

4. 谢谢中国——两个奥运同样精彩

"谢谢中国！"——在北京残奥会闭幕式上，国际残奥委会主席克雷文动情的结束语，感动了世界，也感动了中国。

同样的语言，出现在闭幕式英国代表团的旗帜上，也出现在北京残奥会各个比赛场馆内。瑞典轮椅篮球队以及伊朗七人制（脑瘫）足球队都曾在赛场打出"谢谢中国"的标语。伊朗足球队队员马希尼告诉记者："这个条幅主要表达了我们对中国的感情，因为中国人民在这几天的比赛中对我们太热情了。"

2008年9月，秋高气爽的北京沉浸在欢乐的气氛之中。刚刚成功举办过夏季奥运会的中国，又以博大的胸怀，拥抱来自147个国家和地区的4000多名不同年龄、不同肤色、不同民族的残疾人运动健儿。在这个令人难忘的秋天，北京向世界奉献了两个同样精彩的奥运会，在人类文明史上谱写了壮丽的北京篇章。

北京残奥会上，运动员们的表现更是精彩。每一枚奖牌的背后，都

---

[1] 白剑峰、王淑军：《我和你，永远一家人》，2008年8月24日《人民日报》。

2008年9月17日,北京残奥会闭幕式上,英国代表团举着"谢谢中国"的横幅进场(韩传号 摄)

有一段动人的故事;每一名残疾人运动员的经历,都是一段传奇。

和健全人相比,他们很不幸。比如连夺3金的南非"刀锋战士"奥斯卡·皮斯托瑞斯生来缺少腓骨和踝骨,11个月大时便被截掉了膝盖以下的腿部;继雅典7金辉煌后又在北京拿下4枚游泳金牌的美国姑娘艾琳·波波维奇先天软骨发育不全、身高只有1.34米;成功蝉联男子三级跳远和跳远冠军的中国军人李端因为一个过期灭火器的意外爆炸,12年来眼前都是一片漆黑……他们都没有轻易地被不幸所击垮,怎样的残缺都无法阻止他们超越自我、超越极限。

北京"水立方"里,杜剑平单手在泳池中犁开漂亮的水线,用自己的独臂擎起了中国代表团在北京残奥会上的第一枚金牌。在雅典残奥会上,他创造了勇夺3金3银的奇迹。杜剑平出生5个月后就患了小儿麻痹症,全身瘫痪。住院26天后,医生无奈地对杜剑平的母亲说:"再生一个吧,这孩子养着没好处。"但在母爱的支持下,杜剑平最终站了起来,虽手脚不便,却对游泳情有独钟。他在失去一条胳膊后练习游泳,面临最大的问题就是如何在水中保持平衡。此外,手在入水时还会打到浮标,经常伤痕累累。但他没有放弃。"只要克服困难,就会取得成功。"站在领奖台上，杜剑平的笑容那么灿烂、那么自信。①

为了让来自世界各地的残疾人运动员赛出水平，得到细致入微的关怀和家一般的温暖，中国政府和人民倾注了满腔热忱，付出了巨大努力。从志愿者的灿烂微笑到一流的无障碍设施，各国家和地区宾朋都对东道主的周到服务赞赏有加；各国媒体也是好评如潮，称北京残奥会是有史以来承办方最重视、最认真的一届残奥会，体现了中国政府和人民维护人权和对残疾人的尊重。

残奥会，使北京不仅成为一座"无障碍之城"，也成为一座"爱心之城"。残奥会期间，4.4万名赛会志愿者、550个城市志愿服务站点以及百万社会志愿者分布在城市各个角落，随时随地为残疾运动员和观众提供无微不至的服务。赛事期间，残奥会志愿者程纪勇从奥林匹克体育中心回家，出了地铁后和许多健全人一起等出租车。这时，一辆空车驶过开始没有停，但在前面又停了下来，并请程纪勇上了车。"后来那个司机告诉我，他本来要回家，不准备载客了，但看到我是残疾人，就专门停下来请我上车。这让人非常感动。"程纪勇说。②

国际残奥委会主席克雷文说，就北京残奥会而言，这是能带来变革的催化剂。残奥会这个特殊的平台，无疑增强了健全人和残疾人之间的对话、沟通，为残疾人更好地融入社会创造了条件。正如有关专家所说，残奥会最重要的意义在于让人们更好地认识到残疾人的能力和权利，认识到残疾人需要的不是"怜悯"，而是平等、尊重和真诚。

11天比赛中数百人次打破世界纪录很惊人，11天里残疾人运动员、志愿者以及观众的融合很温情，而一个让残疾人可以自由出行的城市、一种让他们可以随心享受的社会生活，才是借助残奥会创造的最美好的未来。

三、"三大理念"的创新与超越

"绿色奥运、科技奥运、人文奥运"三大理念是北京奥运会、残奥

---

① 邹声文、顾瑞珍、周英峰、赖臻：《北京残奥会给我们留下了什么？》，新华网2008年9月17日。

② 同上。

会最鲜明的特色,是北京奥运会、残奥会成功举办的关键,也是贯彻落实科学发展观的具体体现。北京奥运会、残奥会是庞大的系统工程,只有坚持正确理念,才能有效统领千头万绪的工作,才能更好地体现奥林匹克精神、时代发展精神、我们伟大的民族精神,才能真正把筹办奥运会与推动经济社会又好又快发展结合起来。

1. 绿色奥运——带来金色财富

绿色奥运不仅是一片绿地,也是一种生活方式和生存状态。当绿色的种子深入民众之心,生态文明的森林便会蓬勃生长。

绿色奥运勾画出北京筹办奥运的脉络。通过举办奥运会,促进环保基础设施的建设与生态环境的改善,广泛开展环境意识的普及教育,倡导健康环保的生活方式,以可持续发展的姿态,为中国留下一份"绿色样本"。奥运会闭幕当天,北京奥运的空气质量也以一个"优"完美收官,政府的各项措施、市民的积极配合为北京兑现"绿色奥运"的承诺画上了一个完美的句号。为了兑现承诺,北京尽了最大的努力。

环保部门发布的数据显示,奥运会期间,北京空气质量天天达标。据环保监测中心发布的监测数据显示,截至 8 月 24 日,北京 2008 年 8 月份在空气质量全部达标的基础上收获了 13 个一级天,比例达到 54%,超过北京 10 年来单月一级天 9 天的最高纪录,更是远超夏季单月一级天 5 天的最高纪录。而奥运会举办的 16 天里,一级天达到 10 个,比例达到 62.5%。

当 10 年前北京向全世界提出"绿色奥运"的口号时,这个城市空气中污染物的浓度已经超出了国家空气质量二级标准的一倍到两倍。现在已经不能假设,如果没有奥运会,北京的环境会何去何从。但可以肯定的是,正是有了奥运会,北京才有了彻底自洁的压力和动力,也正是有了奥运,北京才能够做出这样巨大的"舍"与"得"。

透水砖、绿色屋顶、保温外墙、节能门窗、反热玻璃……节能环保的绿色概念,悄然融入漂亮的奥运场馆和设施中。北京 190 多项奥运环保工程、场馆都是"绿色建筑"。在奥林匹克公园,绿色垃圾回收率达 90%。

北京大力调整产业机构,关停了首都钢铁集团高耗能、高污染的钢铁装置。1000多座加油站完成了油气回收改造,每年可回收2万吨油气,处理成汽油价值超过1.5亿元,可"喂饱"90万辆汽车。①

为了奥运的畅通和环保,奥运期间实行机动车单双号限行措施。2008年中央国家机关和北京市政府的公车至少一半以上、最多70%在4个月时间内处于封存状态。

2. 科技奥运——点亮中国智慧

北京奥运会是一次展示高新科技的盛会。北京奥运会在潜移默化中提升了中国科技的时代魅力,增强了亿万人民的科学精神;北京奥运会在提高中国科技创新水平的同时让更多的科技成果惠及大众。

举行奥运会游泳比赛的"水立方",成了北京奥运会诞生世界纪录最多的比赛场馆,美国游泳运动员菲尔普斯就是在这个"神奇的地方"7破世界纪录并狂揽8金。9天的比赛,共有17人5队24次刷新21项世界纪录,其中男子9人3队13次破11项、女子8人两队11次破10项游泳世界纪录。"鸟巢"的跑道则见证了牙买加飞人博尔特3破世界纪录勇夺3金的历史时刻,特别是他在百米比赛中9秒69的惊世骇俗的表现,更成为奥运史上的经典镜头之一。运动员们风趣地说,北京奥运场馆像是"专门为创造新的世界纪录而建"。

"专门为创造纪录而建"的各种场馆,的确处处闪耀着科技的光芒。"八金王"菲尔普斯的教练鲍伯·鲍曼把功劳归功于"水立方内运用了很多新科技"。水立方池底的进水孔均匀分布,臭氧净水设备、水质监测设备确保可达到饮用标准,水温精确控制在运动适宜温度。水立方的建筑之美,更使运动员们无比兴奋。

众多科技元素交相辉映的水立方,被英国《卫报》称为"理论物理学的杰作"。水立方的钢结构被称为泡沫理论,在国外尤其是欧洲成为钢结构理论的"解不开的难题",从最初提出这种模式至今,已有数千建筑专家为之奋斗了100多年。在水立方建设的同时,全球研究泡沫理论的建筑学家几乎都到过施工现场取经,这些专家都为中国人自主创新的能力由衷钦佩。一位德国专家表示,"若干年内,水立方将是世界

---

① 傅旭、吴兢、裴智勇:《微笑中国 对话世界》,2008年8月25日《人民日报》。

钢结构泡沫理论的教科书。"

让无数田径健儿赞不绝口的"鸟巢"——国家体育场，也是一座充满科技含量与人类智慧的建筑。作为世界上规模最大、技术含量最高、结构最为复杂、施工难度空前的超大型钢结构工程，"鸟巢"在建筑钢结构史上首次应用了我国自主设计研制的特种钢，被誉为"我国建筑钢结构发展的里程碑"；"鸟巢"建设过程中还采用了"巨型马鞍形空间钢结构支撑卸载技术"等多项达国际领先水平的专利技术。

北京奥运会，让运动员、媒体记者、场馆工作人员都感受到舒适、方便、快捷、贴心。新闻发布会上提供 8 种语言的同声传译；羽毛球场馆内部的空调设计采用席下送风从而将风速降到了最低；在奥运村，为防止运动员不慎滑倒受伤，地面用"神奇生态吸水砖"铺就；可瞬间捕获面部细节特征，免去繁琐手续的"人脸识别系统"，第一次为记者提供通过无线和固定通信技术接入信息系统；第一次实现记者手持奥运宽带 IC 卡在所有赛场实现上网"一卡通"；奥运期间，记者可以在场馆内、路途中、协议酒店里通过手机、笔记本电脑等终端随时、高速上网。先进的通信技术让北京奥运会成为奥运会历史上第一次真正意义上的"宽带奥运会"和"无线通信奥运会"，也让"人文奥运"在高科技通信技术的帮助下顺利实现。①

在奥运工程建设过程中，结合绿色奥运的需求，仅在奥运村和国家体育馆建设中，就分别集成应用了 36 项和 26 项先进技术。在水资源的综合利用方面，也取得了一系列的突破，主要体现在水资源综合利用和节水设施两方面。奥运村在国内首次使用再生水源热泵系统，仅此一项每年就可节约 6000 万度的电力，并且使奥运村居民远离噪声、烟气排放的污染；采用集中与分散相结合的污水处理方式，使奥运场馆污水处理再生利用率达到了 100%；我国自主研发的直饮水应用系统应用于奥林匹克公园的中心区、奥运村。

3. 人文奥运——留下宝贵精神遗产

胡锦涛主席在奥运开幕前夕接受外国媒体联合采访时说："北京奥

---

① 温红彦、赵婀娜：《点亮智慧 彰显魅力》，2008 年 8 月 25 日《人民日报》。

运会的举办，将为我们留下一批体育场馆和基础设施。我们十分珍惜这些物质遗产，并将充分发挥它们的功能和作用。同时，我们认识到，北京奥运会的精神遗产更为持久、更为宝贵。"

奥运会的成功举办显示了一个精神坐标，告诉我们如何在新的起点之上，进一步涵养开放包容的社会意识和理性成熟的国民心态。一个国家和民族的文明与成熟，取决于民众的整体素质与心态。北京奥运会期间，从处置各种问题的及时开放，到公民的积极参与、观众心态的平和、志愿者精神的闪光，都反映着中国社会的文明进步，是奥运会珍贵的遗产。这种积极的影响必将延续下去，让开放、包容、自信更深地融入当今的中国，将奥运经验和诸多创新"制度化"为我们社会发展的动力。

对于一个有着五千年历史的文明古国，对于一个不断走向开放的社会主义国家，北京奥运会已经并将更为深远地助推中国"软实力"。

参与比胜利更重要，奋斗比凯旋更重要。在奥运金牌引领中国竞技体育实现一次又一次跨越之时，登上奥运金牌榜首的中国此时却表现出前所未有的冷静。中国奥运代表团团长刘鹏在 8 月 24 日新闻发布会上坦言："在已经结束的比赛中，中国选手较好地完成了各项参赛任务，创造了优异的运动成绩；同时也要认识到与世界高水平选手之间的明显差距，正视问题和不足，戒骄戒躁，再接再厉，促进中国体育全面协调和可持续发展。"

北京奥运会上，当我们为金牌欢呼时，那些没有夺金的场面同样温暖：

在赛场内，中国观众表现出了令人印象深刻的平和、理性和宽容。在杜丽痛失首金后，观众们喊出了"杜丽不哭"，并以热烈掌声祝贺捷克选手埃蒙斯。在中美篮球赛中，姚明获得了高分贝的"支持"，但科比获得的加油声并不比姚明逊色多少。在刘翔因伤退出比赛后，全国观众虽然都为之感到遗憾，但在网上的调查中，绝大多数人都表示出了宽容和支持，在 8 月 21 日的 110 米栏决赛中，全场观众依然为古巴运动员罗伯斯的夺冠而起立鼓掌。

不论运动员来自哪里，都赢得了中国观众发自内心的掌声和敬意。伊拉克的达娜、阿富汗的罗比娜、瑙鲁的德特纳莫、图瓦卢的马诺阿……对于她们克服种种困难来中国参与奥运的经历,新闻媒体不吝笔墨和镜头。

女子排球赛场,郎平带领美国队赢了中国队,中国观众的表现令世界惊讶。意大利《欧联时报》评论说,从当年对何智丽的咬牙切齿,到今天对郎平的热情助威,我们可以说中国人成熟了。这份成熟不仅仅是一名观众的成熟,更是一个国家、一个民族的成熟。①

经历奥运的洗礼,中国的民族精神也在升华。1988年,当体操王子李宁败走汉城时,经受了莫大的精神压力。如今,大庭广众之下,赛前最为国人看好的刘翔因伤退出比赛,绝大部分人对此表示了理解。这就犹如一面镜子,折射出国人对奥林匹克精神的全面理解,也折射出在失败和成功面前中国人的宽容和理性。"北京奥运会留下来的真正财富,我特别看中的是精神财富。"中国奥委会名誉主席何振梁认为,有了这样的精神财富,对中国今后的发展非常重要,对我们更好地走向世界,更好地为世界作贡献,会起到很大的作用。

四、民族复兴的新起点

百年奥运梦想成功实现,这是我们在实现中华民族伟大复兴征程上的又一次历史性跨越,也是我们沿着中国特色社会主义道路奋勇前进的又一个新的起跑线。奥运的成功举办标志着中国迎来又一个历史节点,它提交了一个时间坐标,告诉人们如何在新起点继续复兴征程。这个节点,凝聚着百年期待、百年梦圆的感慨,承载了11年申办、7年筹办主办的艰辛,写下了从"零的突破"到百枚奖牌的跨越。它让人们从一场体育盛会,看到一个国家发展开放的步伐,看到一个民族文明进步的历程。

1. 全球关注——世界为之惊叹

北京奥运会让中国成为全球的焦点。全世界如此真切和集中地感受到中华民族的进取心、创造力、责任感和追求和平、和谐、友谊的国家品格和民族特性。北京奥运会是有史以来观众人数最多的奥运会,获得

---

① 傅旭、吴兢、裴智勇:《微笑中国 对话世界》,2008年8月25日《人民日报》。

了世界范围内有史以来最多时长的电视报道、最广区域的最多观众。

北京奥运会的开幕式震撼外国观众，中国80%的人通过各种媒体观赏了开幕式，美国和欧洲也有50%的人通过电视收看了开幕式。在和平时期，再也没有任何一项其他活动能像奥运会开幕式这样吸引如此广泛的关注，这是国际奥林匹克运动的特殊优势，也是北京奥运会的特殊荣耀。

北京奥运会是奥运历史上第一次有全球性的数字化报道，美国和中国的奥运会节目收视率都创造了历史新高。北京奥运会期间还出现了历史上最多的与奥运会相关的网站。在非洲、亚洲和中东有1650万人浏览了国际奥委会网站上的视频。北京奥运会第一周，点击国际奥委会网站的人数超过整个2004年雅典奥运会的点击人数。北京奥运会期间，国际奥委会官方网站有500万用户点击，雅典奥运会期间这个数字是280万。

北京奥运会是奥运历史上转播规模最大的一次，共有200多个国家和地区的观众通过累计5000小时的报道和转播目睹了北京奥运会的盛况，这一报道规模是雅典奥运会的3倍。国际奥委会市场开发部负责人拉姆称，在全球范围内有45亿观众可以看到北京奥运会相关的比赛并接收奥运会信息。在一些欠发达地区，如撒哈拉以南的非洲地区、加勒比海地区，通过与各自地区转播商的合作，对北京奥运会的转播也比雅典奥运会期间增长了一倍。

在体育赛事转播方面，美国NBC 8月16日的电视转播收视率达到了美国18年来的最高值，在美国有超过4000万观众观看了菲尔普斯获得第八块金牌的比赛直播。在中国，有超过10亿人观看了比赛直播，中央电视台的9个频道全部用来转播奥运会比赛。

谈到北京奥运会转播的特点时，拉姆说："2008年奥运会也是有史以来第一次通过电子方式、数字方式进行转播，其中包括网上的高清转播，手机电视在全球范围内都可以接收。在雅典，我们看到只有8个地区进行延迟的互联网转播，而在北京，数字转播可以实时进行。美国NBC网站，视频观看者是雅典的30倍，手机视频下载量是都灵冬奥会的20倍。"他说，在中国有1.02多亿观众在网上收看相关的比赛，还有 1.46 亿观众通过网络点播方式收看了转播。在全球范围内，各个时区也有大量的观众，国际奥委会在全球范围内 77 个国家和地区也推出了网上频道，包括亚洲和中东地区都能够接收，包括韩国、印度等国都可以接收网上直播视频。

外国媒体纷纷把目光投向了中国，他们用各自的语言和文字，用各自的表达方式，齐声赞美中国，赞美这个东方最古老灿烂而又日新月异的民族。

2. 奥运机遇——助推中国经济发展

改革开放以来，中国经济获得了持续快速的增长，并在世界经济剧烈变动的情况下保持了稳定，推动综合国力显著增强。从中国的发展蓝图上说，进入新世纪，在解决了温饱以后中国开始了向建成一个中等发达国家目标前进的步伐。换言之，中国开始了走向世界经济强国的历程。这是中国重新崛起的开始，也是炎黄子孙梦寐以求的夙愿。"躬逢盛世"的北京奥运在给中国和世界带来欢乐祥和的同时，也在提升着中国经济的国际影响力。

奥运会是推动北京经济总体发展的直接动力。据统计，在 2005—2008 年的"奥运投入期"内，北京市 GDP 的年均增长速度达到 11.8%，较"十五"期间提高了 0.8 个百分点，其中 2007 年受奥运影响拉动 GDP 的增长幅度最大，达到 1.14%。来自北京奥组委的数据显示，申奥成功 7 年来，仅北京奥运会场馆建设的投资就达 130 亿元。除此之外，7 年来北京市对城市建设的投入，包括基础设施、能源交通、水资源和城市环境建设，高达 2800 亿元。

奥运会是对金融业服务能力的一次大考。目前，北京具有外币兑换业务资格的银行网点超过 2000 家，占全部网点的 74%。外宾在北京兑换货币、刷卡购物都十分方便，银行的排队时间也进一步缩短。中国人民银行支付结算司司长欧阳卫民表示："经过各有关方面共同努力，奥运城市支付环境得到了全面改善，并以此带动了重要旅游城市乃至全国金融服务环境的改善。"以奥运为契机，金融服务改革的步伐进一步加快，老百姓成为受益者。

奥运会是一场旅游者的盛会。8 月 8 日至 20 日，北京市 164 个主要旅游景区累计接待游客 480 万人次。而奥运旅游的真正高峰在奥运会比赛结束以后到来，对周边省市旅游业的带动也更明显。北京为接待奥运来宾，增加了宾馆、床位和各种专业服务人员，旅游服务接待能力大大增强。2008 年上半年，北京第三产业增加值占地区生产总值的比重从 2002 年的 61.3% 提高到 73.7%。除了民航、交通、金融、旅游等，餐饮、物流、体育和文化产业等都受益于奥运会的举办。①

奥运会是中国企业走向国际的重要舞台。对联想、中国移动这样有一定国际知名度的大企业而言，赞助北京奥运意味着品牌价值的进一步提升。以"国际奥委会全球合作伙伴"联想为例，数据显示，从 2006 年 9 月到 2007 年 9 月，联想在全球（除中国外）的品牌知名度从 40% 提升到了 50%，购买考虑度从 39% 提升到 47%。对那些本来名不见经传的中小企业而言，参与奥运则为他们争取到了进入国际市场的良机。为奥运会开幕式上提供"卷轴"数字影像技术的水晶石数字科技公司，在开幕式结束的第二天便接到 2012 年伦敦奥组委、巴西奥申委等打来的电话，寻求合作的可能性。

从"同一个世界、同一个梦想"到"绿色奥运、科技奥运、人文奥运"，高举中国特色社会主义伟大旗帜，坚持以人为本，科学发展。在民族复兴的新征程上，北京奥运会增添了民族文化自信的新动力。在北京奥运会这个多元文化交流的节点上，不仅为世界观察中国提供了机会，更为我们提供了用世界眼光审视自己的契机。

把握奥运带给我们的机遇，需要认真梳理奥运给我们留下的丰厚遗产。这种遗产不仅包括雄伟壮观的场馆建筑，更包括在筹备和举办奥运会的过程中，所显示的一个现代化国家所应具有的品质。不断使这种"品质"内生为习惯，演化为机制，积淀为能量，必将成为我们推动科学发展，促进社会和谐的持久动能。

在北京奥运会激动人心的日子里，来自 204 个国家和地区的运动员，奋力拼搏，书写传奇，在全球瞩目的奥运竞技场上，实现自己的光荣与梦想，共同谱写一曲"有特色、高水平"的奥运乐章，铸造奥林

---

① 高云才、王炜：《奥运机遇 发展加油》，，2008 年 8 月 25 日《人民日报》。

匹克运动新的里程碑。

在中华民族伟大复兴的征程上，以北京奥运会为标志，中华文明与世界文明激情相拥，掀开崭新的一页。北京奥运会已成过去，但它对中国的影响还远远没有结束。13亿中国各族人民将用行动和激情向世界证明，北京奥运会不仅是一座光荣的纪念碑，更是中华民族的一次伟大出发。

中国，永远向前！

相关链接1：

火炬手金晶的故事

法国当地时间2008年4月7日中午，北京奥运火炬传递在法国巴黎著名的埃菲尔铁塔开始环球传递第5站的传递活动，在这一站有一个非常勇敢和可爱的小女孩引起在场所有媒体和中国人的关注，她就是来自中国的联想火炬手金晶。

金晶被朋友们称为"轮椅上的微笑天使"，原定跑的是第三棒，应从一名法国著名篮球运动员手中接过圣火。后来巴黎方面临时调整了路线，将她传递的地方改在了一公里外的塞纳河边。在巴黎火炬传递时，当金晶一脸微笑在街头出现，就受到了法国媒体和公众的喜爱。熟悉她的记者都忍不住说："真是一个阳光美女。"

当天，由于极少数的"藏独"分子干扰北京奥运火炬的传递，无耻的"藏独"分子竟毫无人性地把黑手伸向了坐在轮椅上等待火炬传递的金晶！"藏独"分子冲向金晶，试图要从她手中抢走火炬。金晶面对突如其来的冲击，毫不畏惧，用双手紧紧抱着火炬，同时脸上仍然流露出骄傲的神情。她在用她那残弱的身躯捍卫着奥运精神，这个画面打动了在场所有人的心弦。

现场的中国留学生都流泪了，他们高喊着："姑娘，要坚强！加油！中国，加油！"巴黎市民也被金晶感染，鼓掌欢送她完成火炬接力。金晶的事迹迅速在国内各大门户网站和BBS上流传，数以千计的网民在第一时间留言，不少人直言自己看的时候流下了眼泪，他们说："姑娘，你很坚强，我们为你骄傲！""金晶人美心更美，我们都支持你,祖国万岁!"

(奥运官方网站火炬接力前方报道团,大卫,
北京奥运会官方网站 http://www.beijing2008.cn)

相关链接 2:

奥运志愿者梁苏会的故事

2008年9月29日,北京奥运会、残奥会总结表彰大会在人民大会堂召开,清华大学女博士生梁苏会代表100多万奥运会、残奥会志愿者发言,人们为志愿者们的奉献与付出报以热烈的掌声。

梁苏会个头不高,戴着眼镜,脸上时常挂着微笑。北京奥运会、残奥会期间,她是一名为志愿者服务的志愿者——作为志愿者服务助理在国家游泳中心保障场馆志愿者的衣食住行,连续服务近50天。因为赛程安排不同,每天的班车发车时间也不相同,从早到晚,20余班次的调度,既要保证志愿者顺利、按时上岗,又要保证志愿者安全、及时返校。每天晚上,她都会逐一打电话询问每个还在场馆工作的志愿者,保证他们能够搭乘最后一班返校班车。志愿服务之余,梁苏会作为"水立方"志愿者刊物《在水一方》编辑部成员,多次为刊物撰写卷首文章。她还负责场馆志愿者之家布置、运行的有关工作,受到志愿者们的好评。

作为场馆临时团总支副书记、志愿者业务口临时团支部书记,梁苏会还承担了共青团组织的工作,为广大志愿者青年团员服务。无论是回收、反馈志愿者意见建议,还是组织本业务口志愿者团队建设,梁苏会都在其中发挥出积极作用,使"水立方"志愿者成为一个团结向上的集体,出色完成了志愿服务任务。

(《奥运回眸·人物篇:出色的博士生志愿者梁苏会》,记者李江涛,新华网)

相关链接 3:

世界各国新闻媒体评论摘录

美联社评论指出,为了举办奥运会,中国人满腔热情投入人力物力,北京奥运成为中国第一次以一个现代化国家的姿态走向世界的象征性事件。评论说，北京奥运最终在组织上、竞技水平上、安全上、环境上和观众气氛上都交了一份近乎完美的答卷，赢得了世界的感谢、尊重和认可。

BBC 评论指出：中国完成前所未有的壮举，着重谈到了北京奥运会的开、闭幕式，他们认为开幕式和闭幕式都让人永世难以忘怀，是前所未有的壮举。在描述闭幕式时，BBC 这样评价：北京奥组委用让人叹为观止的烟火拉开了闭幕式大幕，之后精妙的表演又让人回想到两周前的开幕式。但是，闭幕式更加值得庆祝，因为盛装的运动员、舞者和音乐家真正地走进了欢乐的氛围中。

英国《泰晤士报》8 月 23 日发表文章，题目是"中国梦已取代美国梦"。文章说：在过去两个星期里，中国的奥运选手在首都北京壮观的新场馆中、在狂热的同胞面前击败了美国对手，以多赢得 16 枚金牌的优势结束了苏联解体后美国运动员一直占据的世界霸主地位。这一结果只会加剧美国目前的恐慌情绪，专家们肯定会把中国不可阻挡的崛起与美国的衰落相比较，研究两条线何时相交。

美国《芝加哥论坛报》8 月 24 日文章《中国的成就》说：2008 奥运会的组织工作非常出色，获得了中国政府大力支持，这是显而易见的。"鸟巢"不仅在外观上宏伟壮观，作为一个竞技场也是功能完备、引人注目。中国决心把其最好的一面展现出来。从某种意义上来说，奥运会就像是中国接受了一份它长期忽视的邀请函：向国际社会张开双臂。当然，存在很多有争论的领域。但是，中国也有变化与改革。有谁敢说中国最近几十年来没有获得大发展并变得温和？奥运就是中国的名片和初入社交界的一次盛大聚会。中国在说：我们就在这里，我们为自己的进步感到骄傲，我们欢迎你们。

日本《东京新闻》称，北京奥运会开幕之后，他发现中国人身上一种坚韧的品质。那就是，虽然中国改革的前途仍然很艰难，但是在困难中，中国始终存在这样一种人，为了使中国在与世界融合的过程中变成更好的国家而奋斗着。

相关链接4：

一次崭新的扬帆启航——北京奥运会成功的启示之五（节选）

激情过后，今天的中国面临着又一次扬帆启航。成就和赞誉，鲜花与掌声，北京奥运会所带来的荣耀，为未来中国的发展立起一座新的坐标，让中国更清晰地看到自己所处的方位，更明确地判断奋斗的目标。

奥运会的成功举办显示了一个时间坐标，告诉我们如何在新起点继续民族复兴的征程。

一届成功的奥运会，检验着我们的发展，在一定程度上表明了我们的综合国力，印证着一个五千年文明古国的现代化梦想。但百年梦圆并不等于百年强国梦的实现。……中国要全面建成惠及十几亿人口的更高水平的小康社会，进而基本实现现代化、实现全体人民共同富裕，还有很长的路要走。在未来的路途上，我们还需要坚持不懈地奋斗，推进改革开放的中国继续前行。

奥运会的成功举办也显示了一个空间坐标，告诉我们如何在新起点进一步扩大开放。

北京奥运会之所以被称为"中国改革开放的新界标"，是因为它传递着今日中国走向世界的强烈愿望。……奥运会后的中国，将以更开阔的视野和更深切的自我期许，谋求和平的发展、开放的发展、合作的发展，同世界各国人民一道，致力于建设持久和平、共同繁荣的和谐世界。

奥运会的成功举办还显示了一个精神坐标，告诉我们如何在新起点，进一步涵养开放包容的社会意识和理性成熟的国民心态。

一个国家和民族的文明与成熟，取决于民众的整体素质与心态。北京奥运会期间，从处置各种问题的及时开放，到公民的积极参与、观众心态的平和、志愿者精神的闪光，都反映着中国社会的文明进步，是奥运会珍贵的遗产。这种积极的影响必将延续下去，让开放、包容、自信更深地融入当今的中国，将奥运经验和诸多创新，"制度化"为我们社会发展的动力。

(2008年8月31日《人民日报》评论员文章)

相关链接 5：

21 世纪初中国体育大事记（2000—2010 年）

2000 年

2 月　中国女队第十次夺得世乒赛团体冠军，中国男队卫冕斯韦思林杯失利。中国乒乓球选手在悉尼奥运会上再次垄断 4 块金牌。国际乒联则决定在奥运会后使用大球。

5 月 29 日至 6 月 6 日　全国体育大会在宁波举行，这是我国首次举办的非奥运项目大型综合性运动会。

中国三大球全面滑坡。除中国男足、男排和女篮未能进军奥运会外，上届亚军中国女足在悉尼奥运会小组赛上被淘汰，上届亚军中国女排仅获第五名，男篮也未能进入前 8 名。

8 月 8 日至 10 日　北京体育大学教师张健经过 50 小时 22 分徒手泅渡 123.58 公里，成功横渡渤海海峡，创造了男子横渡海峡最长距离的世界纪录。

8 月 28 日　国际奥委会在瑞士洛桑宣布，北京得到国际奥委会的认可，成为获得 2008 年夏季奥运会申办资格的 5 个候选城市之一。

9 月—12 月 15 日中国女子国际象棋取得全面突破。中国国际象棋女队包揽全年世界重大赛事冠军，将世界杯赛、世界青年锦标赛、国际奥林匹克团体赛等世界重大赛事的冠军尽收囊中。9 月，许煜华获世界杯冠军；11 月 12 日，中国女队获第三十四届奥林匹克团体赛冠军；12 月 15 日，谢军、秦侃滢分获世界锦标赛冠亚军。

9 月 15 日至 10 月 1 日　中国体育代表团在第二十七届奥运会上共夺得 28 枚金牌、16 枚银牌和 15 枚铜牌，在金牌榜和奖牌榜上均排在第三位，取得历史性的突破。中国运动员共有 3 人 12 次创 8 项世界纪录，6 人 11 次创 11 项奥运会纪录。

在第十一届残疾人奥运会上，中国代表团获得 34 枚金牌，在金牌榜上名列第六，实现了全面超越上届的赛前预定目标。

中国加大反兴奋剂力度。在悉尼奥运会前，中国主动削减了多名血检有疑问的运动员参加奥运会。在奥运会上，中国运动员共有 117 人次接受了兴奋剂检测，结果未发现一例阳性。

10月　第四届全国农民运动会在四川绵阳举行。3300多名运动员参加了自行车载重、武术、民兵军事三项、龙舟、舞龙舞狮和风筝等13个大项共131个小项的角逐。本届农运会特色浓郁，举办项目更贴近农民。

12月11日　孙雯荣获国际足联"本世纪最佳女子足球运动员"称号。此外，孙雯等5名中国女足队员加盟美国女足职业联赛。

男子足球继续成为社会热点。中国足协年底作出2001年足球甲级联赛只升（甲B）不降（甲A）的决定，并在球员转会中实行"倒摘牌"制。世界著名教练米卢蒂诺维奇年初出任中国男子足球队主教练，10月率领国家队夺得了亚洲杯赛第四名。

2001年

4月5日　中国篮球选手王治郅和达拉斯小牛队正式签约，成为首位正式加盟NBA的亚洲球员。

7月13日　在国际奥委会第一百一十二次全会上，北京以56票获得2008年奥运会主办权。12月13日北京奥运会组委会正式成立。

7月29日　北京体育大学青年教师张健经过近12个小时的艰苦努力，成功横渡英吉利海峡，成为只身横渡英吉利海峡的第一位中国人。

8月22日—9月1日　第二十一届世界大学生运动会在北京举行，中国代表团以54枚金牌、25枚银牌、24枚铜牌的成绩首次在大运会取得金牌总数和奖牌总数第一。

10月7日　中国男子足球队在第十七届世界杯预选赛亚洲区决赛阶段的比赛中，以1:0战胜阿曼队，提前两轮取得世界杯参赛资格。

10月22日　中国足球彩票正式发行，在12省市同步上市。

11月1日　新华社受权发布中央军委主席江泽民签署的命令，授予"八一"军事五项队"英雄军事五项队"的荣誉称号。

11月11日—25日　第九届全国运动会在广州举行。共有24人35次超7项世界纪录，6人1队7次创6项亚洲纪录，28人41次超9项亚洲纪录，32人4队52次创37项全国纪录。

12月14日　中国女棋手诸宸在国际象棋世界锦标赛中战胜对手，

获得冠军。她成为继谢军之后我国第二位女子国际象棋世界冠军。

2002 年

2 月 16 日　在盐湖城冬奥会短道速滑女子 500 米决赛中，中国运动员杨扬以 44 秒 187 获得冠军，实现了中国在冬奥会上金牌"零的突破"。

2 月 25 日　最高人民检察院下发通知指出，对于足球裁判的受贿行为，可按照公司、企业人员受贿罪依法批捕、提起公诉。

4 月 17 日　北京市宣武区人民检察院以涉嫌企业人员受贿罪依法批准逮捕龚建平，标志着打击中国足坛"黑哨"行动进入了司法程序。

5 月—6 月　中国男子足球队首次参加世界杯决赛阶段比赛。中国队在小组赛中三战皆负，一球未进，此后在国内引发了一场"中国足球大反思"活动。南斯拉夫教练米卢蒂诺维奇在率中国队首次打入并参加世界杯赛后合同到期，中国足协年底聘请荷兰人阿里·哈恩为新一届国家男足主教练。

6 月 26 日　身高 2.26 米的中国中锋姚明，正式加盟 NBA 火箭队。成为 NBA 历史上第一个以"选秀状元"身份加盟的外国选手。

7 月 13 日，《北京奥运行动规划》公布实施。由中美建筑师合作设计、可容纳 50% 以上北京奥运会设施的北京奥林匹克公园规划方案已进入专项设计阶段。12 月 2 日至 4 日，国际奥委会在北京召开 2008 年奥运会协调委员会第一次全体会议，高度赞扬北京奥运会的各项筹备工作进展顺利。

8 月 9 日　在云南举行的世界杯场地自行车总决赛中，中国选手李娜获得女子凯林赛冠军，这是中国自行车队首次获得世界冠军。

8 月 19 日　在里斯本举行的世界击剑锦标赛中，谭雪获得女子佩剑个人冠军，成为中国第一个击剑世锦赛冠军。

8 月 22 日至 23 日　全国体育工作会议在京举行，这是新中国成立以来首次以国务院名义召开的全国体育工作会议。

9 月 1 日　中国女子曲棍球队在澳门结束的第十届世界冠军杯女子曲棍球赛中首次夺冠，成为我国球类集体项目中继中国女排之后的第二支世界冠军队。

9月29日—10月14日　在韩国釜山举行的第十四届亚洲运动会上，中国体育代表团共获得150块金牌、84块银牌和74块铜牌，金牌和奖牌总数均位列第一，从而连续6届亚运会保持金牌总数第一位。

2003年

5月21日、22日　为纪念人类登顶珠峰50周年，包括4名业余登山者在内的中国珠峰登山队10名队员分别于5月21日、22日登上世界最高峰。

5月25日　中国乒乓球队在巴黎结束的第四十七届世乒赛上获得女单、女双、男双、混双4枚金牌，唯有男单冠军旁落，在国际乒联实行11分新规则后的首届世乒赛上取得了不错战绩。

8月3日　北京奥运会会徽"中国印·舞动的北京"揭晓；9月1日，奥运会市场开发计划正式启动；国家体育场"鸟巢"、国家游泳中心"水立方"、北京射击场和老山自行车馆4个奥运场馆定于年底开工建设。

9月6—13日　第七届全国少数民族传统体育运动会在宁夏举行。

10月18—27日　第五届全国城市运动会在湖南举行。

11月15日　中国女排以3∶0击败日本队后，以全胜战绩获得世界杯赛冠军。这也是有着"五连冠"辉煌历史的中国女排17年来再次成为世界冠军。

11月22日　中国队在温哥华落幕的世界举重锦标赛上获得21枚金牌、7枚银牌和4枚铜牌，创下历史最好成绩，并以男、女团体总分第一的身份拿满男子6张、女子4张奥运会入场券。中国选手3人10次打破7项世界纪录，其中山东姑娘刘春红5次改写世界纪录。

2004年

2月3日　国务院总理温家宝签署第三百九十八号国务院令，颁布《反兴奋剂条例》，并于3月1日起施行，表明了中国政府对反兴奋剂工作的严肃态度和严正立场。

3月26日　联想集团在北京与国际奥委会、北京奥组委、都灵奥组委签署合作协议，宣布正式成为第六期国际奥委会全球合作伙伴。这是奥运历史上中国企业首次获此资格。

5月 中国羽毛球男队夺回了阔别12年的汤姆斯杯，中国女队实现尤伯杯四连冠。

6月 由中华全国体育总会主办的首届全国电子竞技运动会，正式在全国八省市上演。这是该项目2003年被列入国家开展的第九十九个体育项目后的新一项全国联赛。

6月4日 陕西省"3·25"即开型体育彩票造假案真相大白，刘亮冤案得以澄清并开走宝马车。12月，体彩承销商杨永明、陕西省体彩管理中心原主任贾安庆等依法受到惩处。

8月 第二十八届奥运会，中国代表团取得历史性突破，共夺得63枚奖牌，其中金牌32枚，首次荣获金牌榜第二位。刘翔以12秒91打破男子110米栏奥运会纪录，平世界纪录。中国女排时隔20年后再夺奥运冠军。

9月26日 中国历史上第一个F1大奖赛在上海成功举办。

2004年是"农村体育年"。10月，第五届农运会在江西宜春举行。本届农运会是历史上规模最大的一届。

11月17日 中国足球队无缘2006年德国世界杯亚洲区预选赛第二阶段比赛。中超联赛和足球改革起风波。

12月9日 刘鹏任国家体育总局局长、党组副书记，袁伟民离任。

2005年

3月 常昊夺得应氏杯世界围棋锦标赛冠军；10月19日，古力和陈耀烨会师LG杯世界围棋棋王赛决赛，为中国围棋提前锁定冠军。

4月3日 在世界职业斯诺克中国公开赛上，我国18岁台球小将丁俊晖战胜众多国际高手，一举夺得冠军，成为我国夺得世界级斯诺克桂冠的第一人。12月18日，他在仅次于世界锦标赛的英国锦标赛上登顶，再次创造奇迹。

5月15日 中国羽毛球夺回两年前失去的苏迪曼杯后，成为世界上同时拥有汤姆斯杯、尤伯杯和苏迪曼杯三大团体冠军的第一支球队。

5月22日 中国女子登山队和中国重测珠峰高度测量登山队成功

登上珠穆朗玛峰顶。这是继 1975 年中国女性第一次登上地球之巅后，又一次女子登山的壮举。测量结果 10 月 9 日公布，为 8844.43 米。

8 月 16 日　在土耳其伊兹密尔举行的第二十三届世界大学生运动会上，来自清华大学的胡凯以 10 秒 30 的成绩创造了历史。这是中国运动员第一次在世界大型运动会上获得男子百米金牌。

2008 年北京奥运会主题口号——"同一个世界　同一个梦想"（One world One dream）和北京 2008 年奥运会吉祥物"福娃"——"贝贝"、"晶晶"、"欢欢"、"迎迎"、"妮妮"分别在 6 月 26 日和 11 月 11 日亮相。

10 月 12—23 日，中华人民共和国第十届运动会在江苏举行，胡锦涛、温家宝分别出席开幕式、闭幕式。这是北京奥运会前国内最大规模的综合性运动会。共有 15 人 21 次超 6 项世界纪录，7 人 7 次平 6 项世界纪录，5 人 6 次创 5 项亚洲纪录，1 队 19 人 25 次创 19 项全国纪录。

2005 年是《中华人民共和国体育法》和《全民健身计划纲要》颁布 10 周年。6 月 19 日，"国际体育运动年·全国亿万群众健步走"活动在北京拉开帷幕，国际奥委会主席罗格专门为本次活动发来致辞。

10 月 29—11 月 6 日　第四届东亚运动会在澳门举行，这是中国澳门首次举办的国际综合性运动会。中国代表团共夺得 127 金 63 银 33 铜，位列金牌榜和奖牌榜首位。

国家体育总局继续加大反兴奋剂的力度，先后对重庆田径队、湖北女子举重队、火车头体协运动员孙英杰使用违禁药物和在兴奋剂检查中集体作弊事件进行处理。

2006 年

1 月 27 日　郑洁/晏紫在澳网决赛中击败头号种子雷蒙德/斯托瑟组合，夺得女双桂冠，为中国网球夺得首个大满贯冠军。7 月 10 日，郑洁/晏紫为中国队夺得温网历史上的首个冠军。

2 月 10—26 日　在第二十届冬奥会上，韩晓鹏夺得自由式滑雪男子空中技巧冠军，实现中国男子项目冬奥会突破，创中国雪上项目冬奥会历史。王濛获得女子 500 米短道速滑冠军。中国军团共获 2 金 4 银 5 铜。

5月20—30日　第三届全国体育大会在苏州召开。国务委员陈至立出席开幕式。大会共有55个单位6644名运动员参加，5人1队16次超11项世界纪录，4人3队11次超5项亚洲纪录。

7月12日　瑞士田径超级大奖赛，刘翔再次让世界震惊，以12秒88将英国科林·杰克逊创造的男子110米栏世界纪录缩短0.03秒。

7月25日　国家体育总局正式颁布《体育事业"十一五"规划》。从战略和宏观的角度提出未来5年阶段性目标和任务。

7月30日　第十五届女足亚洲杯决赛中，中国女足战胜东道主澳大利亚队捧得冠军奖杯。这是时隔7年后第八次捧杯。

9月6日　2008残疾人奥运会开幕倒计时两周年之际，北京残奥会吉祥物发布活动在长城隆重举行。国家副主席曾庆红出席，并发布北京残奥会吉祥物"福牛乐乐"。

10月18日　第三十九届体操世锦赛，中国男队力压强敌俄罗斯和日本队，第七次夺冠。19日，女子团体金牌也被揽入怀中，实现中国体操队建队53年来女子团体金牌突破。杨威加冕男子全能冠军，成为继李小双、冯敬后中国第三位男子全能世界冠军。

12月1—15日　中国代表团在第十五届亚运会上获金牌165枚，奖牌316枚，金牌、奖牌总数均超上届，连续7次居金牌榜第一；2人6次创4项世界纪录，5人4队13次创11项亚洲纪录。

12月23日　全国"亿万学生阳光体育运动"启动仪式在京举行，国务委员陈至立宣布正式启动，号召广大青少年抓住我国举办北京奥运的机遇，掀起体育运动的热潮。

2007年

1月28日—2月4日　第六届亚洲冬季运动会在吉林省长春市、吉林市举行，亚奥理事会45个成员国家和地区全部参加了本届赛会，实现了亚洲奥林匹克大家庭在亚洲冬季运动史上的大团圆。中国代表团获得19金、19银、23铜，名列金牌榜和奖牌榜首位。

4月23日　中共中央政治局召开会议，研究加强青少年体育工作。5月7日，《中共中央国务院关于加强青少年体育增强青少年体质的意见》文件发出。

5月21—27日　第四十九届世界乒乓球锦标赛单项比赛在克罗地亚的萨格勒布举行。中国队包揽了5个单项的冠、亚军，这是中国乒乓球队历史上第三次包揽世乒赛各单项的冠、亚军，第六次囊括5个单项的冠军。

6月28日　广东宏远男篮新秀易建联入选美国密尔沃基雄鹿队，成为继姚明之后又一成功登陆NBA的中国球员。NBA新赛季开赛后，易建联保持着较高的出场率，水平得到提高。

7月18日　中国男足在马来西亚吉隆坡举行的亚洲杯小组赛最后一战中以0:3败给乌兹别克斯坦队，27年来首次无缘亚洲杯复赛。

8月8日　北京奥运会进入倒计时一周年，国际奥委会主席罗格在天安门广场向世界各国和地区奥委会发出2008年第二十九届奥运会邀请函。9月6日，北京奥组委和国际残奥委会向世界各国和地区残奥委会发出2008年残奥会邀请函。

8月31日　刘翔在大阪田径世锦赛上演了"第九道奇迹"，以12秒95的佳绩称雄，首次夺得世界田径锦标赛金牌。

9月10至30日　世界杯女足赛第二次在中国举办。9月23日，以多曼斯基为主教练的中国女足在世界杯1/4决赛中以0:1负于挪威队，无缘四强。

国家6个部委联合印发的《运动员聘用暂行办法》于2007年9月开始实施，将运动员管理纳入国家事业单位工作人员管理体系，将运动员保障纳入社会基本保障体系，这是我国运动员培养制度的一项重要改革。

10月2日至11日　第十二届世界夏季特殊奥运会在上海举行。这是特奥会首次在亚洲、在发展中国家举办，国家主席胡锦涛出席了开幕式。

2008年

1月18日至28日　第十一届全国冬季运动会于1月18日至28日在黑龙江齐齐哈尔等地举行，在参赛人数、比赛项目和赛事规模上创造了新的纪录。哈尔滨队蝉联金牌榜第一位，解放军队和长春队分列第二和第三位。

3月2日　第四十九届世乒赛团体赛在广州举行，中国队第十六次夺得世乒赛男团冠军、第十七次夺得世乒赛女团冠军。

3月9日　刘翔在巴伦西亚世界室内田径锦标赛男子60米栏决赛中以7秒46的佳绩称雄，成为中国田径史上首位室内世锦赛男子冠军。8月18日，刘翔因伤退出北京奥运会男子110米栏比赛。

3月24日至8月8日　3月24日，北京奥运会圣火在希腊采集，4月1日至5月3日在全球19个国家的19个城市和中国香港、澳门进行了传递。5月4日起，奥运火炬开始在中国内地传递，其中在5月8日9时17分首次登上世界最高峰、海拔8844.43米的珠穆朗玛峰峰顶。在经历了130天、15万公里、130多个城市传递之后，北京奥运会火炬8月8日在北京奥运会开幕式上点燃了国家体育场的主火炬。这是奥运史上传递路线最长、传递范围最广、参与人数最多的一次火炬接力活动。

5月　在雅加达举行的羽毛球汤姆斯杯和尤伯杯比赛中，中国羽毛球女队战胜印尼队连续第五次卫冕尤伯杯，中国男队也击败韩国队连续第三次捧起汤姆斯杯，再次站在世界羽毛球最高级别团体赛的最高领奖台。

8月8日至9月17日　第29届奥运会于8月8日至24日在北京举行，来自204个国家和地区的1万余名运动员刷新了38项世界纪录和85项奥运会纪录，多个国家和地区实现了奥运会金牌和奖牌零的突破。东道主中国为举办一届有特色、高水平的奥运会作出了巨大努力，受到了国际社会的高度评价，国际奥委会主席罗格用"无与伦比"来评价本届奥运会。2008年北京残奥会于9月6日至17日举行，来自147个国家和地区的4000多名残疾人运动员刷新了279项残疾人世界纪录和339项残奥会纪录。残奥会组织工作出色，中国实现了"两个奥运　同样精彩"的承诺。

8月8日至24日　中国体育代表团在北京奥运会上取得了51枚金牌、100枚奖牌的优异成绩，第一次名列奥运会金牌榜首位。中国队在帆船、射箭、赛艇、拳击等项目上首获奥运金牌。

9月29日　北京奥运会、残奥会总结表彰大会隆重举行，胡锦涛总书记发表重要讲话，提出进一步推动我国由体育大国向体育强国迈进。

10月3日至18日　首届世界智力运动会于10月3日至18日在北京举行,这是世界上第一次将桥牌、国际象棋、围棋、国际跳棋和象棋这五个智力运动项目放在一起举办的综合性运动会,共有143个国家和地区的3000余名运动员参加比赛。在全部35个项目中,中国代表团获12枚金牌。

10月26日至11月1日　第六届全国农民运动会10月26日至11月1日在福建泉州举行,来自全国的3000多名运动员参加了15个大项、180多个小项的比赛,共决出200多枚金牌和一等奖。本届农运会作了力度较大的项目改革,以体现农民体育的特色。

12月17日　国家体育总局公布了《2007年中国城乡居民参加体育锻炼现状调查公报》,显示"2007年全国有3.4亿城乡居民参加体育锻炼,全国'经常参加体育锻炼'的人数比例为28.2%。"

2009年

2月18日至28日　第24届世界大学生冬季运动会于2月18日至28日在哈尔滨举行,在比赛规模和项目设置上创造了新的纪录,这是中国第一次承办世界大冬会。中国队是参赛人数最多的代表团,以18枚金牌位居金牌榜第一位,创造了历史最好成绩。

3月29日,中国队在2009年女子冰壶世锦赛上首夺世界冠军。

4月28日至5月5日　世界乒乓球锦标赛在日本横滨举行,中国队包揽五个单项的冠亚军,这是中国队第七次包揽一届世乒赛单项赛的五项冠军,也是第四次囊括单项金银牌。

5月　在广州举行的第11届苏迪曼杯世界羽毛球混合团体锦标赛中,中国队第七次举起苏迪曼杯。从小组赛到决赛,中国队以一盘未失的战绩实现三连冠。

7月15日　姚之队正式签约收购上海东方男篮,姚明成为昔日母队的老板。

7月29日　在罗马进行的世界游泳锦标赛男子800米自由泳比赛中,中国选手张琳以7分32秒12打破世界纪录并摘得金牌,成为中国第一个男子游泳世界冠军。

8月8日 我国首个"全民健身日"在北京启动。全国各地以各种富有当地特色的健身活动来庆祝这一天的到来。

8月12日 "铁榔头"郎平接受广东恒大女排俱乐部聘书,成为中国国内第一支也是唯一一支职业排球俱乐部的主教练。

8月23日 柏林田径世锦赛最后一日,21岁小将白雪以2小时25分15秒的成绩夺得女子马拉松金牌,这是中国马拉松选手在世锦赛上首次问鼎冠军。

8月30日 国务院公布《全民健身条例》,该条例从10月1日起施行。

9月20日 伤别赛场一年多的刘翔在上海黄金大奖赛中复出并跑出了13秒15的佳绩,以极微弱劣势获得亚军;在10月举行的第十一届全国运动会、11月亚洲田径锦标赛和12月香港东亚运动会上,刘翔三次夺冠。

10月16日至28日 第十一届全国运动会在山东举行,在参赛人数、比赛项目和赛事规模上创造了新的纪录,其中有7人9次创超5项世界纪录。山东提出的"全民全运"办赛理念受到广泛赞誉。

10月26日,全运会田径男子三级跳远决赛中,河北队队员李延熙以17米59的成绩夺得冠军,同时他也打破了邹振先保持了28年之久的全国纪录。

11月13日至23日,首届全国智力运动会在四川举行。

11月25日和12月11日 公安机关先后披露,王鑫、王珀、丁哲、杨旭、尤可为、许宏涛、刘红伟等人涉嫌利用商业贿赂,参与操纵2007年"中甲"联赛个别场次的比赛,相关涉案人员已被公安机关依法逮捕或刑事拘留,从而揭开了中国足坛备受质疑的假球、赌球黑幕盖子。

12月5日至13日 第五届东亚运动会在中国香港举行,这是香港回归祖国后首次承办国际性综合赛事,共有来自9个国家和地区的约2300名运动员参与角逐。

2010年

1月22日 国家体育总局任命原水上运动管理中心主任韦迪为足

球运动管理中心主任，同时免去原足管中心主任南勇、副主任杨一民的职务。公安部3月1日证实，南勇、杨一民等因操纵足球比赛涉嫌收受贿赂犯罪，被依法逮捕。前足管中心主任、中国足协副主席谢亚龙，原国家足球队领队蔚少辉以及原足协裁判委员会主任李冬生等在9月也被公安机关立案侦查，并于10月被依法执行逮捕。

1月26日、27日　中国女将郑洁和李娜分别进入澳大利亚网球公开赛女子单打四强。尽管她们止步半决赛，但已创造历史：这是大满贯赛百余年历史上首次有两名中国球员同时进入四强。2月1日，WTA（女子职业网球协会）官方网站公布的世界排名中，李娜凭借1月在澳网上的出色表现，排名上升七位，位列世界第十，成为中国首位进WTA排名前十的球员。

2月10日　国际奥委会第122届全会在温哥华通过投票，授予中国南京2014年第二届夏季青年奥林匹克运动会承办权。与南京市一起争办这届青奥会的还有波兰的波兹南市。与会的国际奥委会89名委员参加投票，南京市以47∶42胜出。第二届青奥会将于2014年8月16日至28日举行。

2月10日，中国男足国家队迎来了东亚四强赛第二场与韩国队的比赛，国足3∶0完胜韩国，一举让持续了32年的"恐韩症"成为历史。

2月12日至28日　第21届冬奥会在温哥华举行。中国体育代表团取得五金、两银和四铜的历史最好成绩，列奖牌榜第七位，首次进入前八。花样滑冰双人滑组合申雪、赵宏博打破俄罗斯选手对这一项目46年的垄断夺取金牌，中国女子短道速滑队成为首支包揽四金的队伍。王濛夺得女子500米、1000米个人和3000米接力三块金牌，成为中国冰雪运动史上夺得冬奥会金牌最多的运动员。

3月24日　《国务院办公厅关于加快发展体育产业的指导意见》发布。意见指出，加快发展体育产业，对拓展体育发展空间，丰富群众体育生活，培养体育人才，提高全民族身体素质、生活质量和竞技体育水平，促进我国由体育大国向体育强国转变，促进经济社会协调发展，具有重要意义。

5月16日至26日　以"淡化金牌，淡化锦标，重在参与"为宗旨的第四届全国体育大会在合肥举行，2人1队4次超3项世界纪录。

5月9日至16日　汤尤杯羽毛球赛在马来西亚举行。中国男队实现汤杯"四连冠"；女队未实现尤杯"七连冠"。

5月23日至30日　第五十届团体世乒赛在莫斯科举行。中国男队连续第五次捧得斯韦思林杯；中国女队痛失考比伦杯，无缘九连冠。

8月29日　在巴黎进行的世界羽毛球锦标赛上，中国"风云组合"蔡赟/付海峰在先失一局后，成功逆转马来西亚名将古健杰/陈文宏，卫冕男双项目冠军。至此，中国队包揽了本届赛事的全部5枚金牌，这也是中国羽毛球队自1987年北京世锦赛后，再度实现"大满贯"。另外四个冠军分别来自男单的陈金、女单的王琳、女双的杜婧/于洋以及混双的郑波/马晋。

8月　在8月末开战的土耳其男篮世锦赛上，中国男篮的战绩为1胜5负，未能进入八强。10月12日，中国队与巴西男篮在河南进行的一场热身赛中上演了集体斗殴。中国篮球协会决定对中国男篮处以停训整顿的处罚，并公开向巴西队道歉。国际篮联随后也对中国男篮主教练邓华德和三名参与斗殴的球员进行处罚。11月26日，中国男篮在老将王治郅的带领下，在广州亚运会男篮决赛中以77∶71战胜韩国队，卫冕成功，历史上第七次获得亚运会金牌。

9月17日　第十二届世界杯花样游泳比赛双人项目，蒋文文/蒋婷婷夺冠，中国队实现历史性突破。

11月12日至27日　第16届亚洲运动会在广州举行。45个国家和地区的近万名运动员参加了42个大项476个小项的比赛，参赛运动员人数和项目均创历史纪录。中国体育代表团取得了199枚金牌、416枚奖牌，创造了参加亚运会以来的最好成绩，连续8届名列亚运会金牌榜首位。随后，亚洲残疾人运动会于12月12日至19日在广州举行。这是亚洲残疾人体育组织重组后举办的首届亚残运会，广州也成为第一个同年同城举办"两个亚运"的东道主。

11月21日　中国著名选手林丹在广州亚运会羽毛球男单决赛中以2∶1击败马来西亚名将李宗伟，获得金牌。林丹就此在自己获得过的奥运会、世锦赛、汤姆斯杯和苏迪曼杯冠军后加上了一个独缺的头衔——

亚运会冠军,"凑齐"了各项大赛的冠军。林丹也由此获得亚运会唯一"最佳运动员"称号。

11月24日　北京奥运会上因伤退赛的刘翔在广州亚运会上创造了复出以来的最好成绩。在11月24日举行的男子110米栏决赛中,刘翔以13秒09打破了由他自己保持的13秒15的亚运纪录,并成为亚运历史上第一个取得三连冠的高栏王。

12月24日　2010年女子国际象棋世锦赛在土耳其落幕,中国选手包揽前两名,16岁的侯逸凡成为最年轻的世界棋后。

尾声：
迈向体育强国

奥运会对于具有悠久历史和灿烂文化的中华民族来说，曾经是那么的陌生，那么的遥远。国运昌盛体育兴，百年奥运终圆梦。"百年奥运，百年圆梦"，这8个字是中国人民100多年来对奥林匹克运动不懈追求的生动诠释。2008年8月8日，举世瞩目的第二十九届夏季奥林匹克运动会在我国首都北京隆重开幕。北京奥运会是一届创造奇迹、超越梦想的奥运会。恢宏壮观的开闭幕式，跌宕起伏的赛事进程，盛况空前的广泛参与，群雄并起的激烈争夺。204个国家和地区，1万多名运动员，45亿观众，北京奥运会成为有史以来参赛国家和地区最多的一届奥运会，也是奥运会历史上转播规模最大的一次。北京奥运会诞生了38项世界纪录，蒙古、多哥、阿富汗、塔吉克斯坦等代表团实现了各自国家金牌、奖牌的历史性突破，获奖国家和地区数达到87个，菲尔普斯独得8金并打破7项世界纪录，博尔特包揽男子100米、200米这两颗奥运会"皇冠上的明珠"并双破世界纪录。尤其令国人感到骄傲的是，中国代表团历史上首次跃居金牌榜首位。一项项优异的成绩，一个个辉煌的瞬间，让人类骄傲，让世界沸腾。用国际奥委会主席罗格先生的话来说："北京奥运会是一届真正的无与伦比的奥运会。"北京奥运会不仅向全世界展示了中国改革开放30年取得的伟大成就，而且见证了中国体育事业的大跨越、大发展、大突破。

一、走向辉煌的中国竞技体育

1. 收获的季节

让鲜艳的五星红旗在奥运会赛场上高高飘扬,让雄壮的国歌在奥运会的赛场上奏响,是每位中华体育健儿的光荣与梦想,多少运动员、教练员为实现这一梦想奉献着青春,泼洒着激情。以顽强拼搏、为国争光为核心的中华体育精神激励和鼓舞着一代又一代体育人为攀登世界竞技体育巅峰而刻苦训练、辛勤耕耘。

2001年7月13日,当北京成功获得2008年奥运会举办权后,在祖国的土地上,向世界完美展示中国运动员的高超技艺和良好精神风貌,就成为了中国体育界的共同心声和强大推动力。在2004年雅典奥运会上,中国体育代表团以32枚金牌的优异成绩首度位列奥运会金牌榜第二位,实现了中国体育代表团奥运会成绩新跨越,同时也使人们对中国体育代表团能否在北京奥运会上超过美国,登上奥运会金牌榜第一的位置充满了期冀。

伟大的民族孕育和传承着伟大的民族精神,崇高的事业迸发出无穷的力量和旷世的智慧。

2008年7月25日上午,一支中国历史上最为庞大的奥运会体育代表团在北京正式成立。代表团人数达到史无前例的1099人,其中运动员639名,来自全国31个省区市,解放军、火车头体协和前卫体协,全团运动员平均年龄24.4岁。中国体育代表团将参加北京奥运会全部28个大项、38个分项的比赛。这支队伍新老结合,既有久负盛名的老将,也有初出茅庐的年轻小将。中国体育代表团运动员中有37名运动员曾参加2000年悉尼奥运会,165名运动员曾参加2004年雅典奥运会,跳水运动员郭晶晶、射击运动员谭宗亮、篮球运动员李楠已经代表国家连续参加了亚特兰大、悉尼、雅典三届奥运会。除了人数众多以外,代表团中外籍教练的数量达到了前所未有的38人,分别来自德国等16个国家,涉及棒球等17个大项。

这是北京奥运会所有参赛国家和地区代表团中人数最多的一支,这是一支立志登攀世界竞技体育巅峰的威武之师、文明之师。

金牌不是竞技体育的全部，奥运会承载的更多的是对团结、友谊、和平的奥林匹克精神的弘扬。

在中国体育代表团成立暨誓师动员大会上，中国体育代表团提出了在北京奥运会上的参赛目标：第一，发扬奥林匹克精神，弘扬中华体育精神，顽强拼搏，胜不骄，败不馁，以中国运动员良好的精神风貌和体育道德风尚展示国家形象；第二，充分发挥应有的竞技水平，努力创造更好的运动成绩，为国争光；第三，向各国、各地区代表团学习，加强友好交流，增进友谊，促进奥林匹克事业的发展；第四，激发和引导人民群众的健身热情，促进群众体育的蓬勃发展，带动体育产业和各项体育事业的进步，为构建社会主义和谐社会作出贡献。

"为人生添彩，为奥运增辉！为民族争气，为祖国争光！" 2008年7月25日，北京奥运会中国体育代表团成员在誓师动员大会上宣誓（阿民　摄）

2008年8月8日，精彩绝伦的北京奥运会开幕式预示着北京奥运会必将成为一届不同凡响的成功奥运会。肩负着重任的中国体育健儿以出色的发挥为北京奥运会的成功举办增添了绚烂的光彩。

这是一个伟大的历史时刻，这是一个中国竞技体育辛勤耕耘而喜获丰收的欢乐时刻。从北京奥运会开幕后的第一个比赛日开始，中国体育代表团就一路高歌猛进,一直占据金牌榜榜首,最终以51枚金牌的成绩位列本届奥运会金牌榜榜首,中国竞技体育经过几代人辛勤耕耘和智慧集聚,终于登上了象征国家和地区竞技体育综合实力的大舞台——奥运会的最高峰。这是一个让所有中华儿女都备感骄傲和自豪的辉煌时刻,这是一个见证中国竞技体育实现新的历史性跨越的伟大时刻。

2008年8月8日晚8点整,万众瞩目的北京奥运会开幕式正式在国家体育场"鸟巢"举行,中国代表团入场(刘亚茹 摄)

在本届奥运会上,中国体育代表团639名运动员参加了28个大项、262个小项的比赛。在党中央、国务院的亲切关怀和全国人民的大力支持下,中国体育代表团的全体运动员、教练员和工作人员,大力弘扬顽强拼搏、为国争光的中华体育精神,弘扬"更快、更高、更强"的奥林匹克精神,出色完成了各项参赛任务。

运动成绩大突破。中国体育代表团在北京奥运会上共获得51枚金牌、21枚银牌、28枚铜牌,奖牌总数100枚,创4项世界纪录。获金牌数超越美国,获奖牌数超越俄罗斯,位列奥运会金牌榜第一,奖牌榜第二,运动成绩方面取得了重大历史性突破,全面展现了我国竞技体育的发展水平。获得金牌和奖牌数创历史新高;获金牌和奖牌的项目数增加,获奖面拓宽;优势项目在保持优势的基础上夺金数量进一步扩大;

潜优势项目取得重大突破；集体球类项目整体上有新进步；老将宝刀未老，新人不断涌现。这是中国参加奥运会历史上的最好成绩，创造了中国竞技体育新的辉煌。上一次有代表团能在一届奥运会中取得50以上的金牌数是1988年的汉城奥运会上，当时苏联夺得了55金，美国以一枚之差输给了东德排在第三位。此后，金牌榜榜首的位置就一直被美国队占据着，却从来没有在金牌榜上突破50枚大关。

在雅典奥运会上，中国体育代表团在13个大项获得了金牌，在18个大项55个小项上获得了奖牌，在23个大项107个小项上进入前8名。北京奥运会，中国体育代表团所获金牌已扩大到15个大项，获奖牌扩大到20个大项85个小项，进入前8名的项目扩大到26个大项的136个小项。获奖面的拓宽，反映出中国竞技体育整体实力的全面提升。

乒乓球、体操、举重、跳水、射击、女子柔道、羽毛球等我国优势项目在雅典奥运会上共获得23枚金牌。北京奥运会，优势项目敢于超越自我，全力挖掘潜能，勇夺39枚金牌，比雅典奥运会多16枚，占代表团所获金牌数的82%。优势项目在保持优势的基础上进一步扩大夺金数量，成为代表团取得成绩突破的基本保证。

在历届奥运会上，乒乓球、羽毛球、跳水、体操、举重、射击、女子柔道等7大传统优势项目是中国奥运夺金的主力军。据统计，1984年洛杉矶奥运会至2004年雅典奥运会，中国选手先后夺得112枚金牌，其中92枚金牌来自这7大传统优势项目，为中国跻身金牌榜前列发挥了举足轻重的作用。

在本届奥运会上，中国七大传统优势项目的优势被提升到一个前所未有的新高度。

被誉为"国球"的乒乓球，在这次奥运会上，没有让一枚金牌旁落，毫无悬念地包揽了男、女团体和男、女单打4枚金牌。雄壮的《中华人民共和国国歌》4次在北京大学体育馆奏响。

中国羽毛球队，也勇夺女单、女双、男单3枚金牌，同时还取得2银3铜的佳绩。其中，蔡赟/傅海峰夺得男子双打银牌，实现了中国选手在这一项目上的历史性突破。

被誉为"梦之队"的中国跳水队，在奥运会跳水比赛8个项目中，一举夺得7金1银3铜。7枚金牌，是中国跳水队在奥运会历史上的最好成绩，也进一步巩固了世界霸主的地位。

2004年雅典奥运会，中国体操队遭遇"滑铁卢"，仅获1金3铜。卧薪尝胆的中国体操队在北京完美地演绎了"梦之队"的王者归来，狂扫9金1银4铜。其中，女子体操突破性地首获女团金牌。时隔12年，中国选手杨威在体操全能项目上，重新将这枚金牌收入囊中。

中国举重队在参加的9个项目比赛中，夺取了8金1银。其中，中国男女选手各获4金。陆永夺得男子85公斤级金牌，这是中国在男子大级别项目上的重大突破。

悉尼奥运会中国射击队射落3块金牌，雅典奥运会中国射击队收获4块，北京奥运会射击比赛全部结束后，这个数字变成5块。尽管在本届奥运会上，射击项目由雅典的17块金牌减少到15块，但中国射击队依旧实现了夺金数的递增。

在北京奥运会柔道比赛中，中国队斩获3枚金牌，实现了历史性突破。冼东妹在女子柔道52公斤级决赛中成功卫冕冠军，成为中国奥运代表团历史上第一个"妈妈冠军"。小将杨秀丽勇夺78公斤级金牌，这也是中国柔道选手时隔8年后，第二次登上该级别的冠军宝座。佟文在78公斤以上级擂台为中国重新夺回了阔别8年之久的大级别霸主地位。

潜优势项目是我国竞技体育的重要组成部分，是奥运战略的重要着力点和竞技体育总体实力提高的重要突破口，是奥运会金牌新的增长点。射箭、蹦床、拳击、跆拳道、击剑、沙滩排球、摔跤、网球等潜优势项目以及基础大项田径、游泳、水上等在雅典奥运会上共获得8枚金牌。潜优势项目在北京奥运会上共获得12枚金牌。这些项目取得的一系列重大突破，反映出中国竞技体育整体实力的进一步增强，为中国体育代表团取得北京奥运会优异成绩作出了重要贡献。

中国军团在传统优势项目频创新高，潜优项目上也不断实现新突破。经过16天鏖战，射箭、赛艇、帆船、蹦床、拳击、击剑等项目先后填补金牌或奖牌的空白。

在8月14日进行的射箭女子个人决赛中，中国选手张娟娟战胜韩国选手朴成贤获得金牌，这是中国射箭在奥运历史上拿到的首枚金牌，也使中国射箭跨入金牌部队行列。

在击剑男子佩剑比赛中，仲满用完美的表现让中国击剑队在24年之后再尝奥运冠军之喜。这也是中国男子击剑选手的奥运第一金。

帆船、赛艇项目首次尝到金牌滋味。由唐宾、金紫薇、奚爱华、张杨杨组成的女子赛艇四人双桨队，力挫欧美群英，实现了赛艇项目奥运金牌零的突破。殷剑摘得女子尼尔级金牌，成为中国帆船帆板金牌第一人。

在蹦床比赛中，何雯娜、陆春龙先后摘取女子、男子单人跳冠军，董栋获得男子单人跳亚军，两金一银的成绩，中国选手成为蹦床赛场公认的主角。

在基础大项——游泳的比赛中，中国游泳队为国人带来了惊喜，为处于低谷的中国游泳带来了新的希望：张琳在男子400米自由泳决赛中获得银牌，创造了中国男选手在奥运游泳赛场的最佳战绩。女子200米蝶泳决赛，小将刘子歌为中国游泳队赢得了本届奥运会上的首枚金牌，并打破被保持近两年的该项世界纪录。

在跆拳道比赛中，吴静钰获得的女子49公斤级金牌和朱国获得的男子80公斤级铜牌也帮助中国队实现了女子小级别和男子项目上的历史突破。

中国摔跤队取得了1金2银的奥运会历史最佳战绩。小将王娇继续了中国女子摔跤在72公斤级项目上的辉煌，她一路过关斩将摘得金牌。许莉在女子自由式55公斤比赛中，获得亚军。在男子古典式74公斤级的比赛中，中国选手常永祥在比赛中获得银牌。这枚银牌也是迄今为止中国男子摔跤在奥运会上取得的最佳成绩。

中国拳手以2金1银1铜的总成绩名列拳击单项赛事的金牌榜首席，创造了中国拳击运动的历史。邹市明夺得男子48公斤级金牌，这是中国拳击在奥运会历史上摘得的第一枚金牌。

在其他项目上，中国尽管没有夺得金牌，但是获得奖牌也成为重要的突破。中国花样游泳队历史性地夺得了一枚奥运会铜牌；中国队获艺术体操集体全能亚军，实现了历史性的突破；中国女曲在决赛中获得宝贵的银牌，实现奥运奖牌零突破；女子沙排两对组合以摘银挂铜的战绩为中国女沙创造了新的历史；张文秀夺得女子链球铜牌，改写了中国女链在奥运会上无奖牌的历史；常永祥斩获古典式摔跤 74 公斤级银牌，创造了中国男子摔跤最佳记录等等，奖牌突破不一而足。

中国骑士更是首次亮相奥运马术赛场，实现了中国马术的历史性突破，打开了征战国际马术赛场的大门。

武术项目虽不是奥运会正式项目，但充分利用在奥运会期间举行正式国际比赛的重大机遇，取得了运动成绩和精神文明双丰收，为在世界更大范围内推广武术运动作出重要贡献。

集体球类项目参与面广，协作性强，社会影响大，受到群众广泛欢迎。集体球类项目水平是反映一个国家和地区体育综合实力的重要方面。北京奥运会我国集体球类项目整体上有所进步。在雅典奥运会上，集体球类项目共有 5 个项目进入前 8 名，获得 1 枚金牌，2 个第四，2 个第八，在北京奥运会上，则有 8 个项目进入前 8 名。其中女子曲棍球、女子手球、女子水球、男子排球取得了中国参加奥运会以来的最好成绩。集体球类项目尽管实力与对手有很大差距，但大部分队伍在赛场上表现出敢于胜利的决心和勇气，特别是在落后时竭尽全力、决不放弃的精神和作风，赢得了对手的尊重，令国人满意。

在中国体育代表团中，柔道运动员冼东妹，举重运动员陈艳青、刘春红，羽毛球运动员张宁，跳水运动员郭晶晶、吴敏霞，乒乓球运动员张怡宁、王楠，皮划艇运动员孟关良、杨文军等雅典奥运会冠军在北京奥运会上蝉联金牌。体操运动员杨威、李小鹏，射击运动员杜丽、陈颖，乒乓球运动员王励勤、马琳、王浩等老将心态成熟，发挥稳定，不仅获得了金牌，还起到了核心队员的领军作用。

更为可喜的是，中国体育代表团涌现出一批初出茅庐的年轻小将。在代表团所获 51 枚金牌中，有 30 枚是由第一次参加奥运会的年轻运动员获得，占金牌总数的近 60%。他们拼劲十足，气势如虹，充满活力和朝气。他们经历了奥运战火的洗礼，经受住残酷竞争的考验，作为中国竞技体育的新生力量，在未来的国际赛场将成为争金夺牌的主力军。这预示着，2012 年的伦敦奥运会，中国军团依然是金牌榜首席的有力争夺者。

精神风貌大展示。中国运动员在北京奥运会上还展现出了良好的精神风貌和体育道德风尚。本届奥运会我国体育健儿面临着巨大的压力和异常激烈的竞争。雅典奥运会结束后，世界各体育强国均把中国作为北京奥运会上的主要竞争对手，在政策、资金、科技等方面的投入巨大，重视程度和备战力度空前，很多项目的水平也有大幅提高。同时，在自己家门口参赛，我们承载着全国人民更高的期望，承受着在国外比赛没有的特殊压力。面对严峻形势，体育健儿时刻牢记党和人民的嘱托，弘扬中华体育精神和奥林匹克精神，以"狭路相逢勇者胜"的勇气和豪气，顽强拼搏、不屈不挠，敢于挑战强手、超越自我，胜不骄、败不馁，尊重对手、尊重观众、尊重裁判，表现出良好体育道德和文明礼仪，表现出自强、自信的民族精神和为国争光、无私奉献的爱国情怀，让全社会为之振奋，为之感动。我国体育健儿以优异的成绩和精彩的表现，实现了为国争光的崇高使命，更为社会创造了宝贵的精神财富。

在北京奥运会上，中国运动员干干净净参赛，实现了兴奋剂问题"万无一失"的目标。中国体育代表团的全体运动员、教练员，以高度的政治责任感，充分认识反兴奋剂工作的极端重要性，采取了严密措施，努力做到"保险保险再保险"。从2008年7月27日国际奥委会启动北京奥运会赛时兴奋剂检测开始，中国运动员按照国际组织的规定接受了兴奋剂检查，没有出现一例阳性事件，维护了奥林匹克运动的纯洁，维护了国家荣誉。

在北京奥运会期间，中国体育界与国际体育界加强友好交流，增进了相互了解和友谊。作为东道主，中国奥委会在北京奥运会开幕前举办了大型招待会，热烈欢迎来京参加第二十九届奥运会的国际奥委会、各国家和地区奥委会、国际单项体育联合会等国际体育组织的来宾，表达了与各国各地区的运动员切磋技艺、相互促进、共享欢乐，并通过奥运会增进与世界各国各地区人民相互了解和友谊的美好愿望；中国奥委会和中国体育代表团还与各国际、国家和地区体育组织进行了广泛交往，举办和参加了多起双边、多边交流活动，介绍了中国体育事业的发展成就，表达了加强团结与合作，共同促进奥林匹克运动和谐发展的美好愿望，为扩大中国体育的国际影响发挥了积极作用。我国体育健儿是北京奥运会的参加者，也是中国人民的友好使者，与世界各国体育健儿场上是对手，场下是朋友，他们共同切磋技艺，互相学习，共同提高，真正体现了团结、友谊、进步的奥林匹克宗旨，营造了"同一个世界、同一个梦想"的浓厚氛围。

中国体育健儿的优异表现在全国掀起了新的体育热、奥运热、爱国热。北京奥运会上，中国健儿与各国运动员的精彩表现使体育成为全社会的关注焦点和热门话题。北京奥组委、体育、广电等部门通过各种媒体、采用多种形式进行观赛指导，介绍项目的规则、特点和历史，使奥林匹克知识和体育知识得到了广泛普及。奥运会赛事高潮迭起，各国体育健儿以高超的技艺、顽强的作风和文明友好的举止对奥林匹克精神进行了精彩演绎，使"更快、更高、更强"的奥林匹克格言和"团结、友谊、进步"的奥林匹克宗旨家喻户晓、深入人心。北京奥运会掀起的空前的体育热潮，必将产生巨大的长期效应，对群众体育、竞技体育、体育产业等各项体育事业的发展产生全面而深刻的影响。

2008年8月24日，中共中央、国务院给中国体育代表团发来贺电，对中国体育代表团在北京奥运会上的优异表现给予了高度评价，贺电全文如下：

中国体育代表团：

在举世瞩目的第二十九届奥林匹克运动会上，中国体育健儿肩负祖国和人民的殷切期望、怀着为国争光的强烈信念，顽强拼搏，奋勇争先，取得了51枚金牌、21枚银牌、28枚铜牌的优异成绩，位居金牌榜第一位，创造了中国体育代表团参加奥运会以来的最好成绩，实现了重大历史性突破，书写了中国体育事业发展的新篇章，为把北京奥运会办成一届有特色、高水平的奥运会作出了重大贡献。祖国和人民为你们自豪！党中央、国务院向为祖国和人民赢得巨大荣耀的中国体育代表团，致以热烈的祝贺，表示亲切的慰问！

在北京奥运会赛场内外，中国体育健儿大力弘扬中华体育精神和奥林匹克精神，以坚定的意志品质、精湛的运动技艺、良好的文明礼仪，取得了运动成绩和精神文明双丰收，实现了你们出征前许下的为人生添彩、为奥运增辉、为民族争气、为祖国争光的誓言，向世界展现了中华儿女积极进取、昂扬向上的蓬勃朝气，展现了中华民族自强不息、团结奋斗、和平进步的精神风貌。你们同世界各国各地区体育健儿交流技艺、提高水平、增进友谊，为促进世界各国各地区人民的相互了解和友谊作出了新的贡献。你们用自己的实际行动，极大激发了全国各族人民的爱国热情和拼搏精神，给正在积极推进改革开放和社会主义现代化建设的全国各族人民以巨大鼓舞，为国际奥林匹克事业作出了突出贡献。

希望你们发扬优良传统，认真总结经验，戒骄戒躁，再接再厉，不断为祖国和人民赢得更大荣耀，为推动我国体育事业向前发展，为弘扬奥林匹克精神和促进国际奥林匹克运动，为夺取全面建设小康社会新胜利、开创中国特色社会主义事业新局面再立新功！

中共中央

国　务　院

二〇〇八年八月二十四日

中国军团体操、举重、跳水、射击、乒乓球、羽毛球等传统优势项目一向被国人寄予厚望，在家门口比赛取得这份成绩既让中国人觉得过瘾，也让外国记者惊呼"别人只能争银牌"。中国的拳击、游泳、沙排、射箭等"后起之秀"，在奖牌榜上都占有一席之地。北京奥运会，中国运动员首次参加了所有28个大项，实现了中国体育在各个领域的另一种完美与突破。

"北京的比赛为奥运会建立了新秩序，为了赢得这些比赛，中国在体育方面做了巨大的投入，如这种投入继续，中国会在未来数年继续保持这种优势。"美国记者提前对北京奥运会的中国优势作了总结，他说，"到本周日，中国的金牌数将接近苏联在1988年获得55块金牌的纪录。"

事实是，奥运会结束时，中国以51金位居金牌榜榜首，而按照世界上不多见的"美式排列"，美国以110枚奖牌占据"奥运奖牌榜"第一，中国以100枚奖牌居第二。不论怎么排，中国体育在北京奥运会上表现出来的"成色"足以让全世界动容。

韩国报刊称，中国的"大国崛起"之梦先在体育领域实现。

美国《达拉斯新闻晨报》文章称，中国代表团取得了里程碑式的突破。美国《华尔街日报》文章称，中国奖牌"含金量"高，很不寻常，是史无前例的。而总体来说，东道主的主场优势似乎对奖牌"含金量"并没有显著的影响。

法国《费加罗报》认为除了由运动员摘下的众多金牌，中国还获得另一个更重的金牌，即借助奥运成功主办，彻底摘掉"东亚病夫"的帽子。

《加勒比新闻》则称，中国通过成功举办奥运和获得金牌榜首位，展现了一个新兴大国的力量和国际地位，获得了"无可置疑"的伟大成功。

《今日美国》评论说，中国在金牌数上遥遥领先美国，结束了美国的霸主地位。美国奥委会行政首席执行官吉姆·谢尔由衷地赞美中国说："他们的进步如此巨大，有些让人吃惊，在一些我们认为他们很难赢得奖牌的项目上，他们也取得了突破。"美国奥委会主席彼得·尤伯罗斯称，不仅美国输给了中国，中国把其他国家都远远地抛在了后面。他说："到伦敦奥运会，毫无疑问，不仅是我们，奥林匹克大家庭的其他成员都要向他们致敬。"

《德国之声》文章称，中国真的"赶英超美"了，金牌榜首被东道主中国提前锁定，这也是二战以后第一次有了美俄两大体坛霸主之外的第三国占据奥运金牌榜首。《德国之声》此前报道称，奥运最后一日，中国如果能夺得第50枚金牌就是锦上添花，从而为赶英超美的金牌"大跃进"画上完美的句号。

韩联社题为《中国成了世界体育界的恐龙》的文章指出，"超级力量"中国不满足亚洲第一的位置，最终高高地站上了世界体育最强者的位置上。现在中国成了世界体育界的恐龙，难觅对手。

《曼谷邮报》以《伟大的中国给体育世界增加了新的一页》为题评论中国在这届奥运会上取得的成就。文章认为，中国在奥运会上的胜利不仅仅用金牌数量和他们的设施来衡量，还要看到他们给生活方式带来的巨大变化。

日本《日刊体育》记者则写道，虽然可能有点晚了，但是我还是想向获得了最多金牌的中国说上一声"恭喜"。日本观众则表示，中国奖牌达百枚，可谓完美谢幕。

俄新网称，俄罗斯代表团新闻发言人施维茨表示，中国在此次奥运会上取得如此骄人的成绩，之所以这样是因为中国的运动员付出得比别人多，所以他们获得的也理应要多。他说，这是一个聪明而又勤劳的民族。在2012年伦敦奥运会上，中国将会比北京奥运会取得更多的奖牌。今天仅仅是个开始。

美国CNN报道，一个新的世界体育强国已经兴起：北京奥运会见证了一个新的世界体育强国的兴起——那就是中国。虽然中国在1984年才获得自己的第一枚夏季奥运会金牌，但在北京奥运会上，中国早就确立自己在金牌榜上的领先位置。

雅典奥运会，中国仅以3金之差落后美国，攀到了金牌榜第二位，让人隐约感受到中国4年后在北京超越美国而问鼎金牌榜的潜力和雄心。但是绝大部分人不曾料到，中国会以如此大步流星的方式踏上金牌榜榜首，成为百余年奥运史上第七个体坛领袖。

从揭幕日开始，中国几乎就没有给对手赶超的机会，使以往只能让别人望其项背的美国队始终只能望着中国队的背影兴叹，并最终演变成一场压倒性的胜利。

继雅典之后，中国军团的金牌和奖牌范围再次扩张，有17个大项获金牌，25个大项得奖牌100枚，夺金面和夺牌面是所有队伍中最多、最广的，其中蹦床、射箭、赛艇、帆船、拳击等大项和分项是第一次加入金牌团队。在传统优势项目上，中国队的强势全部得到了巩固和强化。体操、举重、跳水、射击、乒乓球、羽毛球和女子柔道7项的金牌总数比上届多出16枚，是中国登顶的主要推力。连续4届奥运会取得大捷，一步一个台阶，中国逐渐坐稳了奥运会金牌大国的位置。

"北京大捷"是中国竞技体育在发展历程中谱写的壮丽诗篇，中国竞技体育不仅收获了在奥运会上金牌榜第一的殊荣，而且将成为在今后相当时期内的一个标志性的顶峰。

相关链接：

2008年奥运会奖牌榜

名次	国家/地区	金牌	银牌	铜牌	总数
1	中 国	51	21	28	100
2	美 国	36	38	36	110
3	俄罗斯	23	21	28	72
4	英 国	19	13	15	47
5	德 国	16	10	15	41
6	澳大利亚	14	15	17	46
7	韩 国	13	10	8	31
8	日 本	9	6	10	25
9	意大利	8	10	10	28
10	法 国	7	16	17	40
11	乌克兰	7	5	15	27
12	荷 兰	7	5	4	16
13	牙买加	6	3	2	11
14	西班牙	5	10	3	18
15	肯尼亚	5	5	4	14
16	白俄罗斯	4	5	10	19
17	罗马尼亚	4	1	3	8
18	埃塞俄比亚	4	1	2	7
19	加拿大	3	9	6	18
20	波 兰	3	6	1	10
21	匈牙利	3	5	2	10
21	挪 威	3	5	2	10
23	巴 西	3	4	8	15
24	捷 克	3	3	0	6
25	斯洛伐克	3	2	1	6
26	新西兰	3	1	5	9
27	格鲁吉亚	3	0	3	6
28	古 巴	2	11	11	24
29	哈萨克斯坦	2	4	7	13

尾声：迈向体育强国

名次	国家/地区	金牌	银牌	铜牌	总数
30	丹　麦	2	2	3	7
31	泰　国	2	2	0	4
31	蒙　古	2	2	0	4
33	朝　鲜	2	1	3	6
34	瑞　士	2	0	4	6
34	阿根廷	2	0	4	6
36	墨西哥	2	0	1	3
37	土耳其	1	4	3	8
38	津巴布韦	1	3	0	4
39	阿塞拜疆	1	2	4	7
40	乌兹别克斯坦	1	2	3	6
41	斯洛文尼亚	1	2	2	5
42	印度尼西亚	1	1	3	5
42	保加利亚	1	1	3	5
44	芬　兰	1	1	2	4
45	拉脱维亚	1	1	1	3
46	爱沙尼亚	1	1	0	2
46	葡萄牙	1	1	0	2
46	多米尼加	1	1	0	2
46	比利时	1	1	0	2
50	印　度	1	0	2	3
51	伊　朗	1	0	1	2
52	突尼斯	1	0	0	1
52	喀麦隆	1	0	0	1
52	巴拿马	1	0	0	1
52	巴　林	1	0	0	1
56	瑞　典	0	4	1	5
57	克罗地亚	0	2	3	5
57	立陶宛	0	2	3	5
59	希　腊	0	2	2	4
60	特立尼达和多巴哥	0	2	0	2
61	尼日利亚	0	1	3	4
62	奥地利	0	1	2	3

名次	国家/地区	金牌	银牌	铜牌	总数
62	塞尔维亚	0	1	2	3
62	爱尔兰	0	1	2	3
65	阿尔及利亚	0	1	1	2
65	塔吉克斯坦	0	1	1	2
65	哥伦比亚	0	1	1	2
65	吉尔吉斯斯坦	0	1	1	2
65	摩洛哥	0	1	1	2
65	巴哈马	0	1	1	2
71	越南	0	1	0	1
71	厄瓜多尔	0	1	0	1
71	智利	0	1	0	1
71	新加坡	0	1	0	1
71	马来西亚	0	1	0	1
71	南非	0	1	0	1
71	苏丹	0	1	0	1
71	冰岛	0	1	0	1
79	亚美尼亚	0	0	6	6
80	中华台北	0	0	4	4
81	多哥	0	0	1	1
81	埃及	0	0	1	1
81	以色列	0	0	1	1
81	委内瑞拉	0	0	1	1
81	阿富汗	0	0	1	1
81	毛里求斯	0	0	1	1
81	摩尔多瓦	0	0	1	1
总数		302	303	353	958

2. 斑斓的足迹

(1) 洛杉矶：中国全面参与国际体育竞赛的起点与标志

奥运会是人类历史上规模最大的综合性体育盛会，在奥运会的赛场上升国旗、奏国歌是中国体育健儿的梦想。1979 年，中国重返奥运会大家庭后，就开始了积极备战奥运会的历程。

1980年2月，恢复在国际奥委会合法席位的中国体育代表团首次出现在奥运会赛场上，派队参加了第十三届冬季奥运会。

1984年，第二十四届夏季奥运会在美国洛杉矶举行。1932年8月，中国首次派队参加了在这里举行的第十届奥运会，刘长春作为中国唯一一名参赛的选手，在预赛时就被早早淘汰。在全部37个参赛国家代表队中，为数不多的吃"零蛋"的中国队抱憾地离开了洛杉矶。

半个世纪过去了，洛杉矶再次成为夏季奥运会的主办地。而此时的中国，刚刚恢复了在国际奥委会的合法席位。这里将成为中国重返奥运后第一次全面亮相。中国将从这里走向世界，世界也将从这里认识中国体育。

中国在阔别奥运会32年之后，派出了有史以来规模最大的体育代表团。与奥运会隔绝的时代结束了。中国台北体育代表团也参加了这届奥运会，海峡两岸运动员第一次同时参加夏季奥运会。1984年7月14日、19日，第二十三届夏季奥运会中国体育代表团先后离开北京，飞向大洋彼岸。中国此次共派出运动员225名、教练员50名组成的强大阵容，参加篮球、排球、田径、体操、游泳、跳水、举重等16个项目的比赛。另外还派出了由老体育工作者、体育界知名人士组成的参观团，以及一个记者团和一个艺术表演团。

许海峰在男子自选手枪比赛中以566环的成绩夺得了本届奥运会的第一块金牌，实现了中国在奥运会历史上"零的突破"，一雪百余年来"东亚病夫"的屈辱。

7月29日，当许海峰夺冠的消息传回祖国时，他的名字立即响彻神州大地。之后中国选手势如破竹，取得了令世界瞩目的辉煌战绩。

7月29日，名不见经传的"黑马"曾国强在男子举重52公斤级比赛中，力克众多世界名将，获得本届奥运会举重比赛第一枚金牌。

7月30日，名将吴数德在举重56公斤级较量中一举夺魁，实现了多年夙愿。

7月31日，神枪手李玉伟再接再厉，将男子移动靶金牌射入中国队帐下。仅仅几个小时后，举坛老将陈伟强披挂出战，一举夺得举重60公斤级桂冠，为中国队再添一金。

8月1日，姚景远奋力拼搏，摘取举重67.5公斤级金牌。中国队在本届奥运会男子举重小级别比赛中，连夺4金，震惊了国际体坛。

8月2日，在女子小口径标准步枪三种姿势射击比赛中，吴小旋沉着应战、后来居上，成为中国第一位奥运会女冠军。

8月3日，巾帼英雄栾菊杰在欧洲人的传统领地——击剑场上，连闯三关，成为获得女子花剑冠军的亚洲第一人。

8月4日，"体操王子"李宁一人独得男子体操单项决赛自由体操、鞍马和吊环3块金牌，并以3金2银1铜的成绩成为本届奥运会夺得奖牌最多的运动员。"跳马王"楼云亦不负众望，荣膺跳马冠军。

8月5日，马燕红以无懈可击的出色表演，登上了女子体操高低杠冠军领奖台。

8月7日，中国女排姑娘直落三局，干净利落地击败东道主美国队，取得冠军。

8月10日，周继红技压群芳，一举摘取女子跳台跳水的金牌。

第一次全面出征奥运会的中国体育代表团，在历时半个月，有140个国家参加的激烈角逐中，共夺得金牌15枚，银牌8枚，铜牌9枚，以及14个第四名，9个第五名，7个第六名，8个第七名，8个第八名的出色成绩。金牌数位列美国、罗马尼亚、西德等世界体育强国之后居第四位。五星红旗一次次升起，《义勇军进行曲》一遍遍奏响。如此成绩引起国外媒体的注意，改变了人们对中国体育旧有的认识，世界开始重新认识中国。有媒体称中国是正在觉醒的世界体育巨人。

中华健儿在奥运会的出色表现，不仅实现了奥运会金牌"零"的突破，而且改变了人们对中国体育旧有的认识，中国迎来了在奥林匹克历史上的新时代。

相关链接 1：

1984—2008 年奥运会中国体育代表团参赛运动员数量变化图

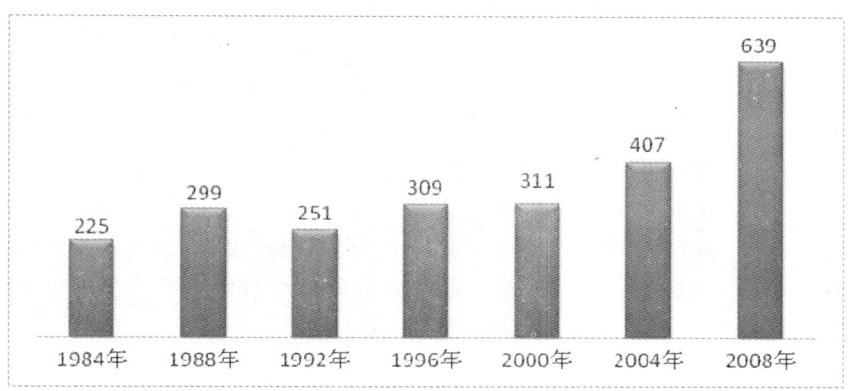

1984 年奥运会，中国体育代表团派出 225 名运动员，参加 16 个大项的比赛，这也是中国重返奥运赛场后运动员人数最少的一届。2008 年奥运会中国代表团总共派出 639 名运动员，是有史以来奥运参赛人数最多的一届，并超过了美国队和俄罗斯队。中国代表团参加全部 28 个大项的比赛，这在中国奥运史上同样是突破。

相关链接 2：

第二十三届奥林匹克运动会中国军团光荣榜

举办城市：美国洛杉矶

中国获金牌数：15 枚

中国体育代表团获金牌选手一览

顺序	姓名	项目	夺金小项	成绩
1	许海峰	射击	男子自选手枪慢射 50 米	566 环
2	周继红	跳水	女子 10 米跳台	435.51 分
3	李宁	体操	男子自由体操	19.925 分
4	李宁	体操	男子鞍马	19.950 分
5	李宁	体操	男子吊环	19.850 分

顺序	姓　　名	项　目	夺金小项	成　绩
6	楼云	体操	男子跳马	19.950 分
7	马燕红	体操	女子高低杠	19.95 分
8	李玉伟	射击	男子 50 米移动靶标准速	587 环
9	吴小旋	射击	女子小口径标准步枪	581 环
10	曾国强	举重	男子 52 公斤级	总成绩 235 公斤
11	吴数德	举重	男子 56 公斤级	总成绩 267.5 公斤
12	陈伟强	举重	男子 60 公斤级	总成绩 285 公斤
13	姚景远	举重	男子 67.5 公斤级	总成绩 320 公斤
14	栾菊杰	击剑	女子花剑个人	
15	张蓉芳、郎平、朱玲、杨锡兰、周晓兰、梁艳、姜英、侯玉珠、苏惠娟、李延军、杨晓君、郑美珠	排球	女子排球	

（2）汉城：中国竞技体育重新认识自我

1988 年在汉城举行的第二十四届奥运会上，中国派出了由 445 人组成的代表团，其中运动员 299 名，他们参加除曲棍球、马术两个项目以外的 21 个大项的比赛。此外，由各国际单项体育组织指定的 30 名中国代表担任了裁判、技术代表等职务。中国台北由 140 人组成的代表团也参加了本届奥运会，其中运动员 90 名，参加 12 个项目的比赛和 3 个项目的表演赛。

由于苏联、民主德国及东欧等国家都参加了本届奥运会，竞争比上届激烈，中国运动员在本届奥运会上最终只获得 5 枚金牌、11 枚银牌和 12 枚铜牌，总分数居第八位。

在此次奥运会上，17 岁的许艳梅为我国夺得了本次参赛的第一枚金牌。

16 岁的庄泳夺得女子 100 米自由泳亚军，中国游泳告别奥运会上无奖牌的历史。赛艇也实现了奖牌"零的突破"，张香花等 4 人获女子

4人单桨有舵手赛银牌，李荣华等8人获8人单桨有舵手赛铜牌。

李梅素在铅球赛中获得铜牌，是这届奥运会亚洲唯一的一枚田径项目奖牌。

中国乒乓球队也获得了2枚金牌。

但是，汉城不是洛杉矶。本届奥运会上，中国不仅远远落后于苏、德、美等体育大国，甚至不及同处亚洲的韩国。

第二十四届奥运会是名副其实的国际体育盛会。世界各路好手悉数参赛，其水平之高，竞争之烈为历届奥运会所罕见。

洛杉矶奥运会虽然创造了参赛国和参赛人数的奥林匹克之最，但由于苏联及东欧各国的抵制，在竞赛水平上大打折扣。而中国运动员屡有收获的举重、射击等项目恰恰是东欧选手的强项，汉城奥运会金牌易手的事实便是明证。居金牌第一和第二的苏联和民主德国分别夺得55枚和37枚金牌，洛杉矶奥运会霸主美国仅获36枚金牌居第三。

本届奥运会中国虽然丢失了一些金牌，与国人期望值略有偏差，但仍打破了3项奥运会游泳纪录，创造了7项亚洲纪录，充分显示出中国仍具有相当的实力和水平。

中国体育代表团在第二十四届汉城奥运会开幕式入场式上（周铁侠　摄）

相关链接1：

北京奥运会各项之最

38 项：世界纪录刷新之最
85 项：奥运会纪录刷新之最
204 个：参加成员国之最
1.6 万名：参赛运动员人数之最
14 枚：个人夺金牌数之最
8 枚：个人单届奥运会获金牌之最
9 秒 69：人类速度之最

相关链接2：

第二十四届奥林匹克运动会中国军团光荣榜

举办城市：汉城
中国获金牌数：5 枚

中国体育代表团获金牌选手一览

顺序	姓名	项目	夺金小项	成绩
1	许艳梅	跳水	女子10米跳台	445.20 分
2	高敏	跳水	女子3米跳板	580.23 分
3	楼云	体操	男子跳马	
4	陈龙灿、韦晴光	乒乓球	男子双打	
5	陈静	乒乓球	女子单打	

（3）巴塞罗那：中国竞技体育重新崛起

1992 年 7 月 25 日至 8 月 9 日，第二十五届奥运会在西班牙的巴塞罗那举行。中国此次共派出男运动员 118 人、女运动员 133 人参加除足球、曲棍球、棒球、手球及马术以外 20 个项目的角逐。在经过了 1988 年汉城奥运会的谷底后，中国体育代表团发挥出了高水平，迎来了中国

第二十五届巴塞罗那奥运会开幕式上,中国体育代表团入场(韩力 摄)

竞技体育的又一次振兴。

游泳历来是中国的弱项,但在本届奥运会上,中国游泳队发挥出色。在女子游泳比赛中,中国队的"四朵金花"庄泳(100米自由泳)、钱红(100米蝶泳)、林莉(200米个人混合泳)和杨文意(50米自由泳)各获1金。

在中国优势项目——跳水比赛中,中国队不负众望,3度摘金。高敏在分数连续多轮落后的不利局面下,顶住压力,在女子跳板决赛中成功卫冕。年仅14岁的小将伏明霞不畏强手,勇夺女子跳台比赛金牌。孙淑伟则在男子跳台项目中为中国队取得了历史上第一枚男子跳水奥运金牌。

国球——乒乓球项目在本届比赛中重新崛起,为中国代表团贡献3金。其中邓亚萍不仅夺得女子单打冠军,而且又与队友乔红合作,获得女子双打金牌。王涛和吕林配对在男子双打比赛中夺魁。

在体操决赛中,李小双成功完成了"团身后空翻三周"的超高难动作,无可争议地夺取了男子自由体操金牌。女选手陆莉则以完美的表现在高低杠比赛中夺金。

在射击比赛中,三朝元老王义夫在男子气手枪项目中首次实现奥运冠军梦想,取得了奥运金牌。而女运动员张山巾帼不让须眉,在与男运动员的同场竞技中,摘得双向飞碟项目金牌。

陈跃玲在田径女子10公里竞走,庄晓岩在柔道女子72公斤以上级比赛中各夺得 1 枚金牌。

在集体球类项目比赛中，中国女篮一路过关斩将，最后获得一枚银牌。在此次奥运会上，中国健儿共获得金牌 16 枚、银牌 22 枚、铜牌 16 枚，3 人 2 次创 2 项平 1 项世界纪录，7 人 9 次创 7 项奥运会纪录。在参加第二十五届奥运会的 170 个体育代表团中，中国列第四位。这是中国体育从未有过的辉煌，这次全面历史性的超越，成为中华体育史上光辉的一页。

相关链接1：

1996—2008 年奥运会金牌榜前 3 名

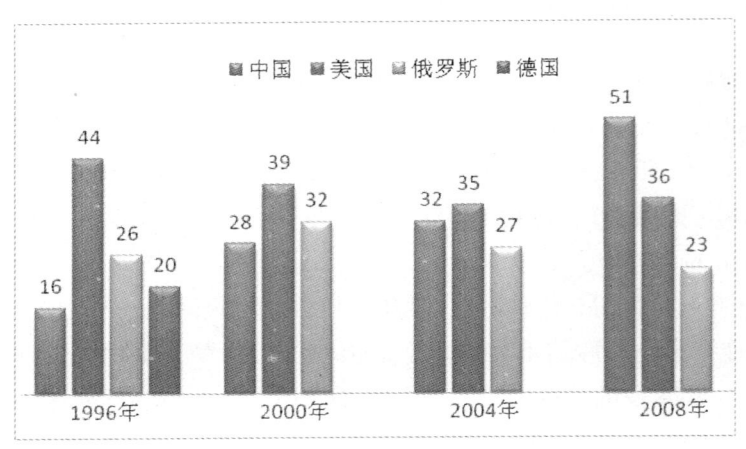

相关链接2：

第二十五届奥林匹克运动会中国军团光荣榜

举办城市：西班牙巴塞罗那

中国获金牌数：16 枚

顺序	姓 名	项 目	夺金小项	成 绩
1	陈跃玲	田 径	女子 10 公里竞走	44′32″
2	庄 泳	游 泳	女子 100 米自由泳	54″64

顺序	姓　名	项　目	夺金小项	成　绩
3	钱　红	游　泳	女子 100 米蝶泳	58″62
4	林　莉	游　泳	女子 200 米个人混合泳	2′11″65
5	杨文意	游　泳	女子 50 米自由泳	24″79
6	伏明霞	跳　水	女子 10 米跳台	461.43 分
7	高　敏	跳　水	女子 3 米跳板	572.400 分
8	孙淑伟	跳　水	男子 10 米跳台	667.31 分
9	陆　莉	体　操	女子高低杠	10 分
10	李小双	体　操	男子自由体操	9.925 分
11	王义夫	射　击	男子气手枪	684.8 环
12	张　山	射　击	双向飞碟	223 靶
13	庄晓岩	柔　道	女子 72 公斤级	
14	邓亚萍、乔　红	乒乓球	女子双打	
15	吕　林、王　涛	乒乓球	男子双打	
16	邓亚萍	乒乓球	女子单打	

（4）亚特兰大：中国竞技体育引领第二集团

1996 年是现代奥运的百年诞辰，7 月 19 日至 8 月 4 日在美国亚特兰大举行的第二十六届奥运会实现了奥运家庭的大团圆。本届比赛中设 26 个大项 271 个小项，共有来自世界 197 个国家和地区的 10788 名运动员参加了各项比赛的角逐。

中国派出由 495 人组成的体育代表团参赛，其中运动员 309 人（女运动员 199 人，男运动员 110 人），运动员人数居各国和地区体育代表团的第十二位。中国代表团是以年轻选手、新选手为主组成的，运动员平均年龄 21.7 岁，其中 85% 的人是第一次参加奥运会。中国运动员参加了本届奥运会 26 个大项中 22 个大项 153 个小项的比赛，共获得 16 金 22 银 12 铜的可喜成绩，奖牌总数 50 枚，有 2 人 4 次创 4 项世界纪录，3 人 6 次创 6 项奥运会纪录，6 人 13 次创 12 项亚洲纪录，7 人 15 次创 12 项全国纪录，乒乓球囊括 4 金。在规模庞大、强手如林、竞争激烈、奖牌分流和困难较多的情况下，中国代表团的金牌总数和奖牌总数均列第四位，实现了冲击第二集团首位的预定目标，证明中国竞技体育的总体水平有所提高，全面竞争能力进一步加强。

238 体育大国的崛起

第二十六届美国亚特兰大奥运会开幕式上,中国代表团入场(周铁侠 摄)

相关链接1:

1984—2008年奥运会历届参赛代表团数量

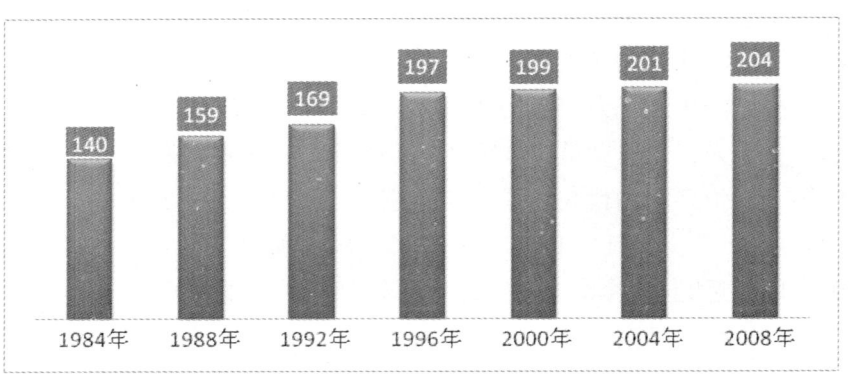

相关链接 2：

第二十六届奥林匹克运动会中国军团光荣榜

举办城市：美国亚特兰大

中国获金牌数：16 枚

顺序	姓 名	项 目	夺金小项	成 绩
1	王军霞	田 径	女子 5000 米	14′59″88
2	乐靖宜	游 泳	女子 100 米自由泳	54″50
3	伏明霞	跳 水	女子 10 米跳台	521.58 分
4	伏明霞	跳 水	女子 3 米跳板	547.68 分
5	熊 倪	跳 水	男子 3 米跳板	701.46 分
6	唐灵生	举 重	男子 59 公斤级	307.5 公斤
7	占旭刚	举 重	男子 70 公斤级	357.5 公斤
8	李小双	体 操	男子个人全能	58.423 分
9	李对红	射 击	女子 25 米运动手枪	687.9 环
10	杨 凌	射 击	男子 10 米移动靶	685.8 环
11	邓亚萍	乒乓球	女子单打	
12	邓亚萍、乔 红	乒乓球	女子双打	
13	孔令辉、刘国梁	乒乓球	男子双打	
14	刘国梁	乒乓球	男子单打	
15	葛 菲、顾 俊	羽毛球	女子双打	
16	孙福明	柔 道	女子 72 公斤以上级	

（5）悉尼：首度进入金牌榜前三甲

2000 年 9 月 15 日至 10 月 1 日，来自全球 200 个代表团的 1.1 万多名运动员，参加了本世纪最后一次奥运会——在澳大利亚悉尼举行的第二十七届奥运会 28 个大项、300 个小项的角逐。共创造了 34 项世界纪录，77 项奥运会纪录，3 项奥运会最好成绩。

中国体育代表团此次共派出 311 名运动员参赛，并以金牌 28 枚、奖牌总数 59 枚的优异成绩一举跃入奖牌榜三强行列。中国运动员共有 3 人 12 次创 8 项世界纪录，6 人 11 次创 11 项奥运会纪录，成绩比前 4 届奥运会有了大幅度的提高，创下了参加历届奥运会金牌数和奖牌数的最高纪录。

在悉尼奥运会上，中国运动员在传统优势项目中继续保持着优势。其中，乒乓球包揽全部4个项目的金牌；女子举重在参加的4个级别比赛中全部取得金牌；羽毛球项目在全部5枚金牌中取得4金；跳水项目取得5枚金牌；此外，射击和体操各获3枚金牌。优势项目的出色发挥成为中国体育代表团实现成绩突破的关键。

第二十七届悉尼奥运会开幕式上，中国代表团入场

本届奥运会跳水比赛由于新增了双人项目，金牌数达到8枚。赛前被寄予厚望的中国队在前3项比赛中出人意料地接连失手。关键时刻，老将熊倪在男子跳板决赛中凭借最后一跳的稳定发挥，为中国在本次跳水比赛中夺得了第一块金牌。随后，他又与队友肖海亮合作，在跳板双人项目中再次获得金牌。伏明霞则在女子跳板中蝉联奥运会冠军。

在乒乓球的4个单项比赛中，中国队优势明显，其中女子单、双打和男子双打决赛都是在中国运动员之间进行的。在唯一由中国选手与外国选手争夺冠军的男子单打决赛，孔令辉面对瑞典老将瓦尔德内尔，敢打敢拼，精神饱满，为中国队连续第二次包揽奥运会乒乓球项目全部冠军立下头功。

在羽毛球比赛中，中国男子单打选手吉新鹏连克排名世界前两位的种子球员印度尼西亚的陶菲克和叶诚万，一举摘得金牌。双打名将葛菲/顾俊在决赛中战胜队友高崚/秦艺源，成功卫冕奥运会女子双打冠军。高崚与队友张军合作，在混合双打决赛中力挫强手获得冠军。龚智超则在女子单打决赛中为中国代表团锦上添花。

在本届新增设的女子举重比赛中，代表中国出征的杨霞（53千克级）、陈晓敏（63千克级）、林伟宁（69千克级）和丁美媛（75千克以上级）分别在各自级别比赛中拿下金牌。在男子举重77公斤级比赛中，占旭刚顽强地拼下一金，成为中国第一位连续两届奥运会夺取举重金牌的运动员。

2000年9月28日，时任国家主席江泽民致电中国体育代表团，祝贺我国体育健儿在悉尼奥运会上取得优异成绩，贺电全文如下：

中国体育代表团：

我国体育健儿在悉尼奥运会上奋力拼搏，为国争光，取得优异成绩，实现了我国体育在奥运会的新突破。全国人民为之欢欣鼓舞。我代表党中央、国务院向你们表示热烈祝贺！

我国体育健儿不畏强手，奋勇争先，表现出顽强的拼搏精神、精湛的运动技术和良好的体育道德。我国体育健儿的优异表现，体现了改革开放时代中国人民奋发向上、朝气蓬勃的精神面貌，为弘扬奥林匹克精神作出了贡献，给昂首跨入新世纪的全国各族人民带来了极大的鼓舞。祖国为你们骄傲。

希望你们继续发扬"胜不骄、败不馁"的精神，保持旺盛斗志，坚持科学训练，不断提高全面素质，努力为祖国赢得更多的荣誉。

祖国人民欢迎你们胜利归来。

江　泽　民
二〇〇〇年九月二十八日

相关链接1：

北京奥运会中国体育代表团金牌项目分布

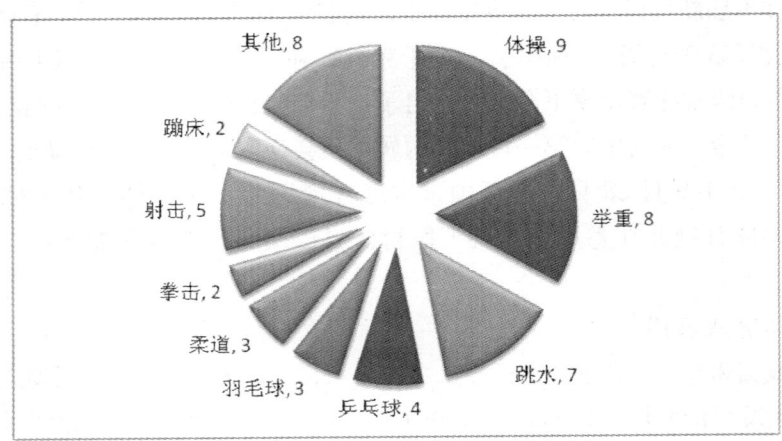

其他包括：皮划艇1金，击剑1金，赛艇1金，摔跤1金，跆拳道1金，游泳1金，射箭1金，帆船1金。

相关链接2：

第二十七届奥林匹克运动会中国军团光荣榜

举办城市：澳大利亚悉尼

中国获金牌数：28 枚

顺序	姓　名	项　目	夺金小项	成　绩
1	陶璐娜	射　击	女子10米气手枪	488.2 环
2	蔡亚林	射　击	男子10米气步枪	696.4 环
3	李小鹏、郑李辉、黄　旭、杨　威、邢傲伟、肖俊峰	体　操	男子团体	231.919 分
4	杨　霞	举　重	女子53公斤级	225.0 公斤
5	陈晓敏	举　重	女子63公斤级	242.5 公斤
6	林伟宁	举　重	女子69公斤级	242.5 公斤

顺序	姓　　名	项　目	夺金小项	成　　绩
7	张军、高崚	羽毛球	混合双打	
8	唐琳	柔道	女子78公斤级	
9	杨凌	射击	男子10米移动靶	681.1环
10	丁美媛	举重	女子75公斤以上级	300.0公斤
11	占旭刚	举重	男子77公斤级	367.5公斤
12	袁华	柔道	女子78公斤以上级	
13	王楠、李菊	乒乓球	女子双打	
14	龚智超	羽毛球	女子单打	
15	葛菲、顾俊	羽毛球	女子双打	
16	吉新鹏	羽毛球	男子单打	
17	王励勤、阎森	乒乓球	男子双打	
18	王楠	乒乓球	女子单打	
19	刘璇	体操	女子平衡木	9.825分
20	李小鹏	体操	男子双杠	9.825分
21	孔令辉	乒乓球	男子单打	
22	熊倪	跳水	男子3米板	708.72分
23	李娜、桑雪	跳水	女子跳台双人	345.12分
24	王丽萍	田径	女子20公里竞走	1小时29分5秒
25	熊倪、肖海亮	跳水	男子跳板双人	365.58分
26	伏明霞	跳水	女子3米跳板	609.42分
27	陈中	跆拳道	女子67公斤以上级	
28	田亮	跳水	男子10米跳台	724.53分

（6）雅典：昂首迈入第一集团

2004年雅典奥运会，中国派出了包括407名运动员（其中女运动员269名，男运动员138名）的庞大代表团参加了除棒球和马术外的其他所有26个大项的比赛，并以金牌32枚、奖牌总数63枚的优异成绩一举荣登金牌榜第二位，金牌数和奖牌总数都创下了中国参加奥运会以来的单届最高纪录，超过了4年前在悉尼奥运会上创造的历史最好成绩。

在本届奥运会上，开赛第一天，中国代表团就表现出了雄厚的实力，取得了参加奥运会以来的最好的一次开局。在大会开幕后的第一天，便一举夺下4枚金牌。其中，杜丽在女子10米气步枪射击项目中摘得本届奥运会第一块金牌。这也是自许海峰取得 1984 年洛杉矶奥运会首金后,中国运动员再次获得当届奥运会首枚金牌。在随后的比赛中,老将王义夫在男子 10 米气手枪射击比赛中再夺冠军。44 岁的他也成为迄今中国夺得奥运会冠军年龄最大的选手和中国第一位相隔 12 年后还能重夺奥运冠军的运动员。

跳水项目是中国在奥运会上获取金牌最多的项目,本届奥运会中国跳水运动员取得了 6 金 2 银 1 铜的好成绩,再次捍卫了跳水"梦之队"的荣誉。

第二十八届雅典奥运会开幕式上,中国代表团隆重入场(赵彤杰 摄)

在本届比赛中,中国另一夺金大户——举重获 5 金 3 银共 8 枚奖牌,金牌数与历史最高的上届持平,奖牌总数超过上届。

中国另两个传统优势项目乒乓球和羽毛球各获 3 枚金牌,继续保持着领先地位。

田径是奥运会上金牌最多和最受关注的项目,中国运动员在本届奥运会田径比赛中也取得了出色的成绩。在男子 110 米跨栏比赛中,中国飞人刘翔在决赛中以平保持 11 年之久的世界纪录的优异成绩,为中国夺取了第一个田径男子项目奥运会冠军,成为了第一位获奥运会田径男子短跑项目冠军的亚洲人和第一位获得奥运短跑项目冠军的黄种人。女选手邢慧娜也在随后的女子 1 万米比赛中勇夺冠军,使中国首次在一届奥运会上取得两枚田径金牌。

游泳是奥运会上仅次于田径的奖牌大户项目,罗雪娟在决赛中一举夺取了女子100米蛙泳冠军。这是1996年亚特兰大奥运会以后中国再次获得游泳奥运金牌。

在赛艇、皮划艇和帆船帆板等项目比赛中,中国此次同样取得了可喜的进步,孟关良和杨文军在皮划艇双人划艇500米的比赛中力挫群雄,获得冠军。这不仅是中国在皮划艇项目上获得的第一枚奥运会奖牌,也是中国水上项目在奥运会上取得的第一枚金牌。

在网球比赛中,从未获得过世界重大赛事冠军的中国组合李婷/孙甜甜爆冷击败所有对手夺得冠军。这不仅是中国网球运动员首次在世界级重大赛事中夺取冠军,也是亚洲运动员首次夺得奥运会网球比赛的金牌,实现了中国网球运动的重大突破。

综观中国代表团在本届奥运会上的表现,在田径、游泳和水上3个奖牌大项中,历史性地同时获得了冠军。我国的传统优势项目跳水、射击、举重,以及落后项目田径的夺金数量都达到了历史最高;网球、摔跤、皮划艇首次取得奥运会金牌;女子排球在时隔20年后重新登顶;击剑项目奖牌数和夺奖面都比往届有所增加;自行车、拳击和蹦床都首次取得了奖牌。

由于中国、澳大利亚和日本等国家的崛起,美国、俄罗斯、德国三强称霸的格局在本届奥运会上出现了显著变化。特别是中国代表团在上届已经进入金牌数和奖牌数前三甲行列的基础上又进一步,不仅超过了以往三强中的俄罗斯和德国,而且大踏步地迫近了世界体坛第一强国美国。

2004年8月29日,中共中央、国务院致电第二十八届奥运会中国体育代表团,祝贺我国体育健儿在奥运会上取得优异成绩。贺电全文如下:

中国体育代表团:

我国体育健儿在举世瞩目的第二十八届奥运会上不畏强手,奋力拼搏,取得了前所未有的优异成绩,实现了我国竞技体育在奥运会上新的历史性突破,为祖国和人民赢得了荣誉。党中央、国务院向你们表示热烈的祝贺和亲切的慰问!

我国体育健儿在本届奥运会上表现出的精湛运动技术和良好体育道

德，进一步弘扬了奥林匹克精神，极大地增强了我国成功举办2008年奥运会的信心。我国体育健儿的出色表现，再一次向全世界展示了中华民族自强不息、奋发有为的精神风貌，展示了新世纪中华儿女积极进取、蓬勃向上的朝气和活力，给正在为全面建设小康社会团结奋斗的全国各族人民带来巨大的鼓舞。祖国为你们骄傲，人民为你们自豪！

希望你们继续发扬胜不骄、败不馁的精神，增强斗志，再接再厉，不断提高自身素质和竞技水平，为促进奥林匹克事业的发展，为实现中华民族的伟大复兴作出新的更大贡献！

祖国和人民感谢你们，期待着你们胜利归来！

中共中央
国务院
2004年8月29日

相关链接1：

1984—2008年中国体育代表团获奥运会金牌、奖牌数

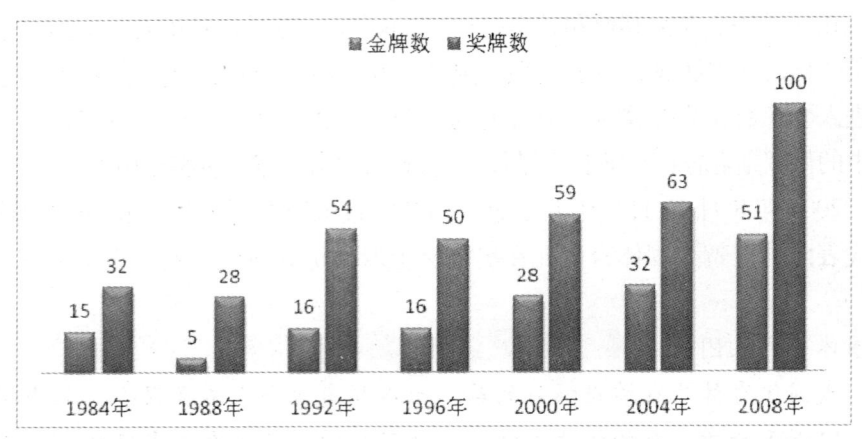

1984年洛杉矶奥运会至2004年雅典奥运会，中国选手先后共夺得112枚金牌，286枚奖牌。北京奥运会上，中国代表团从8月9日第一个决赛日起，便开始领跑金牌榜。最多的一天——8月17日，竟然日进8金。中国最终获得51枚金牌，超过处于第二位的美国15金。

相关链接2：

第二十八届奥林匹克运动会中国军团光荣榜

举办城市：希腊雅典

中国获金牌数：32 枚

顺序	姓　名	项　目	夺金小项	成　绩
1	杜　丽	射　击	女子10米气步枪	502 环
2	王义夫	射　击	男子10米气手枪	690 环
3	郭晶晶/吴敏霞	跳　水	女子双人3米板	336.90 分
4	田　亮/杨景辉	跳　水	男子双人10米跳台	383.88 分
5	冼东妹	柔　道	女子52公斤级	
6	朱启南	射　击	男子10米气步枪	702.7 环
7	陈艳青	举　重	女子58公斤级	237.5 公斤
8	罗雪娟	游　泳	女子100米蛙泳	1分06秒64
9	石智勇	举　重	男子62公斤级	325 公斤
10	劳丽诗/李婷	跳　水	女子双人10米跳台	352.14 分
11	张国政	举　重	男子69公斤级	347.5 公斤
12	张　宁	羽毛球	女子单打	
13	刘春红	举　重	女子69公斤级	275 公斤
14	张　军/高　崚	羽毛球	混双	
15	王　楠/张怡宁	乒乓球	女双	
16	马　琳/陈　杞	乒乓球	男双	
17	张洁雯/杨维	羽毛球	女双	
18	唐功红	举　重	女子75公斤以上级	305 公斤
19	贾占波	射　击	男子步枪3×40	1264.5 环
20	张怡宁	乒乓球	女单	
21	李　婷/孙甜甜	网　球	女双	
22	滕海滨	体　操	鞍马	9.837 分
23	王　旭	摔　跤	女子自由式72公斤级	
24	彭　勃	跳　水	男子三米跳板	787.38 分
25	郭晶晶	跳　水	女子三米跳板	633.15 分
26	刘　翔	田　径	110米栏	12秒91
27	邢慧娜	田　径	女子10000米	30分24秒36

顺序	姓　名	项　目	夺金小项	成　绩
28	孟关良/杨文军	皮划艇	男子双人划艇500米	1分40秒278
29	罗　微	跆拳道	女子67公斤级	
30	胡　佳	跳　水	男子十米跳台	748.08分
31	冯　坤、杨　昊、刘亚男、李　珊、周苏红、赵蕊蕊、张越红、陈　静、宋妮娜、王丽娜、张　娜、张　萍	排　球	女子	
32	陈　中	跆拳道	女子67公斤以上级	

3. 美好的未来

（1）饮水思源

2008年9月29日，在隆重的北京奥运会、残奥会总结表彰大会上，国家主席胡锦涛指出："7年来，国家体育总局组织广大运动员、教练员刻苦训练，我国参赛体育健儿牢记祖国和人民的重托，不畏强手、奋勇争先、超越自我，铸就了力量和美的辉煌，创造了生命和爱的奇迹。中国体育代表团名列北京奥运会、残奥会金牌榜第一位，取得了运动成绩和精神文明双丰收，实现了'为人生添彩、为奥运增辉、为民族争气、为祖国争光'的誓言，向祖国和人民交上了优异答卷！"

2008年奥运会中国体育代表团的优异表现确实令世人瞩目。那么，是什么成就了中国体育的"大国梦"？

中国成为现代体育大国的最根本原因，在于改革开放30年的巨大成就，人民生活走向小康，群众性体育活动日趋大众化、生活化，青少年体育蓬勃开展……这些无疑奠定了中国成为体育大国的基石，成为了中国昂首迈入世界体育大国之林的强大支撑力。

现代体育运动是城市化的直接体现。1949年，中国的城市人口只占总人口的10%。1978年，中国的城镇化为17.9%，2007年年底，城市化水平达到44.9%，中国城市人口相应地达到了5.94亿。城市人口造就了庞大的体育人群。

1996年，调查显示，我国体育人口比例达到31.4%，高于发展中国家的平均水平。2000年，根据国家体育总局抽样调查，我国体育人口占人口总数已达34%。到2004年年底，在中国7—70岁的人群中，经常参加体育锻炼者占该年龄段总人数37.1%，接近发达国家的水平，中国的体育人口增长速度高于人口出生率。

千里之行，始于足下；万丈高台，起于垒土。今天的中国，城市化水平显著提高，体育人口比例不断增加，人均期望寿命延长，这就是中国体育水平大幅度提高的基础。

未来几年，中国的城市化水平将超过50%，中国人口的半数将生活在城市，青少年体质还将增强。如果我们的中学教育体系得到进一步改善，中学生体育锻炼时间增加，还会产生更多的优秀体育人才。

从1984年到2008年，从新中国首次参加奥运会共获15金、8银、9铜，列金牌榜第四位，到北京奥运会51金、21银、28铜，列金牌榜第一位，我们走过了24年。这24年，不仅仅是我国竞技体育快速发展的24年，更是中国快速崛起，中国综合国力迅速腾飞的24年。

综合国力是一个国家经济、政治、科技、军事、外交、文化、精神等实力的总和，是物质力量与精神力量的统一。奥运成绩虽然只是一个国家竞技体育实力的展现，但也是一个国家综合国力强大与否最明显的表现。优异的竞技体育成绩正是以强大的政治、经济、科技等多方面实力为后盾的。

据《国际形势黄皮书》（美国）的综合国力排名，美国以几乎所有项目的绝对优势排在第一位，遥遥领先其他国家。中国综合国力则排在第六位。中国的优势在于丰富的劳动力资源、充裕的资本资源、长期稳定的国内环境、稳中求进的政府政策方针等等，劣势在于技术水平落后，劳动力质量低，信息力落后，支持创新体系的制度、环境和基础设施不配套。在中国国力系统中，外交力、军事力较强，政府调控力也排在第四位，经济力排在第六位，国力结构不均衡。

以这次奥运会成绩为例。我们看到，中国取得了金牌榜第一、奖牌榜第二的好成绩，而同样是10多亿人口的大国，同样有着广阔疆域的印度，却只获得了一金两铜，列奖牌榜第五十位的成绩。由此可见，没有强大的综合国力,就没有出色的竞技体育,只有不断提升发展综合国力,才能创造日臻完美的竞技体育。

相关链接:

第二十九届奥林匹克运动会中国军团光荣榜

举办城市:中国北京

中国获金牌数:51枚

顺序	姓　名	项目	夺金小项	成　绩
1	陈燮霞	举重	女子48公斤级	212公斤
2	庞伟	射击	男子10米气手枪	688.2环
3	郭文珺	射击	女子10米气手枪	482.6环
4	郭晶晶/吴敏霞	跳水	女子双人3米板	343.50分
5	冼东妹	柔道	女子52公斤级	
6	龙清泉	举重	男子56公斤级	292公斤
7	林跃/火亮	跳水	男子双人10米台	468.18分
8	陈艳青	举重	女子58公斤级	244公斤
9	张湘祥	举重	男子62公斤级	319公斤
10	陈一冰、黄旭、李小鹏、肖钦、杨威、邹凯	体操	男子团体	286.125分
11	王鑫、陈若琳	跳水	女子双人10米台	363.54分
12	仲满	击剑	男子佩剑个人	
13	廖辉	举重	男子69公斤级	348公斤
14	程菲、杨伊琳、何可欣、李珊珊、邓琳琳、江钰源	体操	女子团体	188.900分
15	陈颖	射击	女子25米手枪	793.4环
16	王峰/秦凯	跳水	男子双人3米板	469.08分
17	刘春红	举重	女子69公斤级	286公斤
18	刘子歌	游泳	女子200米蝶泳	2′04″18
19	杜丽	射击	女子50米步枪	690.3环
20	杨威	体操	男子个人全能	94.575分

顺序	姓　　名	项　目	夺金小项	成　　绩
21	张娟娟	射　箭	女子个人	
22	杨秀丽	柔　道	女子78公斤级	
23	曹　磊	举　重	女子75公斤级	282公斤
24	佟　文	柔　道	女子78公斤以上级	
25	陆　永	举　重	男子85公斤级	394公斤
26	杜　婧、于　洋	羽毛球	女双	
27	张　宁	羽毛球	女单	
28	邱　健	射　击	男子50米步枪三种姿势	1272.5环
29	唐　宾、金紫薇、奚爱华、张杨杨	赛　艇	女子四人双桨	6：16.06
30	王　娇	摔　跤	女子72公斤级	
31	邹　凯	体　操	男子自由体操	16.050分
32	肖　钦	体　操	男子鞍马	15.875分
33	王　楠、张怡宁、郭　跃	乒乓球	女团	
34	林　丹	羽毛球	男单	
35	郭晶晶	跳　水	3米板	415.35分
36	陈一冰	体　操	男子吊环	16.600分
37	何可欣	体　操	女子高低杠	16.725分
38	何雯娜	蹦　床	女子个人	37.80分
39	王　皓、王励勤、马　琳	乒乓球	男团	
40	李小鹏	体　操	男子双杠	16.450分
41	邹　凯	体　操	男子单杠	16.200分
42	陆春龙	蹦　床	男子个人	41.00分
43	何　冲	跳　水	男子3米板	572.90分
44	殷　剑	帆　船	女子帆板RS：X级	39分
45	吴静钰	跆拳道	女子49公斤级	
46	陈若琳	跳　水	女子10米台	447.70分
47	张怡宁	乒乓球	女单	
48	孟关良、杨文军	皮划艇静水	男子双人划艇500米	1:41.025
49	马　琳	乒乓球	男单	
50	邹市明	拳　击	男子48公斤级	
51	张小平	拳　击	男子81公斤级	

(2) 理性看待金牌榜第一

奥运金牌第一,无疑给国人带来了无比的快乐、骄傲、自豪。同时,我们也欣喜地看到,对待金牌日趋成熟、理性的中国人并没有因此狂妄、自大,而是更多地陷入思考。"金牌第一并不等于体育强国"成为主流认识。

我们有充分的理由骄傲、自豪。因为我们不仅以遥遥领先之势荣登金牌榜首,而且在赛艇、帆船、射箭、击剑等项目上获得了突破,将夺金的项目拓展到前所未有的15个大项,这也是目前所有参赛国家和地区中最多的;因为我们的优势项目体操、跳水、举重夺金势头更猛,几成包揽之势;还因为我们的夺金选手比较年轻,梯队结构坚实,男女比例更趋平衡,显示出我们竞技体育发展后劲十足。金牌不代表一切,但它反映了一个国家对体育运动的热爱和追求,是我们综合国力的体现。

我们也有足够的理由沉思、忧虑。因为我们所获的51枚金牌,相当一部分属奥运边缘项目,含金量不够高。在奥运基础大项目田径、游泳等比赛中,我们的实力差距有目共睹;因为我们的三大球总体水平还远没有达到世界一流,尤其是号称世界第一运动的男足表现乏善可陈。在那些职业化程度高、在全球开展广泛、具有巨大商业价值的项目中,我们还无法与美国等体育强国抗衡。这也是我们还缺乏真正意义上的世界体育巨星的原因。

我们同样忧虑的是,虽然我们已连续在几届奥运会上取得大捷,跻身金牌大国行列,但我们的群众体育、全民健身水平还相对较低,体育基础设施还十分薄弱,健身场地严重短缺。第五次全国体育场地普查结果显示,中国人均占有体育场地1.03平方米,远远低于日本的人均约19平方米。

竞技体育,只是体育事业的一个组成部分。无论是奥林匹克运动,还是群众健身,或者是各种职业比赛,目的不是追求金牌数,而是为了人的自由全面发展。我国在大力发展竞技体育的同时,也在倡导全民健身运动,培养"每天健身一小时,健康工作50年,快乐生活一辈子"的良好生活习惯。但和发达国家比,我们在全民体育锻炼方面的差距,远远大于在竞技体育方面的差距。

北京奥运会那一枚枚金光闪闪的金牌,不仅使中国过去那种积贫积弱的"东亚病夫"形象一去不复返，而且让中国以崭新的形象屹立于世界民族之林。让世界了解中国、了解中国人，这是整个北京奥运会圆满成功的最大收获，这也是我们获得的最珍贵的"金牌"。这里不妨引用国际奥委会主席罗格对中国网民说的一段话："感谢你，中国。你们的付出造就了一届世界级的体育盛事，你们的热情好客向世界证明了中国能够为体育、友谊和奥林匹克精神作出贡献。"有此评价，我们知道，金牌是重要的，但绝不是最重要的。

2008年奥运会无疑将成为中国体育发展史上的一个分水岭。我们终于实现了百年梦想，举办了奥运会，实现了金牌总数第一。正如有识之士所言，经过北京奥运的洗礼，国人的金牌情结将逐步淡化，越来越多的人会更多地关注自己喜爱的项目，关注运动本身。体育决策部门可能会因此重新思考"后奥运"时代的中国体育战略，从而改变我们竞技体育和群众体育发展不平衡的现状。

当我们跨过"金牌第一"这道岭，反而变得冷静、成熟、理性。体育的终极目的并不是在奥运会得多少金牌，而是通过广泛的参与，愉悦我们的生活，强壮我们的体魄。通过北京奥运会，将有更多的人从奥运的欣赏者转变为体育的参与者。奥运明星的示范作用带动大众体育的发展，而坚实的群体基础反过来促进竞技水平的提升。如此，中国体育才真正进入良性发展的健康轨道。

新加坡《联合早报》8月24日刊登记者发自北京的报道说，冲过金牌第一的终点后，"中国社会前所未有、全方位接受了一次世界文明的洗礼，中国民众看待体育的心态更成熟。"

报道注意到，在面对新加坡乒乓球女队等"海外兵团"的挑战时，中国媒体和民众已经能够以平和心态看待，并对"海外兵团"的球技给予正面肯定。而法国教练指导仲满夺得男子佩剑金牌、韩国教练带领中国女子曲棍球突破性夺得银牌，"都让中国人看到体育精神超越国界的更高价值"。

美国《侨报》8月23日文章指出：北京奥运会已近尾声，如不出意外，中国成为继美国、法国、英国、瑞典、德国和苏联之后，奥运百年历史上第七个登上金牌榜首席的国家，几成定局。昔日的"东亚病夫",如今逼近奥运金牌第一,且夺金项目拓展到前所未有的15个大项,居目前所有参赛国家和地区之首,无疑令国际瞩目,更让海内外华人获得了无比的快乐、骄傲。

得"天时地利人和",身为东道主的中国,赛前几乎被外界一致看好有实力和美俄争夺"天下第一"。彼时,中国体育军团以不设奖牌目标回应,似有为运动员减压之意,也被怀疑为释放"烟幕弹"。但意外的是,如今,中国战绩骄人,却一如赛前那样低调,不在意甚至避谈即将创下金牌榜首的历史——显然,前后一致的低调并非出于什么战术考虑,而是另有内涵。

其实,此次大陆从官方到民众的表现来看,不难发现,尽管夺金是以"更快、更高、更强"为口号的奥运会的主旋律,但对已圆了百年奥运梦的中国来说,在自家土地上举办的这次体育盛会中,本国选手场内竞逐而得的金牌固然值得尊敬,场外民众展现文明涵养的"金牌"却更重要。

众所周知,本届奥运会不仅是一次体育的狂欢和盛宴,也是世界了解中国悠久文化的窗口,更是考验中国民众文明程度的平台。在吸引了204个国家和地区的2万多名外国运动员、体育官员,3万多名境外记者,几十万名外国游客以及全球数十亿的电视观众之后,2008年奥运会能否成功之关键,不在于奥运场馆建得多么光彩照人,也不在于中国队能拿多少金牌,而在于国民文明修养之高低。不经意间抛出的一句"京骂",随随便便吐下的一口痰,就足以让奥运黯淡失彩。

于是,奥运这个人类交流大平台,成了中国改变国民千年陋习,引导、培养全球公民意识的契机。

世界欣喜地看到,中国民众理性而平和的观赛心态贯穿始终,除一如既往地为中国选手的优异表现而欢呼呐喊,也坦然欣赏他国选手的精彩表演并由衷喝彩。美国游泳高手菲尔普斯缔造"八金神话"、牙买加短跑名将博尔特"游戏"般打破人类极限速度,印度、蒙古等首次取得奥运金牌,走出国门的"海外兵团"披金挂银……都抢占了中国报章的主要版面,即便他们的竞争对手是中国选手。

胜固可喜,败亦欣然,中国民众淡定看待所有选手的失误或失败。在杜丽、朱启南等名将惜败而泪流满面之际,迎上去的不再是责怪和惋惜，而是安慰和鼓励；刘翔因伤退出，惊讶、遗憾之余，"金牌重要，健康和生命更重要"成为舆论共识，那种"即使腿断了爬也要爬到终点"的论调已没有了市场；同时参加北京奥运会和残奥会的南非残疾人选手纳塔莉和波兰残臂少女纳塔莉亚，患癌却坚持参赛的美国选手尚蒂，为给儿子治白血病而高龄复出的德国选手丘索维金娜，虽未夺金，却无不收获了比冠军还要热烈的掌声，因为中国民众明白，他们诠释了"参与比取胜更重要"的奥林匹克名言真谛。

远离赛场，体贴入微的奥运村后勤保障、阳光灿烂且创历史人数之最的志愿者队伍……东方文明古国礼貌好客的风采，又借助每一个镜头、每一次热情的指路、每一个目光的对视，"派发"给所有到北京的客人，成为本届奥运最吸引眼球的看点之一。

文明随奥运一起走来，经受奥运洗礼，中国赛场外的"文明金牌"可谓熠熠生辉。对一个日益强盛的发展中大国而言，这块"金牌"的分量远比登上金牌榜首位更有价值。其存在也会超越短短十几天的奥运赛期，长悬于世界各国人的记忆中，深远影响中国国际形象和文化软实力。而这，当正是北京"人文奥运"之内蕴。

相关链接：

第十九届冬季奥林匹克运动会中国军团光荣榜

举办城市：美国盐湖城

中国获金牌数：2 枚

顺　　序	姓　　名	项　　目	夺金小项
1	杨　扬	短道速滑	女子 500 米
2	杨　扬	短道速滑	女子 1000 米

（3）面向未来的中国竞技体育

中国军团在第二十九届北京奥林匹克运动会上夺取 51 枚金牌，奖牌总数达到 100 枚，出色地完成了奥运夺金的目标。中国人民为体育健儿取得的成绩感到骄傲和自豪，人们的爱国热情得到激发。这是罗格先生所评价的无与伦比的北京奥运会的一个重大成果。

听到有人说中国虽然得到51面金牌，但成色不足，没有底蕴、没有巨星。这种言论根本就站不住脚。金牌就是金牌。谁更高、更快、更强，谁才能站在奥林匹克的领奖台上。每个冠军都是巨星，每面金牌都代表着深厚的体育底蕴。金牌不仅是运动员的汗水和艰苦训练的成果，也是国家制度、体育水平、科研能力，以至综合国力的体现。中国从1984年夺得第一枚奥运会金牌到2008年夺得51枚金牌，反映了中国社会发展的规模和速度，表现出中国社会的深刻变革。

北京奥运会中国体育健儿取得的成绩，体现了中国人民的精神面貌、体育精神。同时，这也是中国体育运动整体水平的真实反映，与中国社会的巨大进步相一致，每个中国人都应为此感到骄傲和自豪。

短暂的16天，51枚金牌，100枚奖牌。我们充分享受了竞技体育的快乐，陶醉于奥林匹克运动的无穷魅力，更体会到了作为一名中国人的骄傲与自豪。

面对金牌总数第一的骄人战绩，面对连续三届奥运会的金牌前三名，充满忧患意识的国人并没有故步自封，孤芳自赏，而是居安思危，冷静思考：竞技体育"热门冷、冷门热"；全民健身普及性不高；体育产业落后，这是制约我们从金牌大国全面迈向体育强国的三大障碍。

著名作家王蒙在2008年8月22日《文汇报》笔会栏目中发表了题为《辉煌与辉煌以后》一文，作家深情地说道："金牌好，以树作比喻，金牌是花朵，是绽放，是一片辉煌，但金牌并不是根基，也不是躯干。经济才是根基，国防与社会机制才是躯干，文化才是良种与长势。我希望在庆功之后将我们的工作往根基上做。往普及里做，往实里做。得金牌的项目能不能在群众中发芽生根，能不能有益于人民大众的体质？离真正的体育大国体育强国，更不要说政治上、经济上、国防上与文化上的富强、民主与文明国家了，究竟还有多少差距？有待于做怎么样的进一步努力？这是值得我们在欢呼声中深思的。"

金牌大捷，能说明我们的成绩，却未必能说明我们的长远优势；能说明我们的拼劲，却未必能说明国民素质方面的实力。我们毕竟还是发展中国家，我们毕竟还只处于社会主义的初级阶段，我们不能忘乎所以，我们不能没有忧患意识，我们仍然需要艰苦奋斗、卧薪尝胆、戒骄戒躁、头脑清醒。

相关链接1：

第二十届冬季奥林匹克运动会中国军团光荣榜

举办城市：意大利都灵

中国获金牌数：2枚

顺　序	姓　名	项　目	夺金小项
1	韩晓鹏	自由式滑雪	男子空中技巧
2	王　濛	短道速滑	女子500米

相关链接2：

1977—2010年中国体育健儿获世界冠军概览

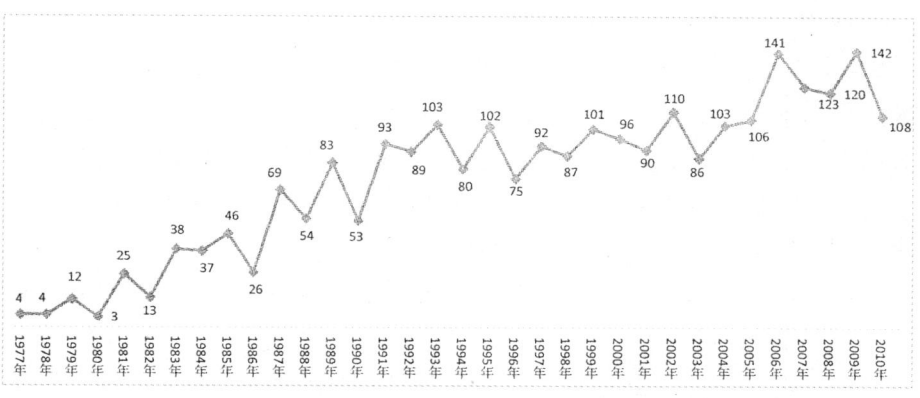

相关链接3：

第二十一届冬季奥林匹克运动会中国军团光荣榜

举办城市：加拿大温哥华

中国获金牌数：5枚

顺序	姓　　名	项　目	夺金小项
1	申　雪、赵宏博	花样滑冰	双人滑
2	王　濛	短道速滑	女子 500 米
3	王　濛	短道速滑	女子 1000 米
4	周　洋	短道速滑	女子 1500 米
5	王　濛、周　洋、张　会、孙琳琳	短道速滑	女子 3000 米接力

二、蓬勃发展的中国群众体育

发展体育运动，增强人民体质，是党和国家发展体育事业的一贯主张。多年来，特别是改革开放 30 年以来，伴随着中国社会的巨大进步，中国群众体育事业得到了快速发展。1995 年 5 月国务院批准颁布了具有划时代意义的《全民健身计划纲要》。1995 年 8 月 29 日，第八届全国人民代表大会常务委员会第十五次会议全票通过了《中华人民共和国体育法》。2009 年 8 月 19 日，国务院第七十七次常务会议通过了《全民健身条例》。我国群众性体育活动的开展迈入了更加健康和规范的康庄大道。围绕建设群众身边体育场地、健全群众身边体育组织、开展群众身边体育活动的"三边工程"，新时期全民健身计划的实施成效显著，全民健身体系初步形成。群众体育的大发展是我国经济社会发展进步，人民群众生活质量显著提高的明证。

中国群众体育越来越走进大众生活，体育生活化成效显著，并取得了瞩目的成就：

——群众的健身意识越来越强。据 2005 年的统计数据显示，经常参加体育锻炼的人数已占总人口的 37.1%，达到了发展中国家靠前的水平；人均预期寿命已增至 71.8 岁，达到了中等发达国家的水平。

——群众体育投入不断增多，健身设施逐年增加。1997 年到 2004 年，中国各级体育行政部门用于全民健身计划的投入超过 100 亿元，利用体育彩票公益金共在城市社区和农村乡镇新建全民健身工程 5627 个、匹配全民健身路径 23319 条。

——群众体育活动日趋丰富。从 1995 年起，每年中国都有 3 亿人次参加"全民健身周"活动，中国各地挖掘、整理了 140 个少数民族传统体育项目，残疾人体育活动也进一步活跃。

——群众体育组织、队伍建设不断加强，科学化水平不断提高。截至 2010 年年底，中国已有 65 万社会体育指导员。

人民群众的健康水平是综合国力和国家竞争力的重要组成部分。2002 年，党的十六大提出了全面建设小康社会的奋斗目标，要求"到 2020 年建成全民健身体系。"目前，《全民健身计划纲要》的实施已进入到第二期工程的第二阶段，实现全民健身事业与国民经济和社会事业的协调发展，建成具有中国特色的、面向大众的体育服务体系将是我国体育事业发展的核心任务。

1. 群众体育设施遍布城乡

根据第五次全国体育场地普查数据，与第四次全国体育场地普查的数据相比，全国体育场地占地面积增加了 11.8 亿平方米，场地面积增加了 5.5 亿平方米。人均体育场地面积增加了 0.38 平方米，增长 58.46%，年平均增长率 5.92%。每万人拥有的体育场地数增加 1.58 个，增长 31.6%，全民健身各项工程建设成效显著。

在不断增加的体育场地设施中，"全民健身工程"是最主要的建设方式。特别是 2005 年以来，国家体育总局提出了建设"农民体育健身工程"的发展思路和实施计划。截至 2009 年国家投入 11.7 亿元，地方投入 40.85 亿元，据不完全统计共建设完成 177113 个农民体育健身工程。

据不完全统计，截至 2007 年年底，体育总局在全国共建设了 11 批"全民健身路径工程"，累计投入体育彩票公益金 5.9 亿元，建设路径工程 9497 条。其中 2002 年以来投入 4.6 亿元，建设 7400 多条。

在建设"全民健身路径工程"的基础上，国家体育总局还以体育彩票公益金扶持各地建设以综合性室内场地设施为主的"全民健身活动中心"，到 2007 年年底，由国家体育总局命名资助的"中心"达到 106 个；帮助经济欠发达地区和西部地区建设"雪炭工程"累计 258 个，惠及 26 个省（区、市）；还投入资金 7000 多万元，在全国命名资助 20 个全民健身活动基地，创建了 32 个全国青少年户外体育活动营地。

2. 全民健身组织化、制度化、科学化水平显著提高

各级政府和体育部门高度重视群众体育组织和队伍的建设，已初步形成了政府领导、依托社会、覆盖面广，具有中国特色的全民健身组织网络和队伍体系。目前，全国各地都成立了由政府领导挂帅，政府有关部门和群众团体负责人组成的全民健身工作领导委员会或领导小组，对全民健身计划的实施进行研究部署、检查监督和工作决策；随着体育体制改革的不断深化，各级体育行政部门转化职能，实行管办分离，普遍建立开展群众体育工作的专门机构，如社会体育指导中心、健身气功管理中心、全民健身活动中心等，直接负责全民健身计划的推行实施工作。

体育社会团体数量不断增加，已经形成了从中央到地方各级体育社会团体的层次结构，基本覆盖了全国城乡的广大地区。截至 2009 年，中华全国体育总会有全国性单项体育协会、省（区、市）体育总会、行业体协等单位会员 176 个。此外，在许多机关、企业事业单位内部，还活跃着一些开展群众体育活动的基层社团组织；遍布城乡社区的体育指导站和活动点发展迅速，全国共建立省级社会体育指导中心 23 个，群众健身活动晨、晚练点 20 余万个，青少年俱乐部 3092 个。

在各级各类群众性体育组织中，体育传统项目学校和青少年体育俱乐部是重要的组织形式。截至 2007 年年底，全国共有国家、省市、地市三级体育传统项目学校近 1.2 万所，经常参加体育传统项目活动的学生达到 5000 万人左右；依托各级学校、体校、体育场馆、拥有固定场馆的单项运动协会和社区创建的青少年体育俱乐部，每年参加俱乐部活动的学生达 2 亿人次。依托社区创建的国家级社区体育健身俱乐部 86 个。在加强各类群众体育组织建设的同时，各级体育部门十分重视群众体育队伍建设，形成了包括体育管理队伍、体育工作队伍、业余体育骨干队伍在内的全民健身工作队伍体系。其中，社会体育指导员队伍发展迅速。

3. 全民健身活动蓬勃开展，人民群众的体育意识明显增强

全民健身计划实施以来，国家体育总局会同有关部门积极开展"亿万青少年儿童健身活动"、"亿万农民健身活动"、"亿万妇女健身活动"、"亿万职工健身活动"、"亿万老年人健身活动"；以场地设施建

设、健身指导、普及体育知识为主要内容的体育下乡、体育进社区活动日益深入；围绕节假日组织开展的全民健身博览会、体育健身活动展示、元旦登高、春节长跑、健身大拜年等活动特色鲜明；"全国亿万学生阳光体育运动"全面启动；各类群众性体育竞赛活动红红火火，改革开放以来我国共举办了6届农民运动会、8届少数民族运动会、7届残疾人运动会、10届中学生运动会和8届大学生运动会；创办并成功举行了4届以非奥运项目为内容的全国体育大会，全民健身活动月、世界著名在华企业职工健身大赛等活动和新型赛事也应运而生。集中与分散相结合、丰富多彩的群众体育活动极大丰富了人民群众的精神生活，促进了群众健康文明生活方式的建立。

2005年，由国家体育总局、教育部等10部委联合开展的第二次国民体质监测结果显示，我国国民的体质健康状况与2000年第一次国民体质监测结果相比较，总体上呈上升态势，国民参与体育的程度有大幅的提升。

在积极推进"活动、组织、场地设施"建设的同时，我国群众体育在推进学校体育场馆向公众开放、法规制度建设、科研宣传和外事交流等各个领域同样取得了可喜的进步和成绩。从2006年开始，国家体育总局与教育部在全国共进行了两批学校体育场馆向公众开放试点工作，确定了28个省市的499所学校为开放试点学校。另外，全民健身的宣传力度不断加大，培养和造就了一大批懂群众体育、会采写群众体育的新闻记者队伍；完成了第二次全国群众体育现状调查和第二次国民体质监测；同日本、韩国、新加坡、法国等许多国家和地区开展了丰富多彩的群众体育交流活动，有力地宣传和扩大了我国群众体育的国际影响。

三、其他各项体育事业百花齐放

首先，体育产业从无到有，发展迅速。以体育健身服务、体育竞赛表演、体育用品市场等为主要内容的体育产业体系初步形成。体育彩票在为国家各项公益事业作出重要贡献的同时，成为体育事业发展的强大支柱。体育产业的长足进步标志着中国体育发展模式的不断丰富和巨大创新。2007年，国家体育总局与国家发改委共同完成了《关于促进体育产业发展的指导意见（草案）》的起草工作，并已正式报送国务院；联合国家统计局，提出了体育产业统计实施方案；继续推进体育标准化和体育服务认证工作；体育场馆建设、管理和运营水平有所提高，运营模式日益多元化；先后在深圳、成都和晋江设立了3个国家体育产业基地，探索体育产业发展的新模式。体育彩票工作稳步发展，以技术、网点、制度及队伍为重点的基础建设工作进一步推进。2010年3月，国务院办公厅下发《关于加快发展体育产业的指导意见》（国办发[2010] 22号），提出了到2020年体育产业发展目标、任务和措施。

其次，其他各项体育工作取得新的发展。体育教育的发展为体育事业提供了充分的人才支持。竞技体育的科研攻关、群众体育的科学指导成为我国体育腾飞的强力助推器。经过多年的探索，运动员保障工作取得重要进展。反兴奋剂组织体系日益完备，反兴奋剂工作进入世界先进国家行列。《中华人民共和国体育法》、《全民健身计划纲要》、《奥运争光计划纲要》等重要法律、法规、政策颁布实施，体育政策法规体系逐步形成。体育新闻出版事业不断壮大。体育外事工作积极开展，对外交往空前活跃。体育行业作风建设常抓不懈，为社会主义精神文明建设作出了重要贡献。这些成绩的取得是中国体育全面发展和成熟壮大的重要体现。

四、向体育强国迈进

面向未来，中国体育事业承载着由体育大国向体育强国迈进的时代和历史重任。对于中国体育事业的发展方向，胡锦涛总书记在北京奥运会、残奥会总结表彰大会的讲话中指出："体育是社会发展和人类文明进步的重要标志，是综合国力和社会文明程度的重要体现。成功举办北京奥运会、残奥会，极大激发了亿万人民的体育热情，极大地推动了我国体育事业发展。我们要坚持以增强人民体质、提高全民族身体素质和生活质量为目标，高度重视并充分发挥体育在促进人的全面发展、促进经济社会发展中的重要作用，实现竞技体育和群众体育协调发展，进一步推动我国由体育大国向体育强国迈进。"

胡锦涛总书记同时提出了三大任务：

——要继续发展群众体育事业。体育是人民的事业。要坚持以人为本，把北京奥运会、残奥会激发的群众体育热情保持下去，增强广大人民群众特别是青少年体育健身意识，培养人民健身习惯，开展丰富多彩的群众体育活动和全民健身运动。要着眼于满足人民群众体育需求，加强城乡体育健身场地和设施建设，健全群众体育组织，完善全民健身体系，为人民提供更多更好的体育公共服务，让人民分享体育发展成果、享受体育带来的健康和快乐，形成健康文明的生活方式。

——要继续提高体育运动技术水平。体育是不懈追求、永无止境的事业。要发扬以顽强拼搏、为国争光为核心的中华体育精神，探索当代体育发展规律、提高科学训练水平，在坚持我国竞技体育举国体制、保持我国竞技体育特点和优势的同时，积极挖掘潜力、优化结构、提高效益，推动竞技体育内部各门类均衡发展，不断增强我国竞技体育的综合实力和国际竞争力。要重视竞技体育人才培养和队伍建设，特别是要加强竞技体育后备人才培养工作。要关心运动员的长远利益和全面发展，高度重视并切实加强运动员社会保障工作。要发挥竞技体育振奋民族精神、增强民族凝聚力、促进国际交流的重要作用，充分发挥竞技体育的社会功能。

——要继续推进体育改革创新。体育事业发展活力在于改革创新。要适应社会主义市场经济不断发展的新形势，适应全面建设小康社会的新要求和各族人民过上更好生活的新期待，以改革创新精神不断创新体育发展体制，拓宽体育发展渠道，增强体育发展活力，夯实体育发展基础。要加强和改进对体育工作的领导，强化政府发展体育事业、提供基本体育公共服务的责任，更好地满足人民群众多方面体育需求。要发展体育产业，引导更多社会力量兴办体育，促进体育事业和体育产业协调发展。

中共中央政治局委员、国务委员、北京奥组委副主席刘延东在北京奥运会中国体育代表团总结大会上强调：把中华体育健儿的辉煌成就发扬光大，为改革开放和现代化建设增添新动力。她指出，在第二十九届奥运会上，我国体育健儿肩负党和人民的期望和重托，遵照胡锦涛总书记的重要指示精神，顽强拼搏，奋勇争先，取得了奥运会金牌总数第一的优异成绩，实现了历史性突破，创造了中国竞技体育新的辉煌。奥运会期间，我国体育健儿与各国各地区的运动员一起，为世界奉献了一幕幕精彩的奥运竞赛，在奥林匹克运动史上书写了浓墨重彩的一笔。我国体育健儿不畏强手，敢于胜利，把党和人民的关怀和重托化为超越自我的动力，向世人展现出坚强决心和昂扬斗志，展现出团结协作、顾全大局的团队精神和不骄不躁的良好心态，为祖国赢得了荣誉；尊重对手，尊重裁判，尊重观众，公平竞争，以精湛的体育运动技能和良好的体育道德精神，既赛出了水平，又赛出了风格，实现了运动成绩和精神文明双丰收；秉持"更快、更高、更强"的奥林匹克精神，弘扬"团结、友谊、进步"的奥林匹克宗旨，促进了不同国家、不同种族、不同文化的沟通交流，彰显了"同一个世界，同一个梦想"的北京奥运会主题；通过奥运的大舞台，向世界展示了中华儿女的优秀风采，展示了当代中国繁荣、文明、民主、开放的国家形象，展示了中国人民崇尚和平、追求共同繁荣的和谐世界的真诚愿望。我国体育代表团的辉煌成绩，必将进一步激发全国人民的爱国主义热情，对中国特色社会主义伟大事业产生巨大推动力。

　　刘延东要求，要总结好我国体育事业发展和奥运备战参赛工作的经验，使之成为推动今后体育事业发展的宝贵财富。要宣传好中华健儿的优秀事迹，鼓舞广大运动员奋勇争先，激励全国各族人民为建设中国特色社会主义事业作出新贡献。要发展好我国体育事业，以这次奥运会为新的起点向更高目标迈进。要学习借鉴其他国家的长处，发展优势项目，提升弱势项目，开展全民健身运动，增强人民体质，进一步促进竞技体育和群众体育的共同发展，努力探索和实践中国特色体育发展之路，为发展壮大我国体育事业再立新功。

　　面向未来，国家体育总局局长刘鹏掷地有声地说："沉甸甸的金牌和奖牌凝结着巨大的荣誉，也是我们继续前进的动力。但我们从领奖台上走下来，一切从零开始。我们要全面继承和弘扬北京奥运会留下的宝贵遗产，充分发挥北京奥运会的长期效应，在更高的起点上积极推进体育的全面、协调、可持续发展，为中华民族的伟大复兴作出新的、更大的贡献。"

北京奥运会的荣光随着渐渐熄灭的奥林匹克圣火，定格在记忆中，留给我们的除了金牌的自豪，还有对体育事业、体育产业全面发展的科学思考：开展全民健身，发展体育产业，建设体育强国，提高国民素质，是更为重要的一场竞赛。

在全面建设小康社会、构建社会主义和谐社会的历史进程中，体育将以科学发展观为统领，发挥更加积极的综合作用。在新的历史发展阶段，体育的社会功能和价值已形成共识：体育是凝聚人心、激励精神、为完成建设小康社会目标而共同努力的生动教材；体育是培养人健康的体魄、塑造人健全的精神、促进人全面发展的重要途径，使健康成为小康生活的前提、事业发展的依托、社会和谐的基础；体育是与和谐理念有着深刻联系、丰富群众精神文化生活、促进社会和谐进步的有效手段；体育产业是朝阳产业，还是绿色产业，更是名副其实的健康产业，体育已经成为经济发展的强大助推器；体育是增进友谊、促进和平、推动人类进步、促进和谐世界建设的重要领域。我们要全面认识、深入挖掘和充分发挥体育的功能和价值，继续解放思想，坚持改革开放，推动科学发展，促进社会进步，迈出由体育大国走向体育强国的坚实步伐，早日实现体育强国的宏伟目标。

后　　记

　　体育作为一种独特的社会文化现象，源于人类征服自然的生产实践，经常能激励人们克服困难、奋斗进取，进而实现全人类和平、友谊、发展的崇高理想与良好愿景。体育是社会发展与人类文明进步的一个标志，体育事业发展水平是一个国家综合国力和社会文明程度的重要体现。体育超越政治制度、意识形态、文化传统、种族肤色的差异，具有极强的兼容性和广泛性，常被世界各国人民称为人类文明进程中的"和平使者"与"文化大使"。

　　1978年，我们党召开了具有重大历史意义的十一届三中全会，开创了改革开放历史新时期。从那时以来，中国共产党人和中国人民以一往无前的进取精神和波澜壮阔的创新实践，谱写了中华民族自强不息、顽强奋进的新的壮丽史诗，中国人民的面貌、社会主义中国的面貌发生了历史性变化。

　　我国经济从改革开放前的一度濒于崩溃的边缘发展到目前总量跃至世界第四、进出口总额位居世界第三，人民生活从温饱不足发展到总体小康，农村贫困人口从2.5亿减少到2000多万，政治建设、文化建设、社会建设取得举世瞩目的成就。中国的发展，不仅使中国人民稳定地走上了富裕安康的广阔道路，而且为世界经济发展和人类文明进步作出了重大贡献。

　　国运兴，体育兴。我国改革开放进程中的一系列重大政策，使体育事业获得了前所未有的历史性发展和进步。改革开放的一系列发展成果，给体育发展带来了无限活力和巨大动力。同时，体育的改革发展也为国家的现代化建设事业作出重要贡献。群众体育取得重要进步，开创了崭新的局面，全民健身体系初步形成。竞技体育取得历史性突破和连续跨越。1984年，我国参加洛杉矶夏季奥运会，实现了中国奥运史上金牌"零"的突破；2002年参加盐湖城冬奥会，实现了冬奥会金牌"零"的突破。在举国关注、举世瞩目的2008年奥运会上，中国体育代表团顽强拼搏，一举登上奥运会金牌榜榜首，极大地鼓舞了全国人民建设国家的热潮。竞技体育的大突破是"国运兴，体育兴"的最好诠释。

2001年7月13日，北京成功赢得第二十九届夏季奥运会举办权，神州大地，一片欢腾。北京赢得奥运会举办权，是世界的选择，是中国人民的百年期盼，是中国改革开放伟大进程中的一件大事。2008年奥运会的成功申办和积极筹办，为我国体育事业的发展带来了重大发展契机和历史性机遇。抓住机遇、开拓奋进，将体育事业发展融入到全面建设小康社会伟大事业中，切实发挥体育在构建社会主义和谐社会中的重要价值和作用，是体育战线的一项崇高事业和光荣使命。

2008年8月8日至9月17日，奥运会、残奥会在北京成功举办，全世界的目光会聚中国，会聚北京，中国人民以自己的聪明才智向全世界展现了一届无与伦比的高水平、有特色的奥运会。举办一届有特色、高水平的奥运会、残奥会，实现两个奥运同样精彩，这是中国人民对国际社会的郑重承诺。经过7年多不懈努力，我们终于取得北京奥运会、残奥会的巨大成功，广泛弘扬了团结、友谊、和平的奥林匹克精神，大大促进了世界各国人民的相互了解和友谊，让"同一个世界、同一个梦想"的口号响彻全球。

中国改革开放30年的伟大成就为体育事业的发展提供了无限活力和巨大动力，体育事业的跨越式发展为我国改革开放和社会主义现代化建设作出了重要贡献。在不同的历史阶段，体育总能以其特有的精神和文化内涵以及健身、增知、益智、塑德、励志、调心的内在功能，成为凝聚民族力量，激励我国人民克服困难、勇往直前的重要力量。

体育的普及性和广泛的社会辐射力使其早已超越了单纯的体育范畴，对中国社会的发展，对国民综合素质的提高，所起的作用是广泛而深刻的。

新中国体育事业的发展与整个国家的荣辱兴衰休戚相关，国家的繁荣富强提供了体育事业腾飞的翅膀，体育事业的发展促进了国家的文明和社会进步。

早在 1917 年，毛泽东在《体育之研究》开篇就指出："国力苶弱，武风不振，民族之体质日趋轻细，此甚可忧之现象也。"他认为体育对于个体能"强筋骨"、"增知识"、"调感情"、"强意志"，对于国家则能造就不计其数的身体强健、精神刚毅的国民。在毛泽东看来，体育的最终目的并非仅仅是增进个人健康，而是要把个人锻炼和提倡体育与整个国家民族的命运结合起来。1952 年，新中国刚刚成立不久，毛泽东主席就为体育工作题词"发展体育运动，增强人民体质"，指出了新中国体育工作的方向和根本任务。

改革开放以来，邓小平同志曾多次指示要加强体育工作，他说："现在看来，体育运动搞得好不好，影响太大了，是一个国家经济、文明的表现。它鼓舞了这么多人，吸引了这么多观众、听众，要把体育搞起来。"小平同志把体育作为新时期精神文明建设的重要组成部分，他指示国家体委："体育是社会主义精神文明建设的重要方面，要进一步研究，提出方针，制订规划。"20 世纪 70 年代，小平同志在中央分管体育工作时提出，要把群众体育搞好；80 年代给运动员题词，鼓励他们努力为国争光；90 年代又关心申办奥运的工作。党的十一届三中全会以后，体育战线取得的成就，得益于邓小平理论的指导，得益于改革开放的历史新时期。

江泽民同志在接见凯旋的悉尼奥运会中国体育代表团时指出："中国体育代表团在奥运会上的表现，再一次向世人展示了中国人民自强不息、奋发进取的精神风貌，体现了中华民族自立于世界民族之林的坚强信心和力量。他强调，中华体育精神是我国社会主义精神文明的重要组成部分，是中华民族的宝贵精神财富。全国各个行业、各条战线的同志们都要大力发扬振兴中华、为国争光的爱国主义精神，大力发扬顽强拼搏、争创一流的革命英雄主义精神，勇于创新，力攀高峰，同心同德地把建设中国特色社会主义的伟大事业不断推向前进。"

国家主席胡锦涛在北京奥运会、残奥会总结表彰大会的讲话中指出：成功举办北京奥运会、残奥会，极大激发了亿万人民的体育热情，极大地推动了我国体育事业发展。我们要坚持以增强人民体质、提高全民族身体素质和生活质量为目标，高度重视并充分发挥体育在促进人的全面发展、促进经济社会发展中的重要作用，实现竞技体育和群众体育协调发展，进一步推动我国由体育大国向体育强国迈进。

在一个国家和民族的发展道路上，总有一些影响深远的重大事件会成为这个民族的集体记忆。这些事件的过程和结果、国民的态度和倾向，将决定着国家和民族未来发展的走向。为了回顾新中国体育发展进程中具有重大社会影响力的体育大事，并以此为主线反映我国成长为体育大国的历程，我们以2008年度国家社会科学基金重大项目——《体育大国迈进体育强国的战略研究》为依托，通过对新中国具有重要社会影响力的体育大事的回顾和阐释，反映中国成长为体育大国的历程和事实，并以此揭示体育在新中国不同发展时期的社会价值和功能，以及体育在全面建设小康社会和构建社会主义和谐社会中的地位和作用。

本书撰写过程中，得到我国体育界众多领导、专家学者以及社会各界有关人士的大力支持与帮助。在此谨向支持课题研究的各界人士致以诚挚的谢意，并向积极支持本书出版的学习出版社表示衷心感谢！

本书各部分编撰工作分工为：池建撰写绪言，池建、贾志强撰写第一部分，蔡有志、杨华撰写第二部分，杨华撰写第三部分，王英峰撰写第四部分，米靖、蔡有志撰写第五部分，米靖撰写第六部分，贾志强撰写第七部分、第九部分，王会寨撰写第八部分，王会寨、苗向军撰写第十部分，苗向军撰写尾声，池建撰写后记。池建、胡斌、武文强负责本书的统编并定稿。

由于本书涉及事件时间跨度大，加之编者学识有限，书中出现的疏漏敬请大家不吝赐教。

图书在版编目（CIP）数据

体育大国的崛起：新中国具有重大影响的体育大事/池建等编著.
—北京：学习出版社，2012.3
ISBN 978 – 7 – 5147 – 0168 – 5

Ⅰ.①体… Ⅱ.①池… Ⅲ.①体育事业 – 大事记 – 中国 – 1949-
Ⅳ.①G812.97

中国版本图书馆 CIP 数据核字（2012）第 027998 号

体育大国的崛起
TIYU DAGUO DE JUEQI
——新中国具有重大影响的体育大事
池建 等 编著

责任编辑：李　岩
技术编辑：周媛卿
封面设计：杨　洪

出版发行：学习出版社
　　　　　北京市崇外大街 11 号新成文化大厦 B 座 11 层（100062）
　　　　　010 – 66063020　010 – 66061634
经　　销：新华书店
印　　刷：北京市密东印刷有限公司
开　　本：710 毫米 × 1000 毫米　1/16
印　　张：18.75
字　　数：280 千字
版次印次：2012 年 3 月第 1 版　2012 年 3 月第 1 次印刷
书　　号：ISBN 978 – 7 – 5147 – 0168 – 5
定　　价：36.00 元

如有印装错误请与本社联系调换